지명발견록

우리 땅 이름의 숨겨진 이야기

이경교 지음

지명

발견록

문학수첩

장소가 사람을 만든다

장소가 인재를 낳는다. 장소와 인물의 연관을 뗄 수 없는 까닭이다. 지도가 역사를 바꿔놓았다. 지형에 대한 이해가 세계를 향한 열망으로 이어졌기 때문이다. 지형학은 사실 인문학의 밈이며 리좀이다. 이 책은 이런 소박한 문제의식으로부터 출발한다. 유명한 대도시 중심이 아니라, 문제의식으로 충만한 마을들을 주목한 연유도 그 때문이다. 도시도 태어나고, 자라고, 사라지는 사이클로부터 자유롭지 못하다. 지난 역사가 현재에도 유용하지 않은 건 그 때문이다. 여기서 하나의 의문이 싹튼다. 과연 장소란 무엇일까? 그렇다. 이 책은 집요하게 장소와 장소성을 찾아 나선 기록이다.

역사 또한 시공이 직조해 낸 정원의 기록은 아닐까? 우리가 어느 고을의 역사적 추이나 그 정신을 추적할 때 겪게 되는 어려움은 한두 가지가 아니다. 이것은 사실의 갖가지 왜곡은 물론, 사실과 상상의 경계가 혼재하는 현상 때문이다. 추정을 동원할 수밖에 없다면, 헤테로토피아적 공간은 바로 사실과 상상의 틈새에도 존재하는 셈이다. 미셸 푸코가 말한 그 공간은 현대인이 찾아 헤매는 상상의 나라와 다르지 않다.

더구나 상상력의 확장은 장소에 대한 폭과 깊이를 풍성하게 보완해 준다. 그러므로 장소의 정신을 찾아가는 이 책의 행로는 이미 상상력에 빚지고 있는 셈이다. 오랜 세월, 장소와 정신을 찾아 나선 여정은 그래서 항상 새로웠으며 감동으로 충만했다는 걸 고백한다. 장소에 파묻혀 보이지 않는 정신을 추적하는 동안, 나 스스로 새로워졌다는 것도 부인하기 어렵다.

특히 고유어에서 비롯된 이두吏讀 지명이 한자어로 바뀌는 과정에서 빚어진 왜곡은 심각하다. 미흡하지만 그 과정을 나름대로 추적하여 고을의 본래 이름을 되찾은 건 큰 보람이다. 이때《삼국유사》, 《신증동국여지승람》,《여지도서》는 물론, 단재 신채호 선생의《조선상고사》, 육당 최남선 선생의《불함문화론》, 무애 양주동 박사의 《고가연구》와 도수희 교수의《한국지명신연구》는 큰 길잡이가 되었다. 그리고 현장을 찾아 지형과 지세를 살핀 건 새로운 깨달음을 내게 안겨주었다. 우리 고유어 지명은 지형의 모양새나 물길의 흐름,

산세, 들녘, 포구 등과 밀접한 연관성을 지니므로, 이를 토대로 이두 지명에 대한 학문적 재검토가 절실히 요구된다. 어떤 지형에 어떤 지명이 붙었는지 확인하는 건 결국 우리의 정신적 맥을 찾아내는 일이다. 언어는 정신이기 때문이다.

장소의 정신 또한 마찬가지다. 장소의 정신은 보이지 않는다. 그걸 발견하기 위해선 자연환경이나 출신 인물들의 행로, 그 고을의 전통적 가치를 눈여겨보는 게 첫 번째다. 내가 옛 인물들의 고택이나 서원은 물론 정자나 무덤까지 서성인 이유다. 장소나 인물과 관련된 옛 기록의 섭렵은 말할 것도 없다. 어니스트 헤밍웨이가 선동과 구호를 혐오하면서, 오직 지명만이 진실하다고 말한 까닭이 여기에 있다. 보이지 않으나 장소마다의 차이와 특성을 발견할 때 그리고 장소마다 감춰진 집단무의식적 낌새를 확인할 때, 거기서 느끼는 감동은 희열에 가깝다. 현재와 더불어 농경문화 시대를 함께 살필 때 고현학적 관심이 요구된다면, 장소의 정신을 찾아가는 여정은 지형학적 관심에서 출발한다. 아니, 실존적 회의와 의심은 물론 합리적 사고의 도움도 필요하다.

사실 지리학은 인문학의 핵심이다. 한 시대를 풍미한 사유의 흐름이 그곳에 살았던 인간들의 땅과 집, 즉 공간을 중심으로 구현되기 때문이다. 말하자면 땅은 인간의 정신이 깃든 정서적 지문이자, 지울 수 없는 영혼의 발자취다. 그래서 장소가 사람을 만들며, 그 장소만의 독특한 전통을 형성한다. 이 책의 집필에 가장 큰 영감을 준 건

로렌스 더럴의 《장소의 정신Spirit of place》이란 책이다. 그의 견해에 따르면, '인성은 경관에 따라 좌우되며' 그래서 '문화는 결국 장소의 정신'이다. 이 책에 선택된 고을들은 이두식 지명이나 문제의식의 차원을 감안한 장소들이다. 따라서 지역적 안배나 인위적인 분류는 고려하지 않았다. 30여 년의 이 작업은 우연하게도 우리 국토 100여 곳에 이르는 기록이 되었다.

오랜 세월, 쉽지 않은 이 여정에 동행해 준 이들의 이름을 일일이 기억하고 싶다. 수필가 배상현, 시인 한규동, 출판인 김상만 사장, 사진가 이종민 그리고 10년이 넘게 이어진 학보사 문화답사팀이 그들이다. 물론 옛날 아토포스Atopos 출신의 제자들인 시인 이병일과 이병철, 만화가 박영준, 섬진강 지킴이 손옥범 등도 이 여정의 증인들이다.

2024년 가을
오소와烏巢窩에서

동미東尾 이경교

장소가 사람을 만든다

아, 저기가 장산곶!_
백령도, 대청도

백령도의 이두 지명,
사을외도는 '살밖섬'이다

백령도에 왔다. 북방한계선 너머 북한 땅 월내도가 손에 잡힐 듯 가깝다. 월내도月乃島란 이두를 풀이하면 '달래섬'이다. 예쁜 이름의 이 섬은 6·25전쟁 때 우리가 점령했으나 1953년, 정전협정에 따라 북한에 인계되었다. 이곳에 백령도를 공격하기 위한 군사기지가 있다니 섬뜩하다. 2020년, 김정은이 이 섬에 다녀갔다는 보도가 있었다. 직선거리로 7km, 그러니까 불과 7km 한가운데로 북방한계선이 그어져 있는 셈이다. 황해도 장연 땅이 10km, 유명한 장산곶까지도 15km에 불과하다니, 인천까지의 거리가 200km 남짓이라는 사실을 감안하면, 백령도는 북한 영역 아주 깊은 곳에 위치한다는 걸 실

갈 수 없어 더 아름다운 북한 땅인 장산곶. 장산곶 끝자락의 바위섬이 감쌍암이며 사진의 뒤편에 유명한 몽금포가 있다(위). 작은 섬은 장산곶 마루 앞의 월내도이다(아래).

감한다.

《세종실록지리지》에 따르면, '옹진饔津은 본디 고구려 옹천饔遷인데, 고려 때 지금의 이름으로 고치고 현종 9년, 비로소 현령을 두었다'고 한다. 15세기 때 조선시대에는 황해도 장연군에 속했으며 황해도 옹진군으로 바뀌었다가 남북분단 이후 경기도로 편입되었다.

섬의 파란만장한 이력은 그 위치가 이미 보여주듯 잦은 소속의 변화에서도 찾아진다. 현재 이 섬은 인천광역시 옹진군이다.

옹진의 의미를 파악하기 위해선 옛 이름 옹천을 먼저 살펴야 한다. 그걸 증거하는 옹천토성이 지금도 황해남도 옹진읍 본영리에 있다지만 갈 수 없는 땅이다. 옹천이란 지명의 뜻은 무애 양주동이 《고가연구》에서 귀중한 정보를 전한 바 있다. '옹甕'의 한자어는 '독/항아리'인데, '천遷'이 문제다. 이에 대해 양주동은 '낭떠러지를 뜻하는 애崖는 벼루/벼랑의 뜻으로 예로부터 천遷자를 썼다'고 하였다. 이를 통하여 옹천의 뜻이 '독벼랑'이란 사실이 밝혀진 셈이다. 실제 이런 예는 겸재와 단원의 금강산 기행첩에서도 만날 수 있다. 강원도 고성의 50리 북쪽, 통천군의 초입에도 같은 지명 '옹천'이 있기 때문이다. 이곳은 총석정叢石亭으로 가기 위해선 반드시 거쳐야 하는 길목으로 알려져 있다.

겸재 정선이 36세 때 그린 〈신묘년 풍악도첩〉에 있는 옹천은 해금강의 독벼랑을 그린 그림으로, 항아리처럼 배가 부른 절벽과 그곳에 실금으로 그려진 길이 인상적이다. 옹천의 뜻이 독벼랑 혹은 항아리 벼랑이란 걸 알리는 그림인 셈이다. 정선이 이 그림을 그리고 70여 년 뒤, 이번엔 단원 김홍도가 〈관동팔경도〉를 남기는데, 거기 제4폭에 옹천도가 등장한다. 정선의 그림에서 등장했던 장소다. 정선의 옹천이 동해의 사나운 물살과 항아리 모양의 절벽을 클로즈업한 그림이라면, 김홍도의 옹천은 옹립한 바위 절벽과 봉우리 그리고 거기 서있는 소나무들을 중심으로 풍경을 충실히 묘사한 그림이다. 아무튼 두 그림은 옹천의 뜻이 독벼랑의 뜻이란 점을 해명하고 있다. 이로써 옹천도와 동일한 한자를 쓰는 옹천군 역시 독벼랑에서 유래한다는 걸 알 수 있다.

옹진군은 스물다섯 개의 유인도와 일흔다섯 개의 무인도로 이루어진다. 그중에서도 면적이 가장 넓은 백령도와 인구가 가장 많은 영흥도를 비롯하여 대청도, 연평도, 덕적도 등이 귀에 익은 섬들이다.

백령도의 고구려 때 이름은 혹도鵠島였는데, 940년(고려 태조 23년) 지금의 이름인 백령도白翎島로 바뀌었다. 한자어 뜻으로 보면, 혹도는 '고니 섬'이나 '따오기 섬'이란 뜻이다. 이로 미루어 섬의 이름이 따오기 등, 새가 나는 모양에서 나왔다는 걸 알 수 있다. 그런데《세종실록지리지》에서는 '사을외도沙乙外島를 예전에는 혹도鵠島라 하였다'고 언급하였다. 사을외도는 이두식 표기다. 이를 내 나름대로 풀어보니, '샅밖섬'이다. '사+ㄹ+밖+섬'에서 '살'은 '샅'과 통용되므로 그렇다. 그런데 관광 지도는 물론, 옹진군에서 펴낸 모든 안내서조차 혹도를 '곡도'라고 표기하고 있는데 이는 잘못된 것이다. 섬의 옛 이름 혹도에서 '혹鵠'은 '과녁 곡' 혹은 '고니 혹'이란 두 음으로 읽힌다. 따라서 새를 뜻할 땐 혹으로 읽어야 한다. 아무튼 혹도는 10세기에 지금의 이름, 백령도로 바뀌었는데 백령白翎 역시 새의 이미지 영역 안에 존재한다. 백령은 '흰 깃'이나 '흰 새털'을 뜻하기 때문이다.

특히 대청도와 백령도는 죽음을 간신히 벗어난 중죄인들을 먼 섬으로 보낸다는 뜻의 절도안치絶島安置에 맞춤한 유배의 섬들이었다. 여기서 대청도의 옛 지명을 주목하게 된다. 앞에서 보았듯이 혹도 가 백령도로 바뀐 건 둘 다 한자어의 교체에 불과하다. 그런데 포을 도包乙島가 대청도大靑島로 바뀐 이유는, 이두식 표기의 생생한 현장이 기 때문이다.《고려도경》에 '대청서大靑嶼는 멀리 보면 울창한 것이 마치 눈썹을 그리는 먹과 같다'고 했다. 그러니까 대청도는 본디 '푸른 섬', 그러니까 청도靑島다. 포을도는 푸른 섬을 표기하기 위해 '포/푸', '을/른', '도/섬'으로 음차한 걸 알 수 있다. 이것은 옛 지명 표기에 흔히 보이는 이두 표기의 전형이다.

백령도에선 그 유명한 장산곶 마루의 산세가 훤히 보인다. 장산 곶의 그리메가 지금 내 눈앞에 있다. 힘차게 달려오다가 홀연 멈춘 모습의 깎아지른 절벽, 그렇다. 옹천! 바로 독벼랑의 모습 그대로다. 백령도와 장산곶 사이엔 심청이 몸을 던진 인당수도 있다. 섬의 이런 내력은 이 섬이 지닌 풍광과도 무관하지 않을 것이다. 장산곶의 빼어난 경관에 대해 청담 이중환의《택리지》는 호남의 변산, 호서의 안면도와 함께 국가에서 이곳의 소나무를 관리하던 곳임을 알린다. 그 용도가 궁궐을 짓고 배를 건조하는 목적이었다는 것이다.

백령도의 지세가 비교적 평지에 가깝다면, 불과 10km 정도 남쪽에 있는 대청도는 오르락내리락 굴곡이 심한 지형으로 대조를 보인다. 높은 산과 깎아지른 절벽들이 대청도의 풍광을 대변한다. 소형 버스를 타고 현지인 문화해설사의 안내를 받는다. 차가 가파른 언덕길을 숨차게 오르나 싶으면, 천 길 아래로 곤두박질하듯 다시 내리막길이 이어진다. 마치 강원도의 산간 오지 마을에 와있는 느낌이다.

대청도는 섬 전체가 울창한 적송 숲을 잘 보존하고 있다. 산속은 온통 빽빽한 소나무다. 그리고 소나무 아래엔 소사나무 군락이다. 흔히 분재로 인기가 높은 나무다. 소사나무는 연기가 나지 않아 대청도 주민들에겐 한때 최고급 땔감이었다고 안내인은 말한다. 본디 이 섬이 포을도, 곧 푸른 섬이었다는 사실도 저 적송과 소사나무들 때문이었다는 걸 알겠다.

굴곡이 심하니 벼랑이 사납고 가파른 건 당연하다. 100m 높이의 규암이 수직으로 서있는 서풍받이는 그 이름만큼이나 우뚝하다. 기름아가리란 이름도 그렇거니와 마침내 독바위란 지명 앞에서 나는 고개를 끄덕인다. 둥근 절벽에 붙은 이름, 독바위를 대청도에서 만나다니 말이다. 저 지명이 바로 옹천이다. 그러니까 지금의 북한 땅 장산곶과 마찬가지로 이곳 대청도 일대의 바위 벼랑들이 옹진, 곧 '독나루'의 배후였던 셈이다.

이곳 농여해변은 지질학의 보물창고 같다. 대번 눈길을 끄는 건 나이테바위다. 지층이 수직으로 선 뒤 풍화와 침식을 거듭해 온 자취라지만 볼수록 신기하다. 자연이 빚은 최고의 수석 작품을 감상하는 기분이다. 풀등을 본 것도 행운이다. 풀등은 바닷속에 쌓인 모래밭으로 해초가 자라서 만든 모래언덕이다. 특히 이곳 풀등은 물이 빠지면 육지와 이어지는 것으로 유명하다. 이때쯤이면 모래 해변이 파랑을 만나 연흔을 만든다. 그러니까 백사장 위에 오묘한 파도 무늬가 아로새겨지는 것이다.

우리나라 최대의 활동 사구인 옥죽포의 해안사구는 흔히 사막으로도 불린다. 1970년대부터 방풍림을 조성한 결과, 크기가 절반으로 줄었다. 한때 계속해서 날아드는 미세 모래 때문에 인근의 초등학교가 이전을 해야 했다니 그때의 정황이 짐작된다. 사구 보존을 위해선 방풍림 조성은 안타까운 결정이었다. 그러나 주민들을 위해선 방풍림이 필요했으니, 자연과 인간 사이의 첨예한 입장 차이가 예사로 보이지 않는다.

백령도의 이두 지명, 사을외도는 '살밖섬'이다

삼국유사를 찾아가는 길_
군위, 영천

삼국유사를 집필한 인각사,
이두 지명 풀이가 이 책에서 시작된다

영천에 도착하기 전, 군위에 먼저 들른 이유는 인각사麟角寺와 군위석굴암(三尊石窟寺)을 친히 보기 위해서다. 인각사는 642년에 의상대사, 643년에 원효대사가 연이어 창건한 유서 깊은 사찰이다. 위천의 상류인 학소대, 병풍바위가 드리워진 이 계곡물은 화북리에서 석산리까지 이어진다. 학소대 물가에서 나 역시 한나절을 서성인 이유는 보각국사 일연 때문이다.

그가 《삼국유사》를 집필한 자리가 인각사일 뿐만 아니라, 말년을 보내고 입적한 곳이 여기다. 어찌 서안에 앉아서만 책이 쓰였을까? 내 생각에는 이곳 학소대야말로 《삼국유사》의 태반이었으리란 생각이 든다. 저 깎아지른 절벽으로 학이 날아들어 열매처럼 둥지를 매단 풍경이 환상처럼 스쳐간다. 그렇다, 이곳의 정경은 학에게나 어울리는 장소다.

내 경험에 의하면, 발바닥과 뇌는 긴밀한 연관이 있다. 책상머리에서 끙끙대며 풀리지 않던 실마리가 산책 중에 풀리곤 하던 경험 때문이다. 혼돈이론의 창시자, 앙리 푸앵카레가 고심하던 수학 문제를 여행길 버스에 오르다가 풀었다는 것 또는 알베르 카뮈가 레스토랑 회전문을 열거나 길모퉁이 카페 의자에 앉다가 위대한 사상과 만난다고 말한 건 이런 경우를 가리킨다.

더구나 《삼국유사》는 김부식의 《삼국사기》와 달리, 앞뒤 맥락이 단절된 사건들을 마치 퍼즐을 맞추듯 꿰어놓은 글이 아닌가. 역사의 맥락을 새롭게 해석했으니, 사史가 아니라 유사遺事다. 그 캄캄한 사건들의 앞뒤를 헤치며 그는 수없이 길을 잃었을 것이다. 혼돈의 수렁에 빠질 때마다 그는 이 학소대 앞을 서성이며 냇물을 따라 걷지 않았을까? 내가 한사코 이곳을 떠날 수 없는 건 나 또한 일연에 대해 풀리지 않는 의문을 갖고 있는 탓이기도 하리라.

약 한 세기 후에 쓰인 《삼국유사》는 정사를 자처하는 《삼국사기》가 손도 못 댄 난제들을 얼마나 많이 풀어냈던가. 그가 《단군고기》를 거기 추가하지 않았다면, 우리 역사는 지금보다 형편없이 쪼그라들었을 것이다. 일연은 《구삼국사》를 참고하여 단군을 역사의 장

삼국유사를 집필한 인각사, 이두 지명 풀이가 이 책에서 시작된다

으로 불러냈다. 그뿐인가? 저 빛나는 신라 향가의 발굴과 지명의 연원을 밝혀낸 건 업적 중의 업적이 아닐 수 없다. 이두나 향찰로 쓰인 향가 열네 수를 소개한 것 못지않게, 위홍이 편찬한 《삼대목》을 거론하여 향가집의 존재를 알린 것도 마찬가지다.

《삼국유사》의 업적은 그 책이 아니면 묻힐뻔했던 우리 고 지명의 연원이며, 우리 언어의 한자화 과정까지 밝힌 데 있다. 책에 인용된 중국 고전만 스물일곱 종이며, 책명이 확실한 것만 쉰 여 종, 비문과 고문서 스무 여 종, 그 밖에 무수한 설화나 야담 등이 인용되고 있으니 말이다. 《삼국유사》는 그런 점에서 우리 언어의 귀중한 보고다. 이 책에 소개된 향가, 〈처용가〉의 첫 행을 양주동의 해석으로 보자.

東京明期月良夜入而遊行如可
셔블 밝기 다래 밤 드리 노니다가
서라벌 밝은 달밤에 밤늦도록 노닐다가

우리는 이 책에 소개된 향가를 통하여, 당시 신라인들이 한자의 음과 훈을 빌어 자신들만의 표기체계를 지니고 있었다는 걸 알게 되었다. 그것은 우리 지명 역시 우리말이 한자어로 바뀐 과정을 밝히는 귀중한 알림이 된다는 뜻이다. 일연의 업적은 사사롭게는 나 개인에게까지 이어진 셈이다. 이 글을 쓰는 동안 그 책은 우리 지명을 파악하는 나침반이자 길잡이가 되었으니 말이다.

아쉬운 점은 인각사의 모습도 퇴락하여 흔적만 무성할 뿐 아니라, 스님이 글을 쓰던 자취도 사라졌다는 부분이다. 왜소한 사찰의 빈터를 기웃거리며 거기 어디쯤 스님의 자취를 찾는다. 글씨가 지워지고 깨어진 보각국사비를 본 건 그나마 다행이라 할까. 이 비석은 13세기, 일연의 사후에 민지가 일연의 업적을 칭송하는 글을 짓고, 왕희지체를 문헌에서 찾아 모아 새겼다. 중국과 일본에까지 유명세를 탔던 탓일까? 임진왜란(1592년)과 일제강점기를 거치며 왜군이 훼손해 지금은 비문의 일부만 남았으니 말이다. 사찰을 맴돌자니, 젊은 학승 한 분이 안내를 자청했는데 그는 몇 년 안에 달라질 절의 위용에 대해 말했다. 그 규모보다 역사적 고증을 철저히 해서 복원이 이루어졌으면 좋겠다는 생각이다.

인각사를 떠나 아미타여래삼존석굴로 향하며, 이곳의 지명인 부계缶溪가 궁금해진다. 술병 모양의 계곡일까? 그런 생각을 하며 석굴암으로 다가간다. 저만큼 범상치 않은 산세가 먼저 드러나고 적송 숲이 보인다. 계곡의 초입에서 나는 벌써 하나의 장소에 이르렀다는 걸 깨닫는다. 그렇다. 장소와 정신이란 문제의식에 사찰처럼 들어맞는 경우도 드물다. 서기 600년대의 이 석굴은 토함산에 있는 석굴암보다 한 세기가 앞선다. 1927년에서야 이곳 한밤마을의 농부 최 씨에 의해 발견되었다니, 이 자리가 얼마나 후미진 골짜기인지 알만하다. 석굴은 국보로 지정돼 있다. 석굴이 먼저 조성된 뒤 절이 세워졌으니, 그래서 절 이름도 팔공산 석굴사다.

이곳 부계면 대율리엔 돌담으로 유명한 고택촌 한밤마을이 있다. 일제강점기, 대홍수로 떠밀린 돌을 모아 담을 쌓았는데 묘한 아름다움을 연출한다. 한밤마을의 대표적 고택은 남천고택이다.

군위를 지나 드디어 영천으로 향한다. 포은 정몽주와 노계 박인로의 고향이다. 특히 정몽주의 고향인 임고면은 남천의 지류인 자호천을 끼고 있는 평야지대다. 넓고 기름진 이 들녘은 번성한 농경문화의 요충지로 고려와 신라 때는 이곳이 경주로 가는 길목으로 동경도東京渡로도 불렸다. 임고면 우항리는 정몽주의 출생지로 산과 들 그리고 시내를 낀 이상적인 농촌 마을이다. 역시 정몽주처럼 큰 인물이 나올만한 장소다.

정몽주를 기리는 임고서원은 이름 그대로 언덕을 끼고 있는 터전(臨皐)인데, 지금 문화 탐방로로 조성된 뒷산은 제법 단단한 위용과 아슬한 기운까지 갖춘 우뚝한 봉우리다. 임고서원의 굵은 두리기둥과 견고한 품새는 비록 중창된 건물이지만, 우리나라에서 가장 크고 견고한 서원이 아닐까 싶다. 역시 동방이학지조東方理學之祖에 어울리는 서원이란 생각이 든다.

정몽주는 1360년(공민왕 9년), 삼장三場에 연이어 장원급제를 한 수재다. 대사성과 대제학을 지냈으며 목은 이색을 이어, 조선 선비사의 새장을 연 대학자다. 그는 무엇보다 훌륭한 시인이었다. 유명한

〈춘흥〉뿐인가? 주옥같은 그의 시편들은 지금도 많은 이들에게 회자되고 있다. 〈재유시사〉(다시 절에서 놀며)라는 시의 마지막 두 구절을 본다.

옛 절은 문 닫힌 채 스님은 보이지 않고
지는 꽃은 눈처럼 연못 정자를 덮네

정몽주의 아들 종성이 세조의 왕위 찬탈에 반대하다가 귀양을 간 걸 시작으로 그의 후손들이 대대로 절의를 지켰으며, 임금에게 직언을 마다하지 않았던 것도 정몽주에게서 이어진 가풍이다. 후손들이 대부분 유배지에서 사망한 게 그 증거다. 아니, 정몽주의 어머니인 영천 이씨가 일찍이 '까마귀 싸우는 골에 백로야 가지 마라…'고 가르친 가풍이 대대손손 이어진 걸 알 수 있다. 태종 이방원에게 죽임을 당한 후 10년, 이방원에 의해 만고충절로 되살아난 정몽주다. 역사란 그런 것이다.

영천은 조선의 3대 시인, 박인로의 고향이기도 하다. 그는 영천읍 북안면 도천리 383번지에서 태어났다. 지금 그 자리엔 그를 기리는 도계서원이 서있다. 그동안 내가 만났던 서원 중 규모가 가장 소박한 서원이다. 그런데 서원 바로 건너편 야트막한 야산에서 박인로의 묘소를 만났을 때, 그 인상 또한 다르지 않았다. 조상들의 묘역 한 자리에 있는 듯 없는 듯 섞여있는 그의 묘는 나지막했다. 석물은 물론 곡장조차 없었다. 솔숲이 곡장을 대신한 묘소들은 옹기종기 정겹게 모여있었다. 이런 묘역은 처음이다. 인상적인 묘역이었다. 하기야 〈조홍시가〉가 보여주는 그의 효심을 생각해 보면, 생시처럼 그렇게 조상들과 어울리는 게 온당하다는 느낌도 들었다.

〈조홍시가〉 시비는 서원 앞, 서원과 묘소의 중간에 있다. 이렇게 후미진 산골까지 누가 찾아오랴 싶었는데 그게 아니었다. 국문학을 전공한다는 대학원생이 나보다 앞서 참배를 끝내고 막 돌아가는 길이었으며, 내가 그 자리를 뜰 즈음엔 중년 부부 내외가 도착했으니 말이다. 소박한 서원과 묘소는 내가 짐작했던 박인로의 인품과 정확히 맞아떨어지는 걸 경험한 셈이다.

박인로는 1599년, 무과에 급제한 무신이다. 임진왜란의 한가운데서 젊음을 불태웠을 뿐 아니라, 수군만호 시절 그가 머문 곳마다 선정비가 세워진 사실은 무얼 의미할까? 그가 인품만 넉넉했던 건 아니다. 가난을 예찬한 〈누항사〉, 전쟁의 비애를 노래한 〈선상탄〉 등의 가사문학을 통해, 그가 한결같이 보여준 것은 인간애 정신이다. 특히 관직에서 물러난 뒤 고향 주변을 오가며 오직 시작에만 전념한 점은 참 시인의 면모를 보여주고도 남는다. 무관 출신인 그가 쟁쟁한 문관들을 제치고 조선 3대 시인으로 우뚝 선 까닭이다.

포항시 죽장면 입암리를 찾아가는 이유는 박인로의 말년을 살피고 싶어서다. 그의 문학이 마무리된 곳이 여기다. 입암 동구에 이르자, 이곳 지명의 유래가 대번에 밝혀진다. 입암立巖은 '선 돌'이다.

30m 가까이 우뚝 솟은 돌 하나와 그 뒤로 바위 벼랑이 숲을 이고 서 있다. 앞으로 흐르는 자호천 덕분에 입암은 시야를 넓게 열어놓고 있다. 입암 곁, 바위 절벽에 기대선 일제당日躋堂이 위용을 드러낸다.

영천에서 장소의 정신을 다시 생각하는 이유는, 이곳에서 수많은 의사와 열사가 배출되었기 때문이다. 장소와 정신의 끈질긴 대물림을 떠올리는 이유도 그 때문이다. 문학 분야에서도 예외가 아니었으니, 여류작가 백신애의 경우가 대표적이다. 이곳 창구동 68번지에서 태어난 그녀는 항일운동 단체인 조선여성동우회를 결성했다가 교사 직위를 박탈당했다. 그러나 백신애는 경성여성청년동맹에 가담해 끝까지 일본 제국주의에 저항했다. 32세에 요절하기까지 백신애는 〈꺼래이〉, 〈정조원〉 등 왕성한 작품을 선보인다. 그리고 이곳 출신 하근찬은 〈수난이대〉, 〈여제자〉, 〈흰 종이 수염〉 등 주로 민족의 비극과 서민들의 애환을 다룬 주목할 만한 소설을 남겼다. 또 빼어난 시인 송재학 역시 이곳 영천 출신이다.

유토피아는 어디에 있는가_
전북 부안 우반곡

**변산의 우리말 이름은
'고깔산'이다**

서해안고속도로를 따라 남하하며 김제 부근을 막 벗어나거나, 23번
국도를 타고 부안 쪽으로 방향을 틀면 서해 바다를 가로막고 있는
산과 만난다. 얼핏 보아 산의 위용이 예사롭지 않다는 낌새를 맡았
다면, 당신은 지금 변산과 만나고 있는 중이다. 만경평야의 광활한
들판을 막 지나온 뒤끝이다. 최고봉이 500m급 의상봉이지만, 평원
과 해안 쪽에서 돌출한 위세 탓에 그 높이는 훨씬 두드러져 보인다.
더구나 쌍선봉, 관음봉 그리고 용각봉 등 들쭉날쭉 능선과 봉우리들
의 짜임새가 보통 맵시가 아니다. 화산암과 화강암이 뒤섞인 암봉들
의 돌출은 그 매력을 한껏 뽐낸다.

변산의 전경

변산은 정갈하고 조용한 산이다. 그 유명세에 비하면 등산객 숫자가 넘치지 않기 때문일까? 오염되지 않은 산길은 고즈넉하기까지 하다. 대개 남여치에서 시작해 쌍선봉과 월명암을 지나고 직소폭포를 바라본 다음 관음봉쯤에서 내소사來蘇寺로 하산하지만, 좀 더 욕심을 부려 관음봉에서 용각봉과 옥녀봉을 지나 우동리로 내려오면 제대로 변산과 만난 셈이다.

월명암 기슭을 따라 절벽 아래로 계곡물이 따라붙는다. 구불구불 그 절벽 길을 오르면 유명한 직소폭포와 만난다. 내소사 쪽으로 하산을 미루고 가마소에서 용각봉 그리고 옥녀봉으로 이어지는 코스를 고집한 이유는 그 끝자락에서 우동리를 만나기 때문이다. 그러니까 나는 일부러 길고 험한 여정을 지나 우동리에 당도한 셈이다.

변산의 우리말 이름은 '고깔산'이다

나는 우동리를 간절히 원했다. 우선 교산 허균 때문이다. 허균은 이곳에서 《홍길동전》을 썼다. 경상도 관찰사 초당 허엽의 막내아들로 태어났으니, 지금도 강릉의 초당에 그의 생가가 있다. 큰형 허성, 둘째 형 허봉 그리고 누님 허난설헌 초희와 함께 신동으로 불렸으며 광해군 때 예조판서에까지 오른 허균이다.

그런데 대체 언제부터 운명이 꼬이기 시작한 걸까? 도대체 무엇이 당대 사회 현실과 너무도 먼 곳으로 그를 떠민 걸까? 부패한 현실을 바로 잡으려는 비원이 과연 죄악일까? 조선 사회가 꿈도 꾸지 못하던 유토피아를 꿈꾼 게 역모일까? 제도권 밖으로 떠밀려 세상의 변방인 이곳, 우반곡에 이르러서야 유토피아를 발견했던 걸까?

그의 사상적 궤적을 훑어보면 우반곡에서 유토피아를 설계했다는 게 분명해진다. 그러나 역사는 모순이 아닐 수 없으니, 끝내 능지처참으로 생애를 마감한 이 불온한 천재를 우리는 어떻게 이해해야 할까.

허균은 서자가 아니다. 그렇다면 그의 서얼 철폐 사상은 어디서 비롯된 걸까? 우선 허균의 스승, 손곡 이달을 의심해 볼 수 있다. 특히 허균이 쓴 〈유재론〉을 보면, 《홍길동전》의 중심 사상이 고스란히 드러난다. 조선 기득권 사회에 대한 추상 같은 비판이 그것이다. 다음은 〈유재론〉의 일부다.

인재를 태어나게 함에는 고귀한 집안의 태생이라 하여 그 성품을 풍부하게 해주지 않고, 미천한 집안의 태생이라고 하여 그 품성을 인색하게 주지만은 않는다. 그런 때문에 옛날의 선철들은 명확히 그런 줄을 알아서, 더러는 초야에서도 인재를 구했으며, 더러는 병사의 대열에서 뽑아냈고, 더러는 패전하여 항복한 적장을 발탁하기도 하였다. 더러는 도둑 무리에서 고르며, 더러는 창고지기를 등용했었다. (…)

허균은 지금 내가 서있는 이곳, 우동저수지 위 선계폭포 위에 있었던 정사암에서 《홍길동전》을 썼다. 기록만 전할 뿐 정사암의 자취는 알 수 없으나, 건너편으로 굴바위와 함께 험준한 산세가 그대로 드러난다. 과연 이만한 자리라면 활빈당의 근거지를 어렵지 않게 상상할 만하다. 《성소부부고》에 있는 〈정사암 중수기〉에서 허균은 '남쪽으로 대해가 보이고 그 가운데 금수도가 자리한다. (…) 정사암은 겨우 네 칸인데 바위 벼랑 위에 서있다. 앞으로 맑은 못이 내려다보이고, 마주 보면 우뚝 솟은 세 개의 봉우리가 보인다'고 했으니, 그 위치를 추정할 만하다.

그가 말한 금수도는 현재의 위도蝟島를 지칭한 것으로 보인다. 만약 이상 국가 율도국栗島國이 변산 앞바다의 위도를 모델로 삼았다면, 그는 부패한 조선이 아니라 새로운 땅에서 그의 이상을 마음껏 펼치고 싶었는지 모른다. 위도라는 명칭은 모양새가 고슴도치를 닮았다해서 붙여진 이름이다. 쾌속선으로 격포항에서 불과 40분 거리, 이 섬은 칠산어장의 중심지로 조기, 멸치, 민어, 농어, 갈치의 이동 경로인 풍요롭고 아름다운 섬이다. 여섯 개의 유인도와 스무여 개의 무인도로 이루어진 그 율도국에 허균은 근대국가를 세우고 싶었던 걸까.

우동리의 옛 이름은 우반곡이다. 그리고 우동리의 중심 하천 이름이 반계磻溪다. 반계 유형원의 호는 여기서 나왔다. 물론 반계는 중국 위수渭水의 지류인 반계와도 겹친다. 유명한 강태공 강상이 세월을 낚던 곳 말이다. 그는 거기서 주문왕 서백을 만나 주나라를 세우게 된다. 유형원 역시 그런 때를 기다린다는 뜻이었을까? 유형원은 한양 외가에서 태어났으며 영의정 심수경의 증손녀와 결혼했다. 문재가 뛰어났으나 29세에 충청도를 시작으로 30세 금강산, 36세 호남, 40세 영남을 두루 주유하며 관리의 길을 버리고 조선의 실정을 살피는 데 골몰했다.

그리고 허균의 사후 35년 뒤에 유형원이 우반곡에 정착했으니, 이곳은 혁명가들의 땅이었으며, 유토피아를 찾아 나선 이들이 찾아낸 마지막 땅이었다는 걸까? 이런 우연이야말로 능히 장소의 정신이란 게 실재한다는 반증은 아닐까?

반계서당에 이르는 길은 오르막길이다. 그는 서른한 살에 이곳 우반곡으로 내려와 반계서당을 짓고, 마흔아홉 살이던 1670년,《반계수록》전 26권을 내놓는다. 유형원은 이 책에서 봉건적 사회제도의 전면적 개혁을 주창했으니, 같은 마을 홍길동의 재림이었던 셈이다. 그는 노비제도 및 과거제도를 폐지하고 공거제의 시행과 더불어 특히 지주들이 독점하고 있는 토지제도의 문제점을 혁파할 대안으로 균전제를 제기했다. 그의 주장들은 모두 혁명적 제안이었다.

다산 정약용은 《경세유표》 서문에서 《반계수록》을 언급했을 뿐 아니라, 반계에 대한 공감을 표하고 있다. 그가 반계를 얼마나 존경했는지는 다산 문중에서 소장했던 《반계수록》이 지금까지 보존된 것만 봐도 알 수 있다. 유형원을 일러 조선 실학의 개척자로 부르는 연유다. 정약용의 〈고시24수〉 중 유형원에 대한 시를 본다.

세상 다스리는 뜻 진지하기로는/반계 유형원을 보았을 뿐이네
세상 구할 큰 뜻은 균전법에 있었고/천만 개 그물눈이 서로 통했네
임금을 모실만한 큰 재목이었으나/산림에 묻힌 채 늙어 죽었네

그때, 그러니까 허균의 개혁론은 너무 이르다 치자. 17세기 《반계수록》을 정전으로 삼아 조선 사회가 바뀌었다면 어떻게 되었을까? 아니, 18세기에라도 《성호사설》을 거울로 삼았다면? 그도 과분하다면 실학파들의 외침에 귀를 기울였다면? 아니다. 기회는 아직도 남아있다. 19세기의 정약용까지 늦춰도 늦지 않았다.

그러나 유능한 싹은 그예 잘라버리고 옳은 말엔 귀를 막았으며, 정치가 정쟁의 도구로 전락하는 사이에 일본은 1868년, 명치유신明治維新을 단행하여 사상과 제도, 건축, 복식 등을 서구화하고 철도를 개설했으며 근대 교육을 강화했다. 불과 30여 년 뒤, 근대국가로 완

전 탈바꿈한 일제는 봉건국가 조선을 넘보기 시작한다.

지금 이곳 우동리, 《홍길동전》의 집필 장소와 반계서당 앞에서 내가 느끼는 비애는 그런 혐의가 지금도 반복되고 있다는 불길한 예감 때문인지도 모른다. 하긴 애초 우동리를 여정의 목표로 점찍을 때부터 이 비애를 짐작하지 않은 건 아니다. 저수지를 중심으로 우측의 허균과 좌측의 유형원은 35년의 시차를 두고, 조선사회의 대대적인 개혁을 역설했다. 그 길만이 부패한 조선을 되살릴 유일한 방도였기 때문이다. 그러나 그들의 꿈은 이루어지지 못했으며, 조선은 망국을 향해 기울기 시작했다.

우동저수지를 중심으로 지척에 있는 이 두 곳에서 장소의 정신은 다시 한번 환기된다. 왜 특정 장소에서 특별한 정신이 생성되는가 하는 의문이 그것이다. 어쩌면 나는 그 정신을 찾아 여기까지 흘러온 건지도 모르겠다. 그 배후로서 나는 변산을 의심하는 것이다.

《신증동국여지승람》의 첫 장에 첨부된 〈팔도총도〉의 전라도 편에 변산邊山이란 산명이 보인다. 그러나 《삼국유사》에는 '백제 땅은 변산卞山이 있어 변한卞韓으로 불렸다'고 기록되어 있다(百濟地有卞山, 故云卞韓). 변卞은 변弁이란 자의 약자다. 그리고 변弁은 고깔 모양의 상형문자다. 그러므로 변산의 옛 이름은 '고깔산'이었을 것이다. 그렇다면 조선 이래로 쓰이게 된 지금의 명칭, 변산邊山은 아무 뜻도 없이 변弁의 같은 음을 따온 것에 지나지 않는다.

내소사 일주문엔 '능가산 내소사'라고 쓰여있다. 능가산은 석가모니 부처가 《능가경》을 설법한 산이다. 변산을 다시 불교적 관념으로 바꾼 것일 뿐, 산의 본이름과는 아무 관련도 없다. 일주문을 지나 내소사에 이르는 길은 전나무 군락이 인상적이다.

재미있는 건 변산을 말하면 모두들 바닷가 외변산을 입질에 올린다는 것이다. 물론 채석강이나 적벽강은 아름다운 국립공원이다. 하지만 이곳에서 일어났던 그 엄청난 정신의 용트림은 내변산 안의 후미진 골짜기였다는 건 무얼 의미하는 걸까? "본디 큰 재목은 깊은 산에서 나온다"는 홍인선사의 말을 떠올린다.

위대한 사상은 시끄러운 저잣거리가 아니라, 유행과 선풍에서 고립된 곳에서 나온다. 변산의 적막 속에서 허균의 개혁 사상이 움텄으며, 유형원의 혁신 정신이 솟구쳤다. 허균은 형에게 보낸 편지에서 이곳 우반곡을 '신선고을'이라고 말했다. 그는 이곳에서 유토피아를 본 것이다. 그러니까 변산 안쪽의 이 숨은 터전은 유토피아를 향해 혁명을 꿈꾸던 자리인 셈이다. 그때 이들의 꿈이 실현됐다면 조선은 훨씬 나은 나라가 되었을 것이다. 그러나 역사란 가정을 허락하지 않는다. 지금 서늘한 바람결이 내 정수리를 스치고 간다. 우반곡을 떠나며 생각한다. '나는 어떻게 살 것인가.' 이곳, 우동리에서 맑은 고적감을 만난 뒤 홀연 떠오른 생각이다.

16세기 문화의 1번지_
담양

담양은 정자를 중심으로
문학을 꽃피운 고을이다

담양潭陽은 백제의 추자혜秋子兮가 신라 경덕왕 때 추성秋成으로 바뀌

었다가 고려 때 담주潭州로 바뀌었는데, 다시 담주와 기양祈陽을 합하

여 지금의 이름이 되었다. 이 땅은 정자의 고을이다. 건립 시기별로

1530년경으로 추정되는 소쇄원瀟灑園을 필두로 1533년, 면앙정俛仰亭

과 1540년, 환벽당環碧堂 그리고 1560년에 식영정息影亭과 서하당棲霞堂

또 1585년에는 죽녹정竹綠亭을 새로 중수한 송강정松江亭이 모두 16세

기에 건립되었다. 이 밖에 17세기에 명옥헌鳴玉軒, 19세기에는 취가정

醉歌亭까지 건립되었으니, 담양이 정자의 고장으로 꼽히는 까닭이다.

이곳 출신 면앙정 송순은 41세 때인 1533년에 잠시 관직에서 물러난 상태였다. 그리고 그때 이곳 제월봉 아래 멧부리에 면앙정을 짓고 강호가도를 몸소 실천했다. 넓은 들녘 건너편으로 병풍산과 삼인산의 자태가 한눈에 들어오는 산등성이다. 병풍처럼 펼쳐진 병풍산은 노령산맥 안에서 가장 높은 명산이며, 삼인산은 사람 인 자 세 개를 겹쳐놓은 형국이라 해서 붙여진 이름이다. 내가 면앙정에서 그분의 꾸밈없는 인품을 짐작한 건 유난히 가파른 오르막길의 인상이나 온통 참나무 군락 위에 덩그러니 놓인 정자의 모양새 때문이다.

면앙정 주변을 둘러보니 지금도 다르지 않다. 자연을 사랑하는 고질병을 천석고황泉石膏肓이라 했던가. 자연과 차별 없이 어울린 송순의 성품이 너무도 뚜렷하다. 과연, 그 송순의 문하에서 김인후, 박순, 기대승, 고경명, 윤두수, 정철, 임제 등 기라성 같은 대시인들이 배출된 게 우연은 아닌 성싶다. 제자들만이 아니다. 당시 면앙정엔 성수침, 임억령, 김윤제, 이황 그리고 이종사촌이었던 양산보 등도 수시로 내왕하였다. 정자를 중심으로 당대 최고의 문사들이 자연스레 어울리면서, 담양은 고급문화의 1번지로 부상한 셈이다.

말하자면 면앙정은 정자 고을의 단초를 세우고, 일군의 문화 집합체가 되어 면앙정가단을 형성하기에 이른다. 27세 과거에 급제하여 관직이 대사헌에 이르고 77세 때 한성부판윤을 끝으로 귀향하기까지를 보면 송순의 학문적 소양은 물론 인물의 됨됨이를 짐작할 만하다. 드넓은 평야 때문에 정자의 높이는 실제보다 훨씬 두드러져 보인다.

담양은 정자를 중심으로 문학을 꽃피운 고을이다

면앙정가단은 성산가단의 모태가 되었을 뿐 아니라, 영남의 경정산가단, 노가재가단의 모델이 되었다. 1579년, 그의 과거급제 60주년을 기리는 회방연回榜宴이 면앙정에서 성대하게 열린 점도 그의 학맥을 엿보게 한다. 그날, 선조 임금은 송강 정철의 편에 꽃과 어주를 내렸으며, 쉰 살 전후의 제자들이 가마꾼이 되어 87세 스승을 댁까지 모신 일화는 전설처럼 회자됐다. 오죽하면 200년 뒤인 1789년, 광주에서 도과를 치룰 때, 정조가 직접 내린 시제가 '면앙정에서 가마를 메다(荷興俛仰亭)'였다. 정조가 사제의 아름다운 풍속을 기린 그 어제 편액은 지금도 면앙정에 걸려있다.

그때 네 명의 가마꾼은 제원도찰방 김성원, 사간원헌납 고경명, 홍문관수찬 정철, 사간원정언 임제 등이었으니, 그의 문하에서 배출된 인재들의 면모를 알만하다. 이미 영의정에 오른 사암 박순을 대신해 도관찰사가 참여한 점만 제외하면 말이다. 그날, 가마 위에 앉아 어느덧 나라의 동량으로 성장한 제자들을 바라보았을 스승의 흐뭇한 미소가 보이는 듯하다. 다만 스승보다 앞서 세상을 떠난 제자들, 이미 19년 전 별세한 하서 김인후나 7년 전 타계한 고봉 기대승의 모습이 눈에 밟혔을 듯하다.

면앙정 아래로 펼쳐진 평야를 따라 6km 거리 밖에 정철의 죽녹정竹綠亭(송강정)이 자리잡고 있다. 공교롭게도 정철의 부친 정유침과 송순은 동갑이다. 존경하는 스승에게 부모의 정까지 느꼈던 걸까?

정철은 자신의 정자가 스승이 있는 쪽을 향하도록 배치했다. 다만 참나무 숲속의 면앙정과 달리 죽녹정은 적송 숲 속에 있는 것만 다르다. 정자 아래 실개천이 죽녹천인데 내가 20년 전, 여기 왔을 때 붙어있던 송강정 현판 대신 지금은 본래의 죽녹정 현판이 걸려있다.

특히 한양 출신 정철과 이곳 담양과의 인연은 운명적이었다는 생각마저 든다. 정철은 영일 정씨, 유침의 4남 2녀 중 막내다. 유침은 두 딸이 모두 중종의 세자궁이 되면서 정치적 풍운아가 된다. 그 때문에 어린 정철 또한 부친을 따라 함경도, 경상도, 전라도의 유배지를 전전하며 성장한다. 그런데 정철의 인생에 큰 전환점이 이곳 담양 땅에서 일어난다.

증암천 언덕에 자리한 환벽당環碧堂은 그 이름처럼 지금도 사방이 초록에 덮인 궁벽한 산골에 있다. 사촌 김윤제는 홍문관교리를 지내고 을사사화(1545년)를 피해 고향인 이곳 충효리로 은거하며 이 정자를 지었다. 남으로 무등산, 북쪽으로 성산을 끼고 있는 이곳을 송순은 '한 동천洞天 안의 세 절경—洞之三勝'으로 꼽았으니, 증암천변의 환벽당, 식영정, 소쇄원을 일컬은 평가다. 동천이란 신선이 사는 곳을 일컫는 말이니, 송순은 정자의 주인들을 이미 신선의 자리에 올려놓은 셈이다.

정철의 운명 전환! 그가 평생의 은인 김윤제를 만난 이야기가 지금도 전설처럼 떠돈다. 더구나 16세기의 담양은 아주 특별한 기운으로 충만한 고을이었으니 말이다. 그래, 담양은 이미 조선의 문화 1번

담양은 정자를 중심으로 문학을 꽃피운 고을이다

지로 부상한 땅이었다. 소쇄원, 면앙정, 환벽당이 차례로 건립되었으며, 이곳을 중심으로 대학자들의 교류가 불길처럼 번지던 때였으니, 부친이 담양을 선택한 연유가 잡힌다. 여기서 정철의 부친이 15세가 된 정철을 환벽당의 문하로 이끌었으리란 추측은 얼마든지 가능하기 때문이다.

따라서 용소의 전설, 그 진위도 이렇게 수정될 수 있다. 정유침의 간곡한 당부로 정철을 받아들인 김윤제의 눈에 소년의 재능은 어렵지 않게 간파되었으리라. 그가 서둘러 정철을 외손녀 사위로 삼은 게 그 증거다. 그 과정에서 자연스럽게 식영정의 주인 김성원도 처외재당숙이 된다. 11년 연하인 정철과 김성원은 환벽당에서 함께 동문수학한 사이였으며, 평생 동안 우정을 나누는 관계가 된다. 정철은 환벽당에 든 지 11년 만에 대과에 급제했으니, 이 일련의 과정을 담양과의 만남이라고 하는, 장소의 정신을 빼놓고선 설명하기 어렵다.

환벽당과 이웃한 식영정은 특히 경관이 빼어나다. 여기서 그림자(影)는 떨쳐도 벗어나지 않는 인간 욕망의 상징으로 장자 〈제물편〉의 우화에 근거한다. 그림자도 쉬어가는 곳을 '식영세계'라 하였으니 욕망을 벗어난 자리, 곧 선계의 다른 이름이 식영정인 셈이다. 이 정자는 김성원이 장인인 임억령을 위해 건립한 정자다. 식영정과 나란히 서하당을 짓고 그 자신도 거기 거주했다. 이곳을 드나든 네 명의 문사를 식영정 사선四仙으로 꼽는데 바로 임억령, 김성원, 고경명, 정철이다. 식영정이 사선정으로도 불리는 이유다. 이들이 20수씩, 80수의 〈식영정이십영〉을 읊은 것이 바로 정철의 가사, 〈성산별곡〉의 모태가 된다. 〈성산별곡〉은 정철이 24세 때인 1560년, 바로 식영정이 건립되던 해에 성산 주변의 경관에 빗대어 김성원의 넉넉한 인품과 풍류를 노래한 가사다. 환벽당과 더불어 식영정이야말로 정철에겐 운명의 장소였으며, 주옥같은 가사문학을 잉태한 발원지인 셈이다.

송순에 대한 인간적 존경심도 그렇지만, 〈면앙정가〉는 정철을 가사문학에 정진하도록 이끈 롤 모델이었던 셈이다. 호남의 송순은 26세 연상, 영남의 농암 이현보와도 여러 면에서 비견된다. 두 사람 모두 90수까지 장수를 누린 건 물론, 존경받는 목민관으로 애민을 실천한 사람들이다. 환란에 휩쓸리지 않고 70대 중후반에 명예롭게 퇴임한 점도 그렇다. 피차 영남과 호남에서 강호가도의 기풍을 진작시킨 바도 닮은 꼴이다. 이현보의 〈어부가〉가 고산 윤선도에게서 꽃 핀 것이나, 〈면앙정가〉가 정철의 가사에서 만개한 점도 마찬가지다. 이현보의 문하에 두 사람의 동방 5현, 회재 이언적과 퇴계 이황이 있는 것처럼 면앙정가단에서 동방 18현, 김인후나 최고의 재상 박순이 배출된 것도 우연이라고 보기 어렵다.

송순이 증암천 안의 삼승=勝으로 꼽은 마지막은 소쇄원이다. 정확한 건립 연대를 알 수 없으나, 소쇄원을 방문한 언급들로 미루어 1530년경으로 추정되므로, 담양에 세워진 첫 번째 정자가 소쇄원이라고 할 수 있다. 소쇄원은 소쇄옹 양산보의 스승, 정암 조광조가 사

담양은 정자를 중심으로 문학을 꽃피운 고을이다

약을 받고 죽은 뒤, 세상과 단절하고 은거하기 위해 지은 조선시대를 대표하는 별서다. 조광조는 사림파를 대표하는 개혁 정치가로 기묘사화(1519년) 때, 38세의 젊은 나이로 죽임을 당했다. 그 상실감이 얼마나 컸으면 양산보는 정원의 구성을 죽림칠현의 은둔지처럼 꾸몄을까. 지금도 무성한 맹종죽으로 뒤덮인 소쇄원 앞에 서면 그 안에 정자는커녕 사람이 산다는 느낌조차 전혀 들지 않는다. 당시의 정경은 어땠을지 짐작이 간다.

대숲 길을 오르면 소쇄원이 별천지처럼 나타난다. 구불구불한 계곡물을 따라 애양단이란 담장이 세워지고, 계곡 건너 광풍각光風閣이란 사랑채가 서있는데, 찾아오는 문사들의 회합 장소다. 위쪽으로 제월당霽月堂이란 개인 서재 겸 숙소가 있는데, 두 정자 사이에 중간 담장과 대문을 둔 것도 인상적이다.

특히 오곡문은 담장에 뚫린 구멍을 일컫는데, 계곡물의 흐름을 방해하지 않기 위해서다. 열 살 연상인 송순과 이종 간이었던 양산보 역시 자연친화사상이 몸에 밴 사람이었다는 걸 짐작케 하는 대목이다. 정원의 모양새 역시 억지를 부리지 않았으니 솔, 단풍나무, 버드나무, 매화나무, 살구나무, 배롱나무, 벽오동, 회화나무, 치차, 복숭아, 등나무가 자연의 일부처럼 서로 조화를 이루고 있다.

지형적으로 담양은 추월산, 광덕산, 만덕산, 무등산 등 아름다운 경관이 뻗어 내린 사이로 드넓은 평야가 펼쳐진 곡창지대다. 16세기 때 단일 고을, 이곳 담양에서 아주 특별한 기운이 용솟음쳤다. 면앙정가단이나 성산가단이란 칭호에서 엿보듯 강호가도를 완성한 문학운동의 돌올한 용기가 그것이다. 그것은 같은 시기의 소수서원과 도산서원을 중심으로 발흥한 영남의 성리학 운동과 맞먹는 업적이었으니, 영남의 도학과 호남의 문학이 우리 문화사를 풍요롭게 이끈 두 매듭이었기 때문이다. 영남과 호남의 정서적 차이가 이런 바탕에서 시작되었다. 두 지역을 정치적인 입장 차이로 몰고 가는 것이야 말로 어리석은 편견이다. 호남인의 정신적 뿌리, 왜 하필 그게 담양이었을까? 이곳으로 인재들을 불러들인 원동력은 무엇이었을까? 사람이 그곳에 있었기 때문이다. 아니, 뜻을 함께한 선비들의 끈끈한 유대와 정자가 그곳에 있었기 때문이다. 결국 장소의 정신 또한 인간이 만드는 것이며, 인간들에 의해 완성된다는 진리를 이곳 담양에서 다시 한번 확인하게 된다.

담양은 정자를 중심으로 문학을 꽃피운 고을이다

비밀스러운 빛이라고?_
밀양

신채호는 밀양을 '미르벌',
곧 물이 질펀한 들녘으로 풀었다

밀양의 상징적 유적은 역시 영남루嶺南樓다. 평양의 부벽루浮碧樓, 진주의 촉석루矗石樓와 함께 조선의 3대 누각으로 꼽혔으니 그럴만도 하다. 밀양 강변에 우뚝한 이 누각의 팔작지붕과 두리기둥은 세월의 때가 얹혀 오히려 더 아름답다. 영남루 후원엔 밀성대군지단 비각이 서있는데, 박혁거세의 30대 후손인 밀성대군 박언침의 출생지 표지석이다. 밀성은 밀양의 옛 이름이며, 박언침은 바로 밀양 박씨의 시조다.

영남루 초입엔 무수한 유행가를 작곡한 박시춘의 생가가 있다. 〈이별의 부산정거장〉, 〈굳세어라 금순아〉, 〈신라의 달밤〉, 〈비내리는 고모령〉 등을 작곡한 그는 우리 대중음악의 산증인이다. 그의 작곡

능력이나 생가 위치로 보아, 〈밀양아리랑〉에 곡을 붙인 사람이 혹시 그는 아닐까, 하는 이런 엉뚱한 추측이 들기도 한다.

밀양 사람들은 특히 밀양이 점필재 김종직 선생은 물론, 사명당 유정대사, 또 경봉대사의 고향이란 사실에 엄청난 자긍심을 갖고 있다. 경남 밀양시 부북면 제대리 한골마을엔 김종직의 생가인 추원재追遠齋가 있다. 김종서의 부친이자 선산 출신인 김숙자는 처가인 이곳 밀양에 터를 잡았으니, 조선시대의 처가살이가 하나의 문화였다는 역사적 사실을 다시 보게 된다. 이 집에서 태어난 김종직은 28세 때 문과에 급제한 이후 도승지, 이조참판, 형조판서 등 요직을 두루 거쳤으며 은퇴해 62세에 사망했다. 그가 한직을 자청해 함양군수와 선산 부사를 지낼 때, 현풍 출신인 한훤당 김굉필과 함양 출신인 일두 정여창 등에게 학문을 가르쳤다.

이들, 스승과 제자의 만남으로 이후 김종직으로부터 김굉필, 정여창을 거쳐, 조광조와 이언적 등으로 이어진 영남학파가 형성된다. 여기 이황까지 끼워 넣고 보면, 그대로 동방 5현의 출현을 보게 된다. 그러니까 김종직은 영남 사림의 비조. 이상한 건 연산군 때 무오사화(1498년)의 희생양들이 바로 김종직의 제자들이란 사실이다.

김종직 자신도 부관참시를 당했으니, 무오사화는 단지 영남 사림의 몰락만 의미하는 게 아니라, 보다 근원적인 어떤 연유가 있으리라고 짐작할 수 있다. 그게 무얼까? 그것은 김종직으로부터 영남 사람파란 하나의 붕당이 출현한 걸 뜻하기 때문이다. 무오사화의 발단

신채호는 밀양을 '미르벌', 곧 물이 질펀한 들녘으로 풀었다

이 된 조의제문弔義帝文은 사실 김종직이 스물여섯, 젊은 혈기로 쓴 글이다. 시기도 문과급제 2년 전으로 관직에 나가기 전의 글이다. 이글은 초나라 회왕을 시해하고 서초패왕의 자리에 오른 항우에 빗대어 세조의 왕위 찬탈을 비판한 내용이다. 쓰인 시기로 볼 때, 무오사화 자체가 유자광의 사적 원한이나 권력욕과 무관치 않다는 걸 보여주는 대목이다. 김종직이 함양군수로 재직할 때, 유자광이 학사루學士樓에 붙인 시문 편액을 떼어내 불사른 사건 말이다. 아무튼 김종직이란 거유의 등장은 영남 사림의 문을 연 시발점일 뿐 아니라, 조선조 붕당정치의 단초가 되었다는 점에서 양면성을 느끼게 하는 것도 사실이다.

유정대사의 본명은 임이환이다. 그는 사명당이나 송운이란 호를 즐겨 썼는데, 경남 밀양시 무안면 고라리에서 태어났다. 1556년, 13세 때 직지사의 신묵스님을 찾아 승려가 된다. 18세에 승과에 급제한 후 15년간의 한양 체류 중 스승 황여헌, 노수신 외에 박순, 이산해, 고경명, 기대승, 이정구, 최립, 유성룡, 최경창, 이덕형 등 당대의 문사들과 폭넓은 교류를 맺었다. 《사명당집》에는 323수의 시와 19편의 문文, 6편 9수의 사詞가 실려, 선승으로선 이례적으로 많은 시문을 남긴 점도 이런 영향일 것이다. 그가 고향집에 들를 때마다 즐겨 앉던 바위가 지금도 고택 곁에 있다. 32세 때 묘향산의 서산대사를 찾아가 제자가 되었고 3년간 서산의 정법을 익혔다. 이때 유정대사의 깨달음에 관한 일화가 서산대사의 《선가귀감》에도 전한다.

서산대사가 사명당에게 물었다/어떻게 왔는고?

사명당이 대답했다/옛길을 따라 왔습니다.

서산대사가 소리쳤다/예끼, 옛길을 따르지 마!

이 말에 사명당은 크게 깨쳤다.

임진왜란이 발발한 후 서산대사를 대신해 팔도도총섭에 임명되어, 승병장으로서 공헌한 유정대사의 업적은 역사가 평가하는 대로다. 이때 그가 유성룡에게 보낸 시 한 편이 눈길을 끈다. 〈낙동강 아래에서 병들어 누워 서애 유상공에게 올리다〉란 시다.

이곳 재약산 표충사表忠寺는 임진왜란 때 국난을 극복한 서산대사, 사명대사, 기허대사를 모신 표충사당表忠祠堂을 옮겨오면서 절 이름도 영정사靈井寺에서 표충사로 바뀌었으며, 사명대사의 호국 성지로 성역화가 되었다.

이중환의 《택리지》에는 '대구 동남쪽에서 동래까지 사이에 여덟 고을이 있어, 땅은 비록 기름지나 왜국과 가까워 살만한 곳이 못 된다. 오직 밀양은 김종직의 고향이며, 현풍玄風은 환훤당 김굉필의 고향이다'와 같은 구절이 보인다. 산과 들이 어우러진 아름다운 밀양에 대한 평가치고는 박하지만, 그 역시 이곳이 김종직의 고향이란 점만은 특히 강조하고 있다.

자, 이제 밀양이란 지명에 대해 살펴볼 차례다. 밀양은 영남알프

신채호는 밀양을 '미르벌', 곧 물이 질펀한 들녘으로 풀었다

스 자락에 위치한다. 그래서 밀양은 높은 산과 깊은 계곡이 빚어낸 물의 땅이다. 밀양密陽의 한자 뜻만 보면 '비밀스러운 빛secret sunshine'일 지는 모른다. 그건 이창동 감독의 〈밀양〉(2007년)이란 영화의 영어 제목이기도 하다. 실제로 영화 속에서도 햇빛의 메타포가 중요한 복선 역할을 담당하고 있다. 영화는 시종 햇살로 이어진다. 어두운 분위기를 끈질기게 따라붙는 햇살, 유기된 아이의 시신을 비추는 햇살, 영구차 곁을 하얗게 비추는 눈부신 햇살이 그렇다. 이 햇살의 메타포는 햇빛 한 조각에도 주님의 뜻이 숨어있다는 약사의 말에, 허공을 휘저으며 '여기 아무것도 없다'고 항변하는 주인공의 말속에도 담겨있다. 그러나 이것은 지명의 유래를 고찰하지 못한 데서 빚어진 오해다.

밀양이란 지명이 밀불, 곧 미르벌이었다는 걸 증명하는 밀양강 습지의 현재 모습

《삼국지위서동이전》에 보이는 미리미동국彌離彌凍國이 밀양의 옛 지명으로 추정된다. 미리미동국은 '미리벌'로 읽을 수 있다. 비슷한 경우로, 밀양이란 지명에 대해 최초로 탁견을 제시한 사람은 바로 단재 신채호다. 그는 《조선상고사》에서 밀양의 옛 지명이 추화推火, 추성推城에서 변화된 과정을 추적해서, 추화란 지명이 어떻게 밀양으로 바뀌었는지를 밝혀냈다. 지금도 밀양시 교동에 위치한 추화산성은 그 명백한 자취다. 이 점은 양주동의 《고가연구》를 통해서도 그대로 확정된다. 추화를 이두식으로 읽으면, '밀불'이란 견해가 그것이다. 그러니까 우리 고유어 밀불은 '미르벌', 곧 물이 질펀한 들녘이 된다.

지금도 밀양강이나 단장천을 보면, 이분들의 견해가 타당하다는 걸 알 수 있다. 그러니까 '밀'의 뜻을 밀 추推 자로, 불이란 음을 불 화火 자로 바꾸어 밀불이 추화로 바뀐 것이다. 그 추화에서 '밀다'는 뜻을 한자어 소리인 '밀密'로, '불'이란 뜻을 유사 한자어인 '양陽'으로 바꾸어 정체불명의 한자어 지명인 '밀양密陽'이 탄생한 것이다. 따라서 밀양은 비밀스러운 빛과는 아무 연관도 없는 셈이다.

비단 밀양뿐 아니라 고유어 지명이 한자어로 바뀌며 뜻이 왜곡된 경우는 허다하다. 따라서 한자어를 통해 우리 지명을 표시한 것은 신라 경덕왕 이후에 급조된 것에 불과하다. 그나마 선돌마을이 입암立巖으로, 한개마을이 대포大浦로 바뀐 예는 낫다. 밀양처럼 터무니없는 경우가 더 많으니 문제다. 그러나 역사가 깊은 고을은 이두 지명을 가지고 있다. 그 이두의 고유어가 지닌 원뜻을 추정하는 것이야

신채호는 밀양을 '미르벌', 곧 물이 질펀한 들녘으로 풀었다

말로 우리의 옛 지명을 찾아내는 지름길이다. 그 이두는 반드시 그 고을의 지형이나 지세를 표현한다. 우리가 장소를 통해 그곳의 정신을 찾아가는 이유가 거기에 있다.

절개와 지조의 땅_
선산, 구미, 왜관

**영남 인재의 절반은
일선에서 나온다**

이중환은 《택리지》에서 '조선 인재의 절반은 영남에서 나고, 영남 인재의 절반은 일선(선산)에서 난다(朝鮮人才半在嶺南, 嶺南人才半在一善)'는 풍문을 전하고 있다. 물론 이때 인재는 높은 벼슬아치가 아니라, 불의에 굴하지 않는 높은 정신의 소유자, 즉 참된 선비를 일컫는다. 신령한 금오산이 우뚝 돌출한 아래로 넓은 평야가 펼쳐지고 낙동강이 지나가고 있으니, 농경문화 시절 이만큼 이상적인 자리도 찾기 어려웠을 것이다. 《도선비기》로 유명한 도선국사가 9세기 때 이곳 도선굴에서 득도한 이래, 선산은 국란의 시기마다 기개 높은 선비를 줄줄이 배출한 땅이기도 하다.

나는 어린 시절, 《단종애사》를 읽고 며칠간 잠을 설치곤 했다. 피를 흘리는 사육신의 모습이 잠을 어지럽혔다. 그 책은 숙부가 분가하며 남기고 간 책이었다. 성삼문, 박팽년, 하위지, 이개, 유응부, 유성원… 몇 번이고 그 이름을 되뇌곤 했다. 특히 매죽헌 성삼문의 고향이 고향집에서 코앞인 홍성이어서 더욱 실감이 났다. 그리고 고향과 발음이 비슷한 선산, 그곳이 하위지의 고향이란 사실만으로도 호감을 느꼈다. 아무튼 어린 시절 각인된 계유정난(1453년) 안팎의 사건들은 내 인생관에도 적잖은 영향을 끼친 듯하다.

금오산을 가까이서 알현한다. 나도 꼭 한 번 오른 적이 있다. 눈앞에 약사봉의 아찔한 암벽이 먼저 떠오르고, 해운사 곁에 있던 도선굴도 생각난다. 조선조의 부름을 거절한 야은 길재도 이 동굴에서 수행했다. 그래서 그의 또 다른 아호가 금오산이고, 금오산 입구에 유허비와 영정을 모신 채미정採薇亭이 있다. 그의 영정 앞에서 선산의 정신사를 생각한다.

길재는 고려 말 삼은三隱의 한 사람이며, 고려가 망한 뒤 벼슬을 버리고 이곳에 내려와 은둔했다. 고비나 캐 먹고 산다고 해서 이름이 채미정이다. 그는 김숙자와 생육신 이맹전을 가르친 스승이다. 김숙자의 아들이 김종직이니, 그로부터 시작된 영남학파의 도도한 물줄기가 흘러내린 남상濫觴도 선산이요, 결국 그 배후에 길재가 있는 셈이다.

구미의 형곡근린공원에는 이곳 출신인 경은 이맹전의 유허비가 있다. 벽진 이씨 이맹전은 생육신生六臣의 한 사람이다. 이맹전은 김숙자, 김종직 부자와 평생을 교류한 선비다. 다음으로 선산읍에 있는 사육신死六臣 하위지의 유허비를 참례한다. 하위지의 아호는 단계丹溪, 즉 붉은 내다. 그 뜻에서 벌써 충절을 읽지만, 하위지 또한 길재의 정신적 그늘에서 성장하고, 그 정신을 흠모하며 자랐기에 목숨마저 초개처럼 버릴 수 있었으리란 생각이 든다. 전도양양한 젊은 학사에서 한낱 죄인으로 신분을 바꾼다는 게 말처럼 쉬운가. 그건 오직 높은 인격의 차원으로만 이해할 수 있는 그런 정신이다. 단계란 그의 호를 전설적으로 풀어 출생할 때 시내가 붉었다고 말하지만, 그 사실 유무는 중요한 게 아니다. 다만 내가 느끼기엔 하위지의 소망이 담긴 아호란 생각이 든다.

선산은 선산 김씨의 본거지다. 선산 김씨 김종직의 조상들은 물론, 부친 김숙자까지도 이곳에서 태어났다. 비록 김종직은 밀양 박씨 외가에서 태어나 그곳에서 살았으며, 지금도 그의 생가인 추원재追遠齋와 묘소가 밀양에 있지만 말이다. 여기서 덧붙일 사실이 있다. 고령군 개실마을에 있는 김종직의 종택 말이다. 왜 선산이나 밀양이 아니라 하필 고령일까? 나의 추측은 이렇다. 그때, 무오사화로 부관참시를 당한 김종직은 사화의 꼭짓점이었다. 후손들은 뿔뿔이 흩어져 살길을 찾아야 했으리라. 그들이 숨어든 곳이 바로 고령의 개실마을이었다.

나는 그 우람한 정신사의 자취를 금오서원과 선산향교의 고태미에서 먼저 느낀다. 선산읍에 있는 금오서원은 길재의 충절을 기리기 위해 1570년(선조 3년)에 사액서원이 되고, 1602년에 지금의 자리로 이전했으니, 17세기 초 건축의 진면목을 보여준다. 금오서원의 대문은 읍청루揖淸樓, 참으로 시적인 이름이다. 맑은 선비의 기운을 떠낸다는 메타포의 쓰임새가 이토록 타당하게 느껴질 수 있을까? 그도 그럴 것이 이곳의 선비들, 그 지성사가 보여주는 그대로가 '맑은 기운'을 빼곤 말할 수 없을 테니 말이다.

아무튼 길재, 이맹전, 하위지, 김숙자, 김종직으로 이어진 저 정신의 높이를 이곳 선산의 유생들은 유독 자랑스러운 귀감으로 삼았으리라. 자긍심 또한 얼마나 높았을까? 땅이 지닌 보이지 않는 이런 현상을 장소의 정신으로 밖엔 설명할 길이 없다. 이곳을 거쳐 간 유생들처럼 나도 오늘 금오서원의 낡은 기둥을 어루만지며, 그분들의 맑은 정신을 떠내고 있는 중이다.

조선 초에 세워진 선산향교는 이 지역 유생들의 초급 학교다. 임진왜란 때 불타고 1600년, 선산 부사 김용이 다시 지었다고 전해진다. 앞에 명륜당明倫堂, 뒤에 대성전大成殿을 둔 전학후묘前學後廟의 배치로, 그만큼 배움을 강조했다. 특히 향교 문루인 청아루菁莪樓는《시경》의 〈소아小雅〉편에 나오는 청청자아菁菁者莪, 곧 '무성한 다북쑥'에서 따온 말로 무성한 인재 양성의 의지를 드러내고 있다. 아닌 게 아니라 청아루의 독특한 난간 기둥들은 무수한 동량들을 떠오르게도 한다.

사실 신라불교의 발상지는 경주가 아니라 선산이다. 《삼국유사》에 전하되, 6세기 때 고구려의 승려 아도화상이 이곳 모례의 집에 은거하고 도리사桃李寺를 창건했다는 기록, 《삼국사기》엔 동일인으로 추정되는 묵호자가 모례의 집에 은거하며 흥륜사興輪寺를 창건했다는 기록이 각기 전하기 때문이다. 다시 《해동고승전》엔 그가 서축인西竺人이며 오인吳人이라고 기록되어 있는데, 신라불교는 그 뒤 법흥왕 때 이차돈의 순교로부터 불길처럼 번져 국교로 자리 잡고, 마침내 삼국 통일의 사상적 기반이 된다.

그러니까 이곳 도리사桃李寺는 신라 최초의 사찰이었으나 17세기 화재로 소실되고 19세기 중창하여 오늘에 이르고 있다. 1977년, 세존사리탑을 해체해 복원하는 중에 금동육각사리함과 콩알만 한 석가 진신사리眞身舍利 1과가 나왔는데, 현존하는 사리 중 최고 가치를 지닌 것으로 평가된다. 도리사에 적멸보궁寂滅寶宮과 부처 진신사리탑이 세워진 까닭이다. 극락전의 화려한 단청도 눈길을 끌지만, 독특한 화엄 석탑은 우리나라에서 유일한 형태의 탑이다. 진신사리는 현재 도리사의 본사인 직지사直指寺 성보박물관에 보관 중이다.

본디 아도화상이 도리사 서대에 서서 손가락으로 가리켰다 하여, 그곳에 세워진 절이 직지사다. 직지사뿐 아니라 금오산이란 산명도 아도화상이 금 까마귀를 친견했다 해서 붙여진 이름이다.

구미엔 근대화에 기여한 박정희 전 대통령의 생가가 있다. 그에 대한 평가는 극단적으로 갈린다. 그가 독재자란 평가로부터 자유로울 수 없는 것처럼, 산업화에 이바지한 공로 또한 잊어선 안 된다. 이래저래 선산은 큰 인물을 많이 배출한 땅이란 건 부인할 수 없다. 한편 인구 약 40만 명(2022년 기준)으로 선산을 크게 앞지른 구미야말로 근대화의 표본인 도시다. 구미공단은 우리에게 너무도 익숙한 이름이다.

낙동강대교를 건너면 칠곡군 왜관읍이다. 강북에서 강남으로 이동한 셈이다. 강남에서 건너다보는 강북의 금오산 조망은 마치 서울 강남에서 북한산을 보는 것처럼 가깝다. 아니, 비로소 금오산의 전모가 훤히 보인다. 칠곡과 왜관은 다시 금호강을 사이에 두고 대구와 지척이다. 이곳은 6·25 전쟁 당시 낙동강 전선의 마지막 교두보이자 최대의 격전지였다. 대구를 지키기 위해, 그 유명한 다부동 전투가 치러진 곳이기 때문이다. 1950년, 파죽지세로 밀고 내려오던 북한군도 이곳 전투에서 크게 패한다. 55일간의 전투였다. 당시 종군작가로 참여했던 조지훈 시인이 〈다부원에서〉란 시에서, '살아서 다시 보는 다부원은/죽은 자도 산 자도 다 함께/안주의 집이 없고 바람만 분다'고 노래했듯 수만 명의 사상자를 낸 치열한 싸움이었다. 칠곡 다부동 지구 전적비와 왜관읍의 전적 기념비 앞에서 잠시 묵념을 올린다.

이곳 칠곡과 왜관 지역은 우리나라에서 신부와 수도사를 가장 많이 배출한 땅으로도 유명하다. 그 자취를 왜관수도원과 가실성당에서 언뜻 본다. 성 베네딕도회 왜관수도원은 만주 연길의 성십자가수도원과 북한의 덕원수도원이 공산당의 박해를 피해 이곳에 정착한 것으로 전해진다. 카톨릭 수도원의 모토는 세계 공통이다. '기도하며, 일하라'가 그것이다. 수사들은 새벽 5시부터 저녁 8시까지 하루 다섯 번 기도하며 쉬지 않고 일한다. 언젠가 불암산 아래 성 베네딕도회 수도원에서 하루를 보낸 적이 있는데, 그곳에서 목격한 수사들의 일상에서 큰 감명을 받았다. 거기서 본 수사들의 침묵은 물론 박박 깎은 머리와 검은 가운의 수도복의 인상은 아직도 생생하다. 무엇보다 하루를 기도와 노동으로 온전히 채우던 그들의 일상은 따라 하기 힘들었다. 이곳의 분도출판사, 인쇄소, 목공소, 성물 제작실, 금속 공예실에서 노동자처럼 각자의 일에 전념하는 수사들을 보며 그때를 떠올린다. 이들에겐 노동도 기도의 일부처럼 느껴진다.

왜관읍 낙산리엔 가실성당이 있다. 붉은 벽돌집의 모양새가 명동성당을 닮았다고 느꼈는데, 명동성당을 설계한 프랑스인 코스트 신부의 설계라고 한다. 1923년에 완공되어, 100년을 넘긴 예쁜 성당이다. 성당 이름은 낙산리의 옛 이름 '가실'에서 왔다고 한다. 꽃이 예쁘다는 뜻의 가실佳室 말이다. 공교롭게도 고령의 김종직종택 마을과 한자어가 같다. 가실성당은 평야지대에 돌출한 야산 언덕에 자리 잡고 있다. 꽃이 만발한 경관이 저절로 떠오른다. 어쩐지 이 마을 이름만은 억지스럽게 느껴지지 않는다.

구상 시인은 서울에서 태어나, 원산에서 성장했지만, 1953년부터

1974년까지 이곳 왜관에서 20년 넘게 살았다. 지금 구상문학관이 이곳에 있는 연유다. 구상 시인하면, 1946년에 북한에서 일어난《응향》사건과 이로 인하여 그가 월남한 걸 기억하게 된다. 구상이《응향》에 발표한 시를 일컬어 '퇴폐적, 악마적, 부르주아적, 반역사, 반인민적'이라고 매도한 사람이 바로 동년배인 백인준이다. 그는《응향》에 대한 비판을 통해 당 문학의 기수로 등장하여, 조선문학예술총동맹 위원장과 최고인민회의 대의원까지 역임하는 북한식 사회주의 문학의 최고봉이 된다.

한편 구상이 살던 살림집이 관수재觀修齋다. 이곳을 드나들던 화가 이중섭과 구상의 친교는 유명하다. 또한 구상이 쓰고 중광이 그림을 그린《유치찬란》이란 책에서 보듯 그는 중광스님과도 가까이 지냈다. 이런 인상 탓일까? 그가 독실한 카톨릭 시인이었던 것과 이곳, 신앙의 땅 왜관 사이에도 무슨 연관이 있을 것만 같다.

고원의 정신, 첫 번째_
진안

신채호는 진안의 옛 지명 월랑을
'달천'으로 풀었다

무주, 진안, 장수를 아울러 일컫는 무진장은 끝이 없고 다함없다는
뜻의 무진장無盡藏 속에 의미를 투사한 세 고을의 별칭이다. 그도 그
럴 것이 소백산맥과 노령산맥에 둘러싸인 이곳의 지형은 끝이 보이
지 않는 고원이다. 북쪽의 개마고원과 쌍벽을 이루는 진안고원은 특
히 그렇다. 진안고원은 소백산맥 자락인 민주지산, 대덕산, 덕유산은
물론 노령산맥의 대둔산, 운장산, 구봉산, 만덕산 줄기에 위치한다.

　질 들뢰즈와 펠릭스 가타리는 《천개의 고원》에서 고원이 자신을
전개하고 확장하는 특성을 빌어, 리좀을 형성하는 다양체를 고원이
라 부르고 있다. 그만큼 고원은 새로운 대지이며, 그들의 입을 빌면,

'탈영토화', '탈코드화'된 특별한 영역인 셈이다.

《삼국유사》에 '난진아현은 월량현이라 부른다(難珍阿縣 一云月良縣)'는 기록이 보이는데 '난진아'는 진안鎭安의 백제 때 이름이다. 같은 이름인 '월량'에 대해 양주동은 '드르', 곧 '들'의 뜻으로 풀었다. 하지만 신채호는 '월량'을 이두 음 '다라'로 해석했다. '다라/달達'은 달(月)과 마찬가지로 '산'이란 뜻이며, '라/량'은 내(川)의 뜻으로, 월량은 바로 '달천/산천'의 뜻이란 것이다. 이곳의 지형적 특성에 보다 적합한 풀이라 생각된다.

높이는 물론 산세의 빼어난 자태로 치면 구봉산도 빠지지 않는다. 아홉 봉우리의 수려함도 그렇지만, 최근 이곳에 놓인 국내 두 번째 길이의 100m 구름다리는 간담을 서늘하게 만든다. 사실 진안의 주산은 진안읍에 있는 부귀산으로 산 정상에서 바라보는 마이산의 모습은 특히 압권이다. 이곳에 마이산 전망대가 세워진 까닭이다. 하지만 진안의 대명사는 역시 마이산이다.

《신증동국여지승람》에는 마이산을 노래한 문사들이 유독 많이 보인다. 마이산의 독특한 아름다움은 이곳이 진작 선비들의 유람지였다는 걸 보여주는 증거다. 태종이 이 산을 지나며 마이산이란 이름을 내렸다는 기록도 이 책에 전한다. 김종직의 〈진안에서 마이산을 보다〉 등 마이산을 노래한 시는 넘친다. 이 책에서는 마이산의 옛 이름이 용출봉이었다고 전한다. 동쪽 봉은 아버지를, 서쪽 봉은 어머니를 뜻한다고 했는데, 지금 동쪽의 수마이봉과 서쪽의 암마이봉과도 의미가 일치하는 걸 알 수 있다.

마이산은 하나의 역암 덩어리로 이루어진 수직 벽이다. 이 산의 형성 연대를 중생대 백악기로 보는 근거다. 그러니까 산의 연령이 1억 년이나 거슬러 오른다. 땅속의 밑뿌리까지 합하면 1,500m에 이른다니 어마어마한 역암 덩어리다. 자갈과 시멘트가 섞인 모양의 역암은 원래 부안고원이 바다였다는 증거가 되기도 한다. 마이산의 신비를 부추기는 건 탑사와 거기 서있는 80여 기의 돌탑들 때문이다. 최고 15m 높이까지 정교하게 쌓아올린 이 돌탑들은 100년의 세월 동안 태풍에도 끄떡없이 서있다. 임실 출신의 이갑용 처사가 쌓았다고 전해지는데, 탑의 신비만큼이나 많은 일화가 전설처럼 떠돈다. 그도 그럴 것이 그 정교한 기교는 인간의 손길이 아니라, 자연이 빚어낸 건 아닐까 착각이 들 정도다.

수마이봉을 병풍처럼 세워놓은 바로 아래서 은수사銀水寺를 만날 때, 알 수 없는 기가 다시 느껴졌다. 탑사와 마찬가지로 인력이나 지구의 자장이 끌어당기는 느낌 같은 기운 말이다. 스님은 건너편 마두봉을 가리키며, 말馬이 두 귀는 이곳에 두고 얼굴頭만 그쪽으로 가져갔다고 설명했다. 참으로 시적인 상상력이 아닌가? 하기야 이만한 자리라면 현실과 상상에 무슨 경계가 있을 것인가.

진안군 백운면 신암리 상추막이골엔 데미샘이 있는데, 이곳이 바로 섬진강의 발원지다. 팔공산 8부 능선쯤 천상데미 바로 밑에 있는 샘 이름이 데미샘이다. 데미는 '봉우리'의 이곳 사투리다. 답사대 몇

신채호는 진안의 옛 지명 월랑을 '달천'으로 풀었다

명을 인솔해 샘을 찾아가는 여정은 상쾌했다. 물때 사이로 흐르는 시냇물과 초록 바람결 그리고 우거진 숲 그늘이 한여름 햇살을 가려 주었다. 그 때문인지 샘물보다 그 여정이 더 큰 감동을 느끼게 했다.

따지고 보면, 강물에 무슨 근원이 있으랴. 데미샘은 어디서 왔나? 허공의 이슬과 비, 지상의 열기와 습기… 그래서 그 연원을 되짚어 가면 커다란 모순 앞에 이르고 만다. '근원은 끝이 있어도, 물은 끝이 없다'고 한《한산시》한 구절이 떠오른 건 이 때문이다. 이런 내 의심이 유장한 강물의 시작이 왜소한 샘물이기에 그런 건 아니다. 시작을 뜻하는 말, 남상濫觴도 술잔에 넘치는 한 방울 물에서 큰 강이 시작된다는 뜻이듯, 시작이란 늘 하찮고 보잘것없는 법이다. 데미샘 역시 그랬다.

섬진강은 '모래내' 또는 '모래여울'을 뜻하는 다사강多沙江이란 본래 이름에서 보듯 모래의 강이다. 그 이름이 고려 말기 이후에 '두꺼비 나루'란 지금의 이름으로 바뀌었다. 데미샘에서 발원한 섬진강은 임실의 갈담저수지를 거쳐 순창의 수천, 남원과 곡성의 요천을 지나 보성강과 합류하며 화개나루를 지나 광양만으로 빠진다.

진안군 상천면 수동리 내동으로 발길을 돌리자, 마음이 먼저 어두워진다. 죽도를 찾아가는 길이다. 본래 섬이 아니건만, 왜 죽도竹島란 이름이 붙었을까? 조릿대만 무성한 산간 오지, 섬처럼 동떨어진 마을이었기 때문일까. 공교롭게도 용담댐이 건설되면서 지금은 육지

속의 섬이 되었으니, 우연치곤 너무도 신기하다. 죽도는 천반산에서 아들과 함께 자결한 죽도 정여립의 원혼이 서린 자리다. 강가에 이르러 수목만 울창한 천반산을 바라본다. 1570년, 식년문과에 2등으로 합격해 이이, 성혼 등과 교류했는데 1584년, 홍문관수찬이 되어 선조에게 직언을 마다하지 않을 때만 해도 이런 비극은 상상하지 못했을 것이다. 그가 1586년, 이곳 죽도에 서실을 짓고 후진을 양성하려던 꿈은 대동계大同契의 이념 때문에 빛이 바래고 말았다.

이 비극적인 문맥 속으로 끼어든 천재 시인이 있다. 바로 정철이다. 본디 원칙과 소신을 앞세우고 타협을 모르던 강직한 정철은 기축옥사(1589년) 당시 심문 책임자인 위관을 맡으면서 냉혹한 죄인 심문으로 악명을 남기게 된다. 특히 그와 정치적 라이벌이던 동인, 영수 이발의 일족을 멸한 뒤, 지금도 광산 이씨의 원수로 불린다. 늘 술이 지나쳐 문제가 되었던 그에게 임금이 하사한 은잔이 지금도 충북 진천의 종가에 전하는 걸 보면, 임금의 각별한 애정이 느껴지기도 한다. 하지만 그 역시 광란의 3년이 지난 뒤, 간철奸澈이란 불명예스러운 호칭과 함께 선조에게 버림받고 위리안치까지 되었으니, 역사란 참으로 아이러니가 아닐 수 없다.

대동계의 이념 또한 어떤 시선으로 바라보느냐에 따라 사뭇 달라진다. '천하는 공물'이라거나 '누구나 천자가 될 수 있다'는 사상도 그렇다. 유교적 이념으로 바라보면 모반에 가까운 이 발상도 진실의 측면에선 너무도 타당하기 때문이다. 하지만 그는 시대를 너무 앞서

신채호는 진안의 옛 지명 월랑을 '달천'으로 풀었다

나갔다. 그때 동인 계열 선비들 1,000여 명이 도륙당했으니, 이른바 기축옥사(1589년)다. 서인들의 무고라거나 사건의 진상을 조사했던 정철을 동인 백정이라 비난하는 것도 조금 그렇다.

혹시 그런 영향 탓일까? 진안을 대표하는 음식은 애저찜이다. 애저哀猪란 슬픈 돼지다. 음식 이름치곤 참 특이하다. 하기야 어미 뱃속에서 죽었으니 그럴만도 하다. 물론 지금은 태어난 지 한두 달이 되어 사료를 먹기 전의 새끼 돼지가 재료다. 거기다 약재를 넣고 푹 고아 고기가 말할 수 없이 부드럽다. 그래서일까? 식당에서 맛본 애저찜엔 알 수 없는 비애의 맛도 스며있는 듯했다. 《규합총서》에도 소개된 애저찜은 중국이나 일본엔 없는 우리만의 음식이라 한다. 다만 나는 남한 제일의 고원, 진안에서 이토록 특별한 음식이 나온 것도 저 신비한 산세의 기운은 아닐까 의심해 보는 것이다. 분명한 점은 임진왜란 발발 3년 전에 일어난 기축옥사는 임진왜란의 빌미를 제공한 사건이었다. 그러므로 이 옥사의 가장 확실한 주범 또한 무능한 선조 임금이었다.

누가 알겠는가? 정작 정여립 자신도 모르게 이 은둔의 땅, 신비로운 기운이 그를 혁명가로 떠밀었는지. 어찌 신비로운 산세뿐인가. 장강의 수원지를 두 개씩이나 꼭꼭 숨기고 있는 진안고원이 그렇지 않은가. 그래서인지 이곳 출신 이병일은 젊은 나이에 벌써 예사롭지 않은 시인이다. 나는 그의 시에서 진안고원의 신비를 엿보고 있는 중이다.

고원을 에돌고 산간 오지의 스산한 바람결과 작별할 즈음, 어제 맛본 애저찜의 여운이 자꾸 마음에 걸렸다. 그게 꼭 역사의 비애 때문은 아닌 것처럼, 슬픈 돼지란 우울한 이름 탓만도 아닐 터다. 그렇다면 뭘까? 끝내 까닭은 잡히지 않고, 나는 그 의문을 숙제처럼 안고 진안을 떠나 무주와 장수를 향해 발길을 돌린다.

신채호는 진안의 옛 지명 월랑을 '달천'으로 풀었다

고원의 정신, 두 번째_
무주, 장수

무주 구천동은
'무수한 가리'란 뜻이다

나는 아직도 소백과 노령산맥의 줄기를 맴돌고 있다. 소위 무진장
권역의 두 번째 여정은 덕유산을 품고 있는 무주와 장안산을 끼고
있는 장수다. 우리에게 '무주구천동'으로 널리 알려진 무주는 산간
오지의 대명사가 된 지 오래다. 무주茂朱란 지명은 삼한시대 주계朱溪
와 무풍茂豊에서 비롯된다. 이 두 현이 백제시대 적천현赤川縣으로 그
리고 신라 경덕왕 때 단천현丹川縣으로 바뀌게 된다. 그리고 고려 때
다시 주계가 되었다가 조선 태종 때, 무풍과 주계를 합하여 무주가
된다.

　이름의 변천 과정에서 눈에 띄는 건 '붉다'는 뜻이다. 주朱, 적赤, 단丹

이 모두 붉다는 우리말의 한자어 전이 과정을 고스란히 거쳐 왔기 때문이다. 왜 고을 이름에 유독 붉다는 뜻이 달라붙었던 걸까? 봄이 오면 높은 산, 깊은 골을 가득 채운 봄꽃들이며, 꽃 진 자리마다 붉게 물든 단풍뿐인가? 계곡물 구비마다 얼비치는 붉은 풍광을 떠올려 보라. 저 이름의 유래에서 이런 경관을 짐작하기란 어려운 일이 아니다.

구천동九天洞 역시 마찬가지다. 누군가는 산굽이가 그만큼 많다는 뜻이라고 말하는데, 구천동이 구천둔九千屯에서 유래하는 걸 보면 일리가 있다. 여기서 아홉이란 숫자는 한자 문화권에서 '무수히 많다'는 뜻을 지닌 환유다. 문제는 둔屯인데, 둔이란 진을 친다는 진陣과 같은 뜻이다. 진은 한자어 변형 과정에서 진鎭과 혼용되기도 하였으니, 강원도 인제군 기린면의 진동계곡鎭東溪谷 등에서 그 용례를 볼 수 있다. 진동계곡의 우리말, 아침가리골에서 '가리'가 바로 '진을 치다'는 뜻과 동일하다. 가리는 분기와 갈기의 뜻을 지닌 고유어다. 그러니까 구천둔은 '무수한 가리' 혹은 '무수한 갈기'를 뜻한다고 할 수 있다. 굽이굽이 33경의 골짜기와 둔덕에서 갈기를 떠올린 건 당연하지 않은가?

구천동은 설천면과 무풍면 사이의 암벽을 뚫어 만든 나제통문 부터 덕유산 백련사까지 28km에 달하는 구간에 걸쳐 구천동의 비경을 펼쳐놓는다. 어느 곳 하나 빠지지 않으나, 특히 물돌이 계곡인 파회巴洞와 소금강으로 꼽히는 수심대水心臺 그리고 월하탄月下灘 등에서

나제통문 지킴이와 담소를 나누다.

비경은 절정에 이른다. 예로부터 시인, 묵객들의 발길을 붙잡았으니, 아직도 바위마다 그 자취가 새겨져 있다. 근사한 장소 명을 붙이거나 자연을 벗 삼던 동인들 이름이 '춘추계원春秋契員'이라고 붉은 글씨로 음각되어 있다.

무주읍 당산리의 한풍루寒風樓는 전주의 한벽당寒碧堂, 남원의 광한루廣寒樓와 함께 삼한三寒의 하나로 일컬어지는데 이 중에서도 한풍루는 호남제일루로 꼽힌다. 그런데 나는 한풍루 곁의 왕버들에서 묘한 상념에 젖는다. 이토록 큰 왕버들을 본 것도 처음일 뿐 아니라, 그 수령을 떠올리며 서있자니 옛 시인들과 함께 호흡하는 기분이 들어서다. 국내에서 이토록 큰 나무를 본 적은 처음이다. 그때 그 선비들도 한풍루를 찾아왔다가 나처럼 곁에 있는 이 나무둥치에 홀려 이 곁을 맴돌지 않았을까? 어쩐지 그랬을 것만 같다.

무주 출신의 호생관 최북은 천재 화가로 수많은 기행을 남겼다. 오세창의 《근역서화징》, 최완수의 《화가약전》에도 무주 출신의 화가로 소개된 최북은 '남이 나를 저버리는 게 아니라, 내 눈이 나를 저버린다'하여 한쪽 눈을 뽑아버린 화가다. 권세가의 횡포에 맞선 저

호남제일루로 꼽히는 한풍루, 그 곁에 있는 어마어마한 크기의 왕버들

항이었다고 전해지지만, 나는 그 결단이 보이는 것의 허위를 자각한 행위가 아닐까 의심하곤 한다. 그렇다. 좋은 그림은 마음의 눈으로 그린 세계가 아니던가. 언젠가 간송미술관에서 본 최북의 그림은 확실히 동시대 화가들 그림과 달랐다. 형태를 흐릿하게 처리한 것이나 굳이 형상을 피하여 이미지만 남겨둔 느낌이 너무도 강렬했던 탓이다. 그래서 같은 연유로 눈을 뽑았던 그리스의 철학자, 엠페도클레스가 떠오른 걸까? 또 1970년에 등단한 작가, 민병삼은 이런 그의 기행을 드라마틱하게 그려냈으니 장편《칠칠 최북》이 바로 그 소설집이다. 호생관毫生館이란 아호는 붓으로 먹고 살겠다는 뜻이니, 화가

무주 구천동은 '무수한 가리'란 뜻이다

의 의지가 그보다 더 강력할 순 없다.

한편 이곳 적상산은 붉은 치마(赤裳)란 이름처럼 적색 퇴적암이 수직 적벽을 빚어내고 있는데, 예로부터 나라 안에서 으뜸으로 꼽히던 험지다. 고려 말에 최영 장군이 적상산성을 구축한 것도 요새로서의 이런 기능을 살린 결과다. 산성 높이가 그리 높지 않은 이유는 산세가 이미 방어 기능을 충족하고 있기 때문이다.

이곳에 5대 사고 중 하나이며 역대 실록과 왕실 족보를 보관하던 적상산사고가 지어진 것도 이런 형세 때문이었으며, 적상산성 역시 사고를 수호하는 기능이 더욱 강화되었다.

장수는 백제의 우평현雨坪縣과 벽계현碧溪縣이 신라 때 고택현高澤縣으로 바뀌었다가 고려시대 장천현長川縣으로, 다시 조선 태종 때 지금의 이름인 장수長水가 되었다. 여기서 우평은 울진의 옛 이름인 우진야于珍也가 그런 것처럼 우雨/于의 쓰임이 모두 위(上)의 뜻으로서, '윗들'을 가리킨다. 다시 고택, 장천, 장수에 보이는 택澤, 천川, 수水 역시 우리 말의 유의어가 다양하게 변화된 경우다. 그러니까 이 고을 이름에서 금세 물을 떠올리게 된다.

이곳 장수는 육십령을 통해 경남 함양으로 이어진 요충지인데 소백·노령 산간의 남덕유산과 장안산이 솟구쳐 있는가 하면, 신무산에서 흘러내린 물줄기가 금강을 타고 들녘을 적신다. 이름하여 윗들과 '긴 내'란 지명이 어울리는 물의 마을이다. 우선 신무산 8부 능선에 있는 뜬봉샘은 금강의 발원지다. 이 일대 마을의 이름이 물뿌랭이마을인 점은 재미있다. '물뿌랭이'는 '물뿌리'란 뜻의 이곳 사투리다. 그 이름은 장수란 이름의 근원을 떠올리게 하는 동시에, 감동적인 시적 영감을 내게 은총처럼 뿌린다. 이곳 수분령水分嶺을 기점으로 북쪽의 금강과 남쪽의 섬진강이 갈라져, 마을 이름도 수분리水分里라니 말이다. 하지만 뜬봉샘 복원이 허술하게 되어, 마실 수 없는 물이 된 건 금강에게도 퍽 미안한 일이다.

드높은 산세며 물뿌랭이마을의 기상이 낳은 결과일까? 인재 양성을 향한 교육열은 후세에 귀감이다. 이토록 후미진 산골에 1407년(태종 7년), 벌써 장수향교가 세워졌으니 말이다. 1686년(숙종 12년) 지금의 자리로 옮겨진 이 향교는 특히 대성전大成殿 건물이 조선 건축의 백미로 꼽힌다. 전란에도 소실되지 않은 덕분인데 임진왜란 때, 노비 정경손이 목숨을 걸고 지켜냈기 때문이다. 지금 정충복비가 전해지는 연유다.

장수향교는 향교의 일반적 배치와 달리 명륜당을 앞에 짓고 대성전을 뒤로 배치한, 전학후묘의 독특한 구조로 주목받는다. 배움을 무엇보다 중시했던 까닭이다. 장수인들의 근대적 각성이 짐작되는 대목이다. 그제야 문화해설사의 명찰을 보니 '게이코'라고 쓰여있다. 놀랍기도 하고 미묘한 감정이 교차하는 걸 느낀다. 왜구로부터 지켜낸 장수향교에서 일본인 문화해설사를 만났기 때문이다. 일본 유학 중인 지금의 남편을 만나 남편의 고향에서 하필 문화해설사가 된 이유도 한국 역사에 관심이 컸기 때문이란다. 게이코 여사와 한일 양국의 역사에 관해 담소를 나눈 뜻밖의 기회도 여행이 안겨준 축복이다. 그녀가 오랫동안 장수향교를 지키며 길손들에게 향교를 제대로 안내하길 빌어본다.

이곳 출신 박상륭은 우리 소설사에서 아주 특별하고 독특한 작가다. 1963년, 《사상계》에 발표한 등단작 〈아겔다마〉는 이미 그의 독특한 소설 행로를 예고한 문제작이다. 유다 모티프의 새로운 소설적 해석이 그렇다. 더구나 1973년에 발표된 장편, 《죽음의 한 연구》는 탄트라적 세계관을 바탕으로 한 종교, 철학, 신화의 집대성으로 인간의 삶과 죽음 그리고 성욕의 문제를 범신론적 각도에서 추적한 밀도 높은 역작이다. 그의 가공할 문제의식은 이후 《칠조어론》을 통해서도 이어진다. 난해한 만연체 문장을 통해 언어 실험의 영역까지 도전했던 그는 이민지인 캐나다에서 별세했다. 이런 문제적인 작가는 아마도 이 땅에 다시 태어나기 어려울 것이다.

왜 그랬을까? 무진장 기행, 2박3일 동안 내내 질곡桎梏이란 언어가 달라붙어 떨어지지 않았다. 본디 질곡이란 죄인을 구속하는 형구인 차꼬와 수갑이란 뜻이다. 사실 주민 편에서 생각하면, 높은 산 깊은 골로 이어진 무진장이 질곡의 속내를 고스란히 드러낸 삶의 터전은 아니었을까?

경상좌우도의 표본_
상주, 예천

예천은 단슬라,
곧 '언덕과 냇물의 고을'이란 뜻이다

상주尙州는 신라 법흥왕 때 상주上州였는데 이는 신라가 북방으로 진출하는 교두보란 뜻이었으며, 진흥왕 때 상락군上洛郡이라 한 건 낙동강의 상류란 뜻이었다. 사실 낙동강이란 강 이름도 낙주, 즉 상주의 동쪽이란 의미다. 본디 상주의 이두식 표기는 사벌沙伐 또는 사불沙弗이었으니, 이는 '새벌'이란 뜻이다. 새로 형성된 들녘 말이다. 사벌에 대해 독특한 주장을 펼친 이는 민세 안재홍이다. 그는 《조선상고사감》에서 사벌이나 사불을 '솟벌', 즉 '솟은 벌'로 해석하면서 한자어 돌산突山과 동일한 뜻으로 풀이했다. 실제로 상주는 남서쪽으로 속리산 줄기인 소백산맥이 지나가고, 동쪽으로 갑장산과 기양산이 펼쳐

예천은 단슬라, 곧 '언덕과 냇물의 고을'이란 뜻이다

진다. 장천과 병성천이 낙동강으로 합류하며, 함창의 영강 역시 낙동강으로 흘러드는 산간분지의 곡창이 상주다. 낙동강의 잦은 범람이 만들어 낸 퇴적평야가 새로운 들판을 형성한 셈이다.

　지명이 지금의 상주로 바뀐 시기는 신라 경덕왕 때다. 상주는 조선 성종 때, 마침내 상주목이 되어 전국 12목 중 한 곳으로 부상한다. 신라가 고구려와 대치하던 국경의 최전방은 동쪽으로부터 태백산 끝자락의 봉화, 소백산 죽령 이남의 순흥과 영주 그리고 문경새재 아래의 문경과 상주였다. 말하자면 태백산, 소백산 그리고 주흘산과 황정산 등이 천혜의 방패막이였던 셈이다. 실제로 죽령은 《삼국사기》에 의하면 158년(아달라왕 5년)에 길이 열렸다니, 거금 1,900년에 가까운 연륜을 지닌다. 이곳은 김유신 휘하의 화랑도, 득오가 지은 향가인 〈모죽지랑가〉의 무대이기도 하다.

　조선조에 이르러 영남에서 한양으로 나가는 관문은 서쪽으로부터 추풍령, 문경새재, 계립령 그리고 죽령이었다. 그러니까 상주에서 문경 그리고 충주와 괴산 방향으로 이어진 문경새재는 죽령과 더불어 영남 유생의 관문이었던 셈이다. 《세종실록지리지》와 《동국여지승람》 등에는 문경새재의 '새재'를 조령鳥嶺이라고 기록하고 있다. 흔히 조령삼로鳥嶺三路로 꼽히는데, 새재에 대해 문제를 제기한 책은 김장호 교수의 《한국명산기》다. '새'는 조류가 아니라, 우리 고유어 '풀'의 뜻이란 게 그것이다. 그러니까 조령은 풀이 무성하게 우거진 고갯마루, 즉 초점草岾이란 것이다. 지세를 훑어보더라도 탁견이 아닐 수 없다. 물론 하늘재(麻骨嶺, 鷄林嶺)와 이우리재(伊火峴) 사이를 뜻하는 '새'재라거나, 하늘재를 버리고 새로 난 고개란 뜻의 '새재'란 설도 상당한 설득력이 있다. 다만 조령이란 한자어 이름과 초점이란 지명은 이미 《세종실록지리지》와 《신증동국여지승람》 등에도 함께 등재돼 있다. 하늘재는 죽령보다도 2년(156년) 앞서 길이 열렸으니 최고참인 셈이다.

농경 문화권에서 상주는 갖출 것을 모두 갖춘 길지吉地였다. 높은 산과 깊은 계곡, 넓은 들녘과 풍부한 물을 두루 지닌 덕분이다. 그래서 상주는 특히 경상우도의 중심지였다. 좌도에 비해 우도의 평가에 인색했던 이중환도 《택리지》에서 상주만은 높은 평가를 내리고 있다.

상주는 보이는 실물이 아니라 역사적 자취를 더듬어 정신의 여행을 요구하는 땅이다. 함창의 가야왕릉이나 삼국시대의 고분군, 견훤산성처럼 흔적을 남긴 것들은 물론, 수많은 석불좌상이나 입상들은 이곳에 무수한 사찰들이 존재했다는 사실을 의미하기 때문이다. 이런 자취들이야말로 상주의 역사성에 값하는 증거들이다. 상주가 인재의 산실이 된 이유는 고려 때 세워진 상주향교와 1398년(태조 7년)에 세워진 함창향교가 바탕이다. 더구나 17세기에는 많은 서원이 세워지고 영남학파의 맥을 잇는 정경세, 이준, 조정 등의 강원講院이 많은 인재를 양성한 결과다.

한편 우복 정경세는 진주 정씨로, 서애 유성룡의 제자다. 그가 형

예천은 단술라, 곧 '언덕과 냇물의 고을'이란 뜻이다

조와 예조 그리고 이조의 판서와 홍문관대제학까지 역임하고, 이른 나이인 38세에 이곳으로 은거한 일은 이황의 학맥을 잇는 계기가 되었다. 당시 그는 외서면 우산리의 냇가에 청간정廳澗亭이란 초가를 짓고 살았는데, 그 집이 지금의 계정溪亭이란 초가다. 계정 곁에 있는 대산루對山樓는 그가 수양하며 후학을 양성하던 자리로, 후대인 18세기에 중후한 지금의 형태로 바뀌었다. 내가 방문한 날 우복종가에는 우복의 14대 종부(이준규 여사, 1943년생)가 집을 지키고 있었다.

우복종가는 막돌을 이중으로 쌓아 올린 축대와 난간에 덧댄 툇마루가 특히 인상적이다. 솟을대문을 들어서면 산수헌山水軒이란 사랑채가 앞산을 바라보고 서있다. 안채의 규모는 크지 않으나 기둥과 마루가 모두 세월의 연륜을 느끼게 한다.

상주의 양대 양반 가문은 진양 정씨와 풍양 조씨다. 풍양 조씨, 검간 조정이 1626년에 지은 살림집의 안채가 양진당養眞堂이다. 양진당은 현재 안채만 남아있는데, 정면과 좌우로 맞배지붕을 하고 있어 장중한 느낌을 준다. 이 집의 큰 특징은 1층 마루를 키 높이로 높인 고상형高狀形, 이른바 '높은 마루집'이란 점이다.

또 상주 출신 문인들의 계보 역시 화려한데, 문학과지성사를 창립한 김병익, 시인 이성복, 작가 성석제의 고향이 상주다.

예천이란 지명은 많은 연구가 필요해 보인다. 단술 예醴, 샘 천泉이란 한자어 지명에 집착하다 보니 주천酒泉이란 샘을 그 기원으로 삼거나, 예로부터 술맛이 으뜸이었다는 등의 지명 유래설이 정설로 자리를 잡았다. 그러나 옛 지명은 거의가 이두음을 한자어로 바꾼 것에 불과하다는 사실을 잊어선 안 된다.

오히려 예천, 곧 '단술과 샘'이란 한자어 뜻을 이두로 환원해 볼 필요가 있어 보인다. 한자어 단술 예 자를 '단술/단슬'로 읽어보자. 우리 고유어에서 '술'은 고개나 언덕을 뜻하던 말이다. 술의 한자어 술述의 예로 치술령致述嶺은 그 좋은 본보기다. 그다음 천川이나 샘(泉)은 '라'였다는 게 신채호의 학설이므로 예천의 이두음은 결국 '단술라/단슬라'가 된다. '슬/술'은 고개나 기슭이란 뜻이므로 결국 단술라는 '산고개' 혹은 '기슭과 내'라는 뜻이 된다. 그러니까 예천은 술과 연관된 고장이 아니라, '산기슭과 냇물의 마을'이란 뜻이다. 이런 판단에 결정적 근거를 제공한 건 '늙마노르'의 블로그이다. 한자어 지명을 이두로 역추적해 예천은 단술라 곧 '크고 넓은 땅'의 뜻으로 풀이한 늙마노르의 견해가 설득력을 얻는 까닭은 예천의 지형과도 들어맞기 때문이다.

예천의 동북부는 소백산맥의 지류인 좌구산, 매봉산, 학가산 등이 버티고 서 있다. 내성천이 서남부를 관통해 지보면에서 낙동강과 합류하는데, 이 때문에 연안의 평야가 발달한 지형이다. 특히 풍양면의 삼강나루는 예천이 물의 고장임을 단적으로 보여준다. 이곳이 금천, 내성천, 낙동강이 합수하는 삼강三江나루다.

예로부터 예천은 안동, 의성, 단양, 상주, 영주를 잇는 교통의 요

예천은 단슬라, 곧 '언덕과 냇물의 고을'이란 뜻이다

지였으며, 선비나 장사치들이 문경새재로 넘나드는 나들목이었다. 특히 이곳 삼강나루는 그 중심지로 1900년대 초, 삼강주막이 지어져 1960년대까지도 보부상들의 숙식 장소로 성황을 이루었다.

이중환은 《택리지》에서 인물이 많이 배출된 경상좌도의 다섯 고을 중 하나로 예천을 꼽았다. 하지만 여행자의 눈길로 바라보면 예천은 볼거리가 넘칠 뿐 아니라, 명승의 땅이며, 경상도 내륙의 여러 고을 중 음식 맛이 가장 뛰어난 고을이 아닌가 싶다. 추측건대, 교통의 요지였던 내력으로 여러 고을의 빼어난 음식 문화가 유입된 게 아닐까?

또 용문면 백송리에 있는 선몽대仙夢臺는 오랫동안 기억에 남을 명승이다. 이 집은 이황의 제자이며 종손인 우암 이열도가 건립한 집이다. 고향 안동의 어느 풍광도 이 자리엔 비할 수 없었던 걸까. 하긴 전국의 명승을 두루 섭렵한 내 눈에도 이 자리는 압권이다. 울창한 송림이 뻗어 내린 능선의 끝, 앞으로 내린천 물굽이가 휘돌아 나가며 만든 금모래 밭, 그 냇가에 선몽대가 서있다. 이 집은 암벽의 경사를 그대로 따라 오르며 제비집처럼 석벽에 붙어있다. 이 상상력은 주인과 건축가 중 누구의 것일까? 여기서 신선과 만나는 꿈을 꾸었다던가? '유선몽대儒仙夢臺'란 현판이 솟을대문 위에 붙어있다. 집 앞에서 곡선으로 크게 휜 내성천 때문에 넓은 백사장이 형성되었다.

역시 용문면에 있는 초간정草澗亭은 초간 권문해의 《대동운부군옥》이 쓰인 자리다. 이 집은 은거가 아니라, 애초에 집필을 목적으로 건립된 집이란 점에서 의미가 크다. 권문해는 이황의 제자로 좌·우부승지, 관찰사 등을 지내고 49세, 고향인 이곳에 들어와 우리나라 최초의 백과사전인 《대동운부군옥》 20권 20책을 완성한다. 그는 이 집에서 《초간일기》, 《초간집》, 《선조일록》, 《신묘일기》 등 방대한 저서를 남겼으니 처음의 목적을 이룬 셈이다. 정자는 용문산 골짜기 금곡천 냇물이 휘어지는 지점의 수직 암반 위에 서있다. 그래서 초간정은 냇가나 건너편에서 바라봐야 더욱 운치가 있다. 그의 늦둥이 아들 권별 또한 집필에 몰두해, 우리나라 최초의 인물사전인 《해동잡록》을 저술했으니, 역시 장소의 정신에 값한다 할만하다.

하지만 경관으로 치자면 병암정屛巖亭을 첫손으로 꼽아도 무리는 아니다. 병암정은 말 그대로 병풍 같은 통 암반 위에 세워졌는데, 암반 중간에 서있는 노송이 인상적이다. 연못 가운데엔 석가산을 조성했는데, 바로 조선 정원의 전통 양식이다. 연지엔 연꽃과 부들이 우거져 녹색 궁궐을 연출하고 있다. 그야말로 산과 암벽 그리고 연못과 나무가 어우러진 아름다운 정자다. 거기, 용궁면의 회룡포와 함양 박씨의 재실인 감로루感露樓까지 보태면, 예천은 어디나 눈을 돌릴 짬을 주지 않는 명승의 숲이다.

예천 출신 인물들의 계보 역시 화려하다. 고려 때 임춘 선생, 조선조의 권문해와 노수신을 거쳐, 국문학자 조윤제, 문학평론가 홍정선, 시인 안도현의 고향이 이곳이다.

예천은 단슬라, 곧 '언덕과 냇물의 고을'이란 뜻이다

누정과 은둔의 고을_
봉화

봉화의 이두 지명, 고사마는
'끝말'이란 뜻이 분명하다

《세종실록지리지》에 의하면, 봉화奉化의 고구려 때 이름은 고사마현
古斯馬縣이었는데, 신라 경덕왕 때 옥마玉馬로 바뀌었으며, 고려 때 지
금의 지명이 되었다. 봉화의 진산鎭山은 문수산인데, 백두대간과 살
짝 떨어져 태백산과 소백산을 좌우로 거느리고 있다. 이 산의 좌측
으로 운곡천 그리고 우측으로는 내성천이 시작된다.

특히 태백산맥 아래의 산간 오지에 있는 마을 네 곳인 내성, 춘양,
소천, 재산은 《택리지》에도 '병란과 세상을 피해서 살만한 곳'으로
소개되고 있다. 이곳은 금강송 군락지로도 유명한데, 일제강점기에
울진부터 여기까지 펼쳐진 금강송을 벌목해 춘양에 적재하였다고

해서 춘양목春陽木이란 이름이 나왔다. 춘양에서 뗏목을 이용하여 낙동강으로 운반했기 때문이다. 지금 춘양에 백두대간수목원이 들어서 있는 역사적 배경이다.

경북 북쪽, 낙동강 상류에 위치한 봉화는 예로부터 태백산과 소백산 사이, 양백지간兩百之間의 명당으로 꼽히는 고을이다. 이곳은 태백산, 선달산, 각화산, 문수산, 청량산 등 높은 산에 둘러싸인 산간 오지다. 삼한시대 영주 그리고 안동과 함께 기저국己柢國 땅이었으니, 세 고을이 동일 문화권이자 역사적으로도 한 뿌리였다는 점을 알 수 있다. 선사시대 고인돌이 많이 남아있는 사실도 이 고을의 유구한 역사를 증명한다.

이곳을 관향으로 하는 봉화 정씨는 고려 말 봉화현의 호장이었던 정공미를 시조로 대대로 이곳에서 호장을 세습해 온 성씨다. 정공미의 증손 정운경은 충숙왕 때 직제학에 이르렀으며, 그 아들인 삼봉 정도전이 조선 건국의 일등 공신으로 봉화백에 봉해져 크게 세력을 펼치게 된다. 봉화 정씨만이 아니라, 이곳엔 종택들이 안동만큼이나 많다.

봉화를 상징하는 인물을 꼽으라면 충재 권벌이 첫손이다. 안동 권씨 권벌은 안동 북후면에서 태어나 27세 때인 1504년(연산군 10년), 대과에 급제했으나 취소되어 두 번씩 대과에 급제한 인물이다. 예조참판으로 있을 때 기묘사화에 연루되어 파직당한 후, 모친의 묘소가 있던 이곳 닭실마을에 정착한다. 1526년에 지금도 유명한 청암정靑

巖亭을 건립하고, 그 후 복직되어 우찬성이 되었으나 을사사화와 양재역 벽서 사건(1547년)에 연루되어 유배지에서 별세했다. 후에 복원된 후 국가 공신으로 임금이 불천위不遷位를 내린다. 이 불천위 제사는 지금도 매년 음력 3월 26일마다 모시고 있다. 그리고 권벌은 1588년(선조21년), 봉화에 있는 삼계서원에 배향되었다.

닭실마을은 바로 유곡酉谷의 우리말 이름인데, 권벌로부터 크게 번성하여 이 고을의 안동 권씨는 '유곡 권씨'로도 불린다. 500년 집성촌인 닭실마을은 문수산 끝자락인 창평천이 마을을 감싸고 흐르는 마을이다. 택리지에선 영남의 4대 길지로 경주의 양동마을, 안동의 내앞마을·하회마을과 함께 이곳 닭실마을을 꼽았는데, 특히 이곳은 닭이 알을 품은 지형인 금란포계형金鷄抱卵形이라고 했다. 유곡이나 닭실이란 지명도 여기서 비롯되었다.

권벌의 종택 곁 연못 가운데 너럭바위 위에 세워진 정자가 청암정靑巖亭이다. 그러니까 권벌에게 아담한 정자가 학문 수양의 자리였다면 연못의 돌다리를 건너 운치 있게 서있는 청암정은 서재 겸 후진양성의 공간이었던 셈이다. 사실 봉화는 우리나라에서 가장 많은 103개의 누정을 보유한 고을이다. 청암정에서 10분쯤 내성천을 거슬러 오르면 냇물 곁, 높은 축대 위에 일자로 서있는 석천정사石川精舍와 만난다. 이 정사는 권벌이 쌓은 축대 위에 그의 장남인 권동보가 건립한 서른네 칸 규모의 서원에 해당한다. 내가 석천정사를 찾은 시기는 여름 장마가 막 끝나갈 무렵이었다. 막상 정사가 코앞인데 물길이 사나워 건널 수가 없었다. 냇물을 경계로 성과 속이 갈라지는 느낌이었다. 냇물 저쪽의 풍경은 그대로 세상과 단절된 다른 세계였다. 그렇게 다가갈 수 없는 석천정사는 도도하고도 서늘하게 내 앞에 서있었다. 그때 문득 이 정사를 건립한 의도가 이해되었다. 건립 시기가 사화로 얼룩진 16세기의 한가운데였으니 말이다.

한편 봉화읍 해저리, 곧 바래미마을은 전통 가옥들이 즐비한 고택촌이다. 의성 김씨 집성촌으로 남호구택, 해와고택, 소강구택, 김건영가옥, 팔오헌종택, 만회고택 등이 그것이다. 유독 눈에 띄는 건 이 고택들 대다수가 일제에 맞선 독립 저항과 관계가 깊다는 사실이다. 예컨대 만회고택은 심산 김창숙 등이 3·1 운동 직후 이 집에 모여, 파리강화회의에 제출할 독립청원서 초안을 작성한 집이다. 성주군 대가면 출신의 김창숙 역시 의성 김씨다.

봉화에 고택은 물론 종택들이 많다는 점, 정자들과 후진을 양성한 교육기관들이 넘친다는 사실은 봉화가 지닌 장소성과 무관하지 않다. 애초에 이 땅은 높은 산들이 숨겨놓은 신성한 영역이었으며, 속세의 한가운데서 속세를 거부한 길지였다. 유곡 권씨와 의성 김씨 그리고 광산 김씨와 풍산 김씨 등을 중심으로 한, 높은 교육열과 선비 정신은 안동이나 영주에 결코 밀리지 않는다. 망국의 한가운데서 분연히 궐기한 독립지사들의 의지가 그걸 입증한다. 지금 작은 촌락으로 퇴보한 봉화의 현재만 보는 건 봉화에 대한 오해다.

《세종실록지리지》에 '봉화의 진산은 문수산이요, 명산名山은 태백산'이라고 했는데, 사실은 청량산도 봉화를 대표하는 명산이다. 국가의 명승 청량산은 800m 내외의 암봉들이 흘립하여 빼어난 경관을 자랑한다. 흔히 12봉 12대로 불리는 이 암봉들은 역암인데 풍화에 의해 기기묘묘한 형상을 빚어내고 있다. 이황이 '청량산 육육봉'이라 노래한 12봉에 불교식 이름을 붙인 이는 신재 주세붕이다. 그는 순

이황이 학문을 수련한 청량산. 정상에서 내려다 본 청량사(왼쪽 아래)의 우측 암자는 응진전이다.

흥에 우리나라 최초의 서원, 소수서원(백운동서원)을 건립했을 뿐 아니라, 풍기와 개성을 인삼의 고장으로 만든 장본인이기도 하다. 이황은 어린 나이에 형 온계 이해와 함께 청량산에서 학문을 연마한 것으로 유명하다.

안동과 함께 이곳 봉화에도 '예던길'이 있다. 이황은 도산서원에서 청량정사淸凉精舍까지 15km 넘게 오간 것으로 알려져 있다. 봉화의 예던길은 청량산 입구에서부터 관창교와 오마교를 지나 관창폭포로 이어지는 구간이 특히 유명하다. 독서를 산에 오르는 것에 비유한 이황이다. '독서여유산讀書如遊山'이란 유명한 문장 말이다. 청량산을 빼고 이황을 말할 수 없는 까닭이다. 일찍이 신라의 명필, 김생이 10년간 서체 완성에 몰두했다는 김생굴을 지나면 금탑봉 아래 응진전應眞殿이 있는데 이곳은 원효대사가 불도를 닦던 자리다.

이제 봉화란 지명의 유래에 대하여 내 견해를 밝히고자 한다. 앞서 고사마현이 옥마로 바뀌었다가, 고려 때 지금의 이름으로 정착했음을 밝혔다. 여기서 관건은 '고사마古斯馬'란 이두식 한자어의 뜻을 통해서 우리의 고유어 지명을 찾아내는 것이다. 우리 고유어 지명은 모두 이두식 한자어로 표기되었기 때문이다. 고사마를 풀기 위해 신채호가 《조선상고문화사》에서 고자미동국古資彌凍國을 풀이한 방식을 차용할 필요가 있다. 고성固城의 옛 이름 고자미동국에서 '고자'는 곧 '구지'란 견해가 그것이다. 표기문자가 부재하던 시절, 이두식 표기

과정에서 'ㅗ/ㅜ'와 'ㅏ/ㅣ'는 자유롭게 이동했다.

따라서 고사마는 '고+ㅅ+말', 즉 '곳말'인데, ㅗ/ㅜ의 이동에 의해 '굿말'로 바뀐다. 그 증거는 굿말이 신라 때 옥마玉馬, 곧 '구슬 말'로 바뀐 것으로 미루어 확실해진다. 그렇다면 굿말은 무엇일까? '말'은 '마을'을 뜻하는 지명이다. '양지말'이나 '응달말' 등이 그 예다. 굿은 '귿/귿'과 통용된다. '귿말'은 현대어 '끝말'이다. 태백산 자락의 끝 마을이란 뜻이다. 지명이 형세로부터 나왔다는 걸 감안할 때, 이두어 고사마는 바로 태백산 끝 마을, 끝말이었다고 판단된다.

가야의 옛 땅_
성주, 고령

김종직종택 마을, 개실은
곧 '낀 골'이다

경북 성주는 인구 4만 5천 명의 작은 고을이다. 참외로 유명한 고장인데, 최근 사드 문제로 또 한 번 유명세를 치렀다. 하지만 성주는 본디 성산가야의 터전으로 번성한 고장이었다. 성산동 고분군이 그 뚜렷한 자취로, 성산가야 지배층의 고분 330여 기가 확인되었다.

지명 역시 본래는 성산으로, 성산 이씨의 터전이다. 성산 이씨 중에는 역사적 인물이 많다. 신라 말 이능일이 시조로 성산 이씨는 성주뿐 아니라 고령, 달성, 김천, 의성, 합천 등에 널리 퍼져있다. 고려 말의 유명한 대학자, 매운당 이조년과 그의 손자, 승암 이인임 역시 성산 이씨다. 이중환도 성주는 산천이 수려하여 고려 때부터 이름난 사람과 높은 선비가 많았다고 썼다. 조선의 개국공신, 주금당 배극렴도 이곳 성산 배씨다.

성주는 낙동강과 대가천 연안에 자리 잡고 있어, 농경시대엔 이상적인 길지로 꼽히던 땅이다. 낙동강 연안의 비옥한 사토 탓에 평야가 발달했을 뿐 아니라, 득용산과 남서쪽으로는 가야산을 품고 있다. 또한 동쪽으로 낙동강을 건너면 칠곡군과 대구이고, 서쪽으로는 전북 무주, 남쪽으로는 합천과 고령 그리고 북쪽으로는 김천과 맞닿아 있다.

특히 월항면 대가리, 한개마을은 성산 이씨의 집성촌으로 하회마을이나 양동마을과도 견줄만한 민속 마을이다. 이곳은 세종 때 진주목사를 지낸 이우가 입향조入鄕祖로, 560년의 역사를 자랑하는 한옥마을이다. 영취산을 배산으로 마을이 펼쳐지고 앞으로는 백천이 흐른다. 구불구불한 옛 담장 길의 운치와 60여 채의 양반 가옥 그리고 서민 가옥이 조화를 이룬 경관은 한 폭의 그림 같다.

'한개'란 큰 개, 곧 대포大浦의 우리말이다. 백천가에 큰 포구가 있었다는 걸 알 수 있다. 어쩌면 성주의 중심 하천 대가천과 대포란 명칭은 한개와 긴밀한 관련이 있을 것이다. 마을에는 문화재만 아홉 동이 있는데, 대감댁으로 불리는 응와종택이 가장 유명하다. 영조 때 선전관을 지낸 이석문이 사도세자의 죽음 이후 이곳에 은거하며, 일체의 부름에 응하지 않고 북쪽 문으로만 출입하였다. 그 문이 유명한 북비北扉다.

이 집을 지은 응와 이원조는 공조판서를 지냈지만, 자신의 아호를 집 이름으로 삼았다. 대감댁은 후에 마을 사람들이 붙인 이름이다. 사랑채 앞에 '자혜당慈惠堂'이란 현판이 붙은 아름다운 별당이 있는데, 놀랍게도 서고다. 말하자면 개인 도서관인 셈이다. 마주 보는 사랑채에 '독서종자실讀書種子室'이란 현판이 붙은 게 이유가 있었던 셈이다. 독서로 씨앗을 뿌리는 방이라니! 얼마나 의미 깊은 메타포인가? 개인 도서관을 보유한 점도 충격이지만, 자식에게 책 읽기를 가르치는 서당을 시적으로 표현한 운치가 더 놀랍다. 이번엔 수륜면으로 사우당종택을 찾는다. 사우당은 의성 김씨의 종가로 600년 역사를 자랑한다. 중종 때의 학자인 사우당 김관석이 입향조로, 그의 아호가 매란국죽을 뜻하는 사우당이다. 이 오래된 고택의 대문이 윤호문倫湖門인데, 그 이름은 수륜동이란 마을 이름에서 나왔다. 수륜修倫이란 의성 김씨, 문절공 김용초의 5대손 김관석이 이곳에 터를 잡고, '인륜을 닦는다'는 뜻으로 붙인 이름이다. 마을이 지금 윤동마을로 불리는 연유다. 이 집에는 개인이 소장하고 있는 고서를 보관하는 전적典籍이 있다. 말하자면 개인 도서관이다. 불전, 유교, 한문학, 도학, 병학 등 희귀본 상당수를 소장한 귀중한 전적이다. 400년 된 우물과 건물마다 솟을대문을 배치한 이 고택은 현재 숙박과 다도 체험을 하는 장소로 개방되고 있다.

조선시대 명당의 조건은 농경 사회를 기준으로 삼았다는 한계가 있다. 하지만 사람의 마음을 대번 편안하게 만드는 마을의 느낌까지

시대에 따라 바뀌는 건 아니다. 물론 성주에 우아한 고택 마을만 있는 건 아니다. 예컨대 심산 김창숙 말이다. 그는 이곳 대가면 칠봉리에서 유학자 동강 김우옹의 증손으로 태어났다. 선비의 가풍을 잇되, 구습을 타파하고 신교육을 실천한 그는, 고향집 옆에 성명학교를 설립하여 후진을 양성했다. 오랜 독립운동 그리고 일제의 고문과 구금으로 앉은뱅이가 되었지만, 1946년에 성균관대학교를 세워 오늘에 이르고 있다. 김창숙이 발의한 대학 창립의 취지가 '동서고금의 가장 좋은 점을 절충하여, 우리의 고유한 유교 정신에 귀납·함양시키자'였다. 융합의 시대를 내다본 혜안이 아닐 수 없다. 한강 정구는 성주 이씨 외가인 이곳, 유촌에서 태어나 임진왜란 때는 의병장으로 활동하였으며 짧은 관직 생활을 뒤로, 이곳 성주에서 후진을 양성한 대학자다.

성주를 떠나, 이제 고령 땅으로 접어든다. 고작 인구 3만여 명을 헤아리는 작은 고을인 고령은 경북 서남단에 위치한다. 낙동강을 경계로 달성군과 맞닿으며 서쪽엔 미숭산과 북두산이 경남과 도계를 이룬다. 하지만 가야시대엔 지금과 정반대였다. 대가야의 도읍으로 엄청난 위세를 떨친 곳이기 때문이다. 본디 고릉古陵이란 지명이 신라 경덕왕 때 지금의 이름으로 바뀌었는데, '옛 무덤'이란 지명을 보더라도 지산동 고분의 역사를 짐작할 수 있다.

지산동 가야 고분군을 탐방하고, 대가야박물관에서 본 가야 유물의 세련미는 눈을 의심케 한다. 특히 금속 세공이 그렇다. 고령은 우리 음악의 대명사이자, 악성인 우륵의 고향이기도 하다. 그는 이곳 출신으로 정정골(대가야읍 쾌빈리)에서 가야금을 만들었으나, 신라로 망명하여 신라 음악의 발전에도 크게 기여했다고 알려져 있다.

지금 대가야왕릉전시관엔 지산리 44호분의 내부를 재현해 놓고 있다. 이 무덤은 국내 최초로 확인된 순장 무덤이다. 이 밖에도 야외 전시장에서 만나는 불탑과 석등, 움집과 창고는 물론 그 시대 제철로나 도자탑陶瓷塔을 만나는 뜻깊은 기회를 제공하고 있다.

재미있는 건 김종직의 종택이 고령군 쌍림면 개실마을에 있다는 사실이다. 왜 선대의 고향 선산이나 생가와 묘가 있는 외가 마을, 밀양이 아니고 엉뚱하게도 고령일까? 그 행간으로 무오사화의 피바람이 끼어든다. 그때, 무오년에 일어난 사화, 곧 선비들이 도륙을 당한 그 사건도 김종직의 〈조의제문〉이 그 빌미였으니, 그는 사화의 꼭짓점이었다. 많은 이들이 무오사화를 함양의 학사루學士樓에서 수모를 당한 유자광의 개인적 원한으로 바라보듯이, 김종직의 제자 김일손이 죽음을 당하고 김굉필과 정여창이 유배를 떠났으며, 자신도 사후 6년 만에 부관참시를 당했다. 말 그대로 영남 사림이 초토화된 사건이었다. 동방 5현을 배출한 이 대학자도 개인사는 그리 화려하지 못했다. 부인과 아들들을 모두 앞세우고, 1485년에 남평 문씨와 재혼했으니, 그의 나이 55세에 얻은 18세 부인이었다. 그리고 이듬해 늦둥이 아들 김호년을 얻어 그나마 대를 이었다.

김종직종택 마을, 개실은 곧 '낀 골'이다

《고령군지》와 개실마을 유래 기록물에 의하면 '개실'이란 뜻은 첫 번째, 꽃이 예쁜 '가실佳谷'이 다시 개실로 바뀌었다는 설이 있다. 두 번째는 열매를 맺는다는 뜻의 '개실開實'이란 설이 있다. 세 번째로는 가야 고분군에서 보듯 '가야실伽倻室'이 개실로 정착했다는 설 등이다. 그러나 개실이란 지명에 대한 내 생각은 이와 다르다.

우선 지명의 유래는 그 마을의 지형과 지세를 뜻하는 고유어에 주목해야 한다. 고유어가 이두식 표기 단계를 거친 신라 경덕왕 시기 이전은 물론, 그럴싸한 한자어로 둔갑한 경덕왕 시기 이후를 살펴야 한다. 개실마을의 역사는 17세기다. 조선조 우리 고유어 지명이 한자어로 정착한 시기는 18세기 영조 때, 《여지도서》의 편찬과 맞물린다. 이 마을의 한자어 지명 역시 그 무렵을 전후로 지금의 한자어 지명으로 굳어졌을 것으로 보인다.

이곳 지세는 합천 방향으로 열린 평야와 쌍림면 소재지 쪽으로 펼쳐진 들녘 사이, 슬쩍 틀어박힌 섬처럼 보인다. 김종직종택의 야트막한 뒷산인 화개산과 실개천을 건너 접무봉이 들녘을 산으로 가려놓은 형세 때문이다. 말하자면 평야 속에 끼어있는 산골이 이곳의 지형이다. 이 마을에 있으면 흡사 산골에 있는 듯, 주변을 감싸고 있는 평야를 잠시 잊게 된다. 그때 사화를 피해 흩어졌던 후손들은 밀양과 선산 사이, 폐족의 신분을 숨기기 맞춤한 자리를 여기서 찾았던 것이다. 5대 종손이 여기 터를 잡은 시기가 1650년경이니, 김종직의 복원이 이뤄진 1689년까지는 아직도 40여 년 전이었으니 말이다. 그리고 복원이 이뤄지자 자신들의 신분도 드러냈을 터다.

꽃피고 열매 맺지 않는 고을이 어디 있을까? 그러나 생존을 위해 당장 필요한 건 꽃이 아니라, 몸을 숨길 수 있는 장소였을 것이다. 그것이 바로 이곳 개실介室, 곧 '낀 골'은 아니었을까? 낀 골은 '숨은 골'이니 말이다. 내가 이 고을 이름으로 낀 골을 뜻하는 개실을 주장하는 까닭이다. 나는 그 자취를 김종직의 제자, 정여창의 고향에서

나의 이런 주장을 확증하는 개실마을의 항공사진을 최근 입수하였다. 한눈에도 개실마을이 낀 골이란 걸 잘 보여준다. 내가 낀 골이란 뜻의 개실이라고 주장하는, 고령군 쌍림면 개실마을은 평야 속에 섬처럼 산이 에워싼 곳이다. 김종직종택(중앙)의 뒤로 야트막한 화개산이 보인다. 건너편엔 접무봉이란 안산이 마을을 감싸고 있다.

김종직종택 마을, 개실은 곧 '낀 골'이다

도 본다. 함양 일두고택의 마을 이름이 '낀 들', 곧 개평介坪마을이다. 함양과 고령의 비슷한 두 지형과 마을 이름에서 내가 두 사람의 운명적 연관을 떠올린 근거다.

고령 출신의 이조년은 장원급제 후, 비서랑이 되어 충렬왕을 모시고 원나라에까지 다녀온 대학자다. 그는 성주부 고령현, 곧 현재의 고령군 성산면 출신이다. 이조년을 평한 《고려조 문인졸기》에 의하면, '그는 키가 작고 성질이 정밀, 용감하고 의지가 굳세었으며, 말을 대담하게 하여' 왕이 그의 발자국 소리를 들으면 "아, 이조년이 온다!"고 말했다고 전한다. 그런데 나는 그 진솔한 인품이나, 국왕 앞에서도 직언을 마다하지 않은 사람됨에 앞서, 그의 시조時調를 먼저 떠올린다. 그 문학성에 먼저 감탄해서다. 교과서에도 소개된 유명한 〈다정가〉 말이다. 구절마다 메타포이고, 행간마다 동일시同—視다. 이 시인의 손자가 이인임이다. 그는 고려 말 문하시중으로 영화를 누린 권력가였다. 그러나 권력의 길을 따른 그의 말로는 조부와 정반대였으니, 오늘의 우리가 새삼 마음에 새겨둘 만하다.

신앙의 땅 그리고 병신춤_
영광

영광의 이두 지명,
무호이의 뜻을 밝히는 게 급선무다

영광의 옛 지명은 백제 때의 무호이군武戶伊郡이 신라 때 모지牟支로 그
리고 경덕왕 때 무령武靈이 되었다가 고려 태조 때 지금의 이름인 영
광靈光으로 바뀌었다. 이두 '무호이'가 무엇을 뜻하는지 밝힌다면, 지
명의 원뜻도 밝힐 수 있을 것이다. 다만 지명이 변하는 과정에서 눈
에 띄는 것은 무호이란 이두를 차용한 방식부터 줄곧 소리를 따온
음차 방식이란 점이다. 말하자면 영광이란 지명은 뜻글자가 아니라
철저히 소리글자에서 나왔다.

그런데 고려 인종 때 영광이란 지명과 함께 정주靜州란 지명이 함
께 쓰인 걸 볼 수 있으니, 지금 영광굴비의 원형이 '정주굴비'로 불렸

영광의 이두 지명, 무호이의 뜻을 밝히는 게 급선무다

다는 기록 때문이다. 당시 정주굴비는 진상품이었다. 이 때문에 조기와 굴비가 모두 한자어에서 유래했다는 주장이 힘을 받는다. 요컨대 '기운을 북돋운다'는 뜻의 조기助氣와 그걸 말린 굴비屈非 역시 '비굴하지 않다'는 뜻에서 유래한 것으로 보는 견해가 그것이다.

고려조 이래 조선시대까지 이곳 칠산바다는 조기의 최고 산지였다. 칠산바다란 대명사도 영광 앞바다에 있는 칠산도에서 나왔다. 자연스럽게 이곳 법성포구는 조기의 집하장으로 출발한 고을이다. 예전만은 못하지만 법성포는 여전히 굴비거리가 성업 중이다. 이곳이 굴비의 마을이란 표징은 얼마든지 있다. 조기 집하장, 포구를 메운 조깃배들 그리고 하늘을 뒤덮은 갈매기 떼가 그것이다.

하지만 법성포는 이보다 먼저 백제불교의 도래지다. 법성포法聖浦란 지명 자체가 법은 불교를, 성은 성인聖人 마라난타를 뜻하는 이름이다. 이곳이 아미타불과 연관된 이름, 아무포阿無浦로도 불린 연유다. 원불교의 영산성지나 기독교 순교지 염산교회 그리고 천주교 순교지까지 떠올려 보면, 영광은 본디 신앙과 뗄 수 없는 장소의 정신을 지닌 곳이다. 인도의 승려 마라난타가 백제에 불교를 전한 시기는 4세기다. 그가 384년, 이곳 법성포에 터를 잡은 이유 역시 신령스러운 땅의 기운을 감지한 탓이리라. 법성포의 아름다움을 이중환은 '작은 동정호'에 견주었으며, 고산자 김정호는 중국의 '서호'에 비기고 있거니와, 나 역시 이곳 포구의 인상이나 울창한 숲쟁이공원에서 범상치 않은 기운을 느껴보지만, 범인의 눈으로 성인의 안목을 짐작하긴 쉽지 않다. 월북 시인 조운이나 소설가 송영, 시인 오세영 등 출중한 문인들의 고향이 여기다.

이번 문화 답사는 전라남도와 전라북도의 경계를 따라 숱한 예술가들의 자취와 그 정신사적 족적을 더듬느라 지체되었다. 촉박한 시간에도 내가 영광 코스를 덧붙인 이유는 공옥진 여사 때문이다. 그는 1인 창무극唱舞劇, '병신춤'을 창안한 춤꾼이며 또 소리꾼이다. 공옥진의 고향이자 예술적 터전이 이곳이다.

1983년에 병신춤 공연을 보고 그 울림이 얼마나 컸는지 내 첫 시집에도 〈병신춤〉이란 시가 실려있다. 병신춤이란 장르는 오롯이 공옥진 여사가 창안한 판소리 극이다. 그러니까 전통 판소리의 관점에서 그는 이미 이단이다. 말하자면 공옥진의 창무극은 창(소리), 무(춤) 그리고 극(드라마)이 어우러진 고전의 재해석이며 새로운 장르가 출현하는 순간이었다. 예술가로서 공옥진의 가치가 여기에 있다.

그런데 왜 하필 이름이 병신춤이었을까? 1980년대 초, 민주화 열망을 짓밟은 군사정권의 재등장으로 모두가 낙담하고 있을 때, 공옥진은 홀연 병신춤을 통해 불구의 시대를 울리고 웃겼다. 아니리에 삽입된 사설 중엔 '육체의 병신보다 무서운 마음의 병신들'을 질타하는 대목이 나온다. 그 사설이야말로 '누가 병신인가'에 대한 실존적 질문이 아닐 수 없으며, 그 순간 우리 모두는 삶의 자세를 되돌아보게 된다. 그렇게 그는 총칼의 시대를 예술로 위무한 춤꾼이며 소리꾼이다.

40여 년 세월이 지나 다시 생각해 본다. 설령 그녀의 의도가 저항과 투쟁의 한 방편이었다 하더라도, 그 모든 의도에 앞선 건 역시 예술 정신이었다는 사실 말이다. 그리하여 평생을 다듬어 온 예술 정신이 불우한 시대에 촛불의 돌연한 연소처럼 잠깐 빛났다고 말이다.

백제불교 도래지 외에도, 역시 마라난타가 창건한 불갑사佛甲寺가 유명하다. 그리고 백수읍 길용리에 있는 영산성지는 원불교 창시자 소태산 박중빈의 고향이다. 그는 깨달음의 진리를 일원상一圓相으로 상징했는데 1946년, 익산에 세워진 원광대학교는 원불교 종립대학이다. 또한 이곳 염산면에 있는 염산교회는 6·25 전쟁 때 북한군과 인민군 부역자들에 의해 일흔일곱 명의 교인이 수장된 기독교 사적지 제1호다. 이 밖에도 영광읍에 있는 천주교 순교지는 신유박해(1801년) 당시 천주교 신자들이 순교한 곳이다. 영광이 왜 신앙의 성지이며 종교와 뗄 수 없는 장소의 정신을 지니는지 짐작할 수 있다.

법성포구에서 불교 도래지에 이르는 야산 언덕은 온통 아름드리 숲의 향연이다. 숲쟁이란 '숲의 성채'라는 뜻이라지만, 나는 그걸 '숲의 쟁이'로 고쳐 읽고 싶어진다. 숲에도 쟁이가 있다면, 얼마나 세밀한 등급일까? 아마도 나무의 크기와 자태, 기품과 아늑함… 그런 게 필요하지 않을까? 더구나 이 숲은 나무만이 아니다. 포구와 갈매기 떼가 함께 참여하여 완성했으니 법성포 숲쟁이는 마침내 숲의 예술가가 된 모양이다. 일찍이 마라난타도 그 신령스러운 기운을 알아보고, 이곳을 신앙 전파의 자리로 낙점했는지 모른다.

영광읍에 있는 조운의 생가는 폐가로 잊히고 있다. 가족이 모두 월북했으니 그럴만도 하다. 시인의 천재성마저 역사적 비극의 그늘에 묻힌 꼴이니 안타깝다. 우리가 할 수 있는 건 그가 석류를 자신과 기막히게 동일시한 시조 한 수만 기억할 따름이다.

영광의 옛 이름 무호이라는 이두의 원뜻을 내 능력으로는 밝힐 길이 없다. 그걸 알 수 있다면 이 고을의 중요한 특징 하나가 짐작될 텐데 아쉽다. 다만 무호이의 '무武'와 무령武靈이란 지명의 연관은 물론, 무령에서 영광靈光으로 이어진 지명에 '령靈' 자가 자꾸 등장하는 이유는 필시 까닭이 있을 터다. 나는 그 글자가 마음에 걸린다. 요컨대 마라난타가 하필 이곳에 불교의 터전을 잡은 이유는 물론, 연이어 나타나는 신앙의 조짐들이 예사롭지 않기 때문이다.

어쩌면 이곳 땅의 기운은 어떤 신성이나 영성을 간직한 게 아닐까? 독창적인 1인 창무극, 병신춤 역시 그런 영성에서 나왔는지 모른다. 병신춤 공연을 보며 내가 느낀 건 춤 자체가 신들린 자의 몸짓이었으니 말이다. 아무리 생각해도 영광은 다른 고을에 없는 장소의 정신 하나를 더 지녔다는 것만은 분명해 보인다.

영광의 이두 지명, 무호이의 뜻을 밝히는 게 급선무다

영남 사림의 큰 자리_
함양

좌안동 우함양,
개평마을은 '낀 들'이다

경남 함양은 본디 신라의 속함군이었다. 속함速含이란 이름에서 벌써 높은 산과 깊은 골의 낌새가 강하게 풍기는 이유는 지리산이나 덕유산 때문이었으리라. 지명이 한자어로 굳어진 신라 경덕왕 때 천령군天嶺郡으로 바뀌었는데, 그 이름에선 높은 봉우리들이 출몰하기도 한다. 고려 초에는 함양含陽으로 바뀌었다가 훗날 지금의 함양咸陽이 되었으니, 산에서 유래된 지명이 갑자기 중국의 왕도 이름으로 변한 걸 알 수 있다. 역사적으로 중국의 관명官名이나 지명을 모방한 현상은 궁예 때부터 유행해 고려 광종 때 극에 달했으니, 이 지명 역시 그 즈음의 일일 것이다.

지리산, 덕유산, 백운산, 기백산, 황석산, 오봉산 등 소위 소백산맥의 줄기가 고을을 감싸거나 넘나들고 있으니, 산을 떼어놓고 함양을 말할 수 없는 까닭이다. 재미있는 건 이 땅을 관류하는 위천渭川이라는 이름 때문이다. 위천은 이곳 백운산에서 발원하여 남강과 만나며 이윽고 낙동강으로 이어진다. 그런데 그 이름에서 대번 중국 함양의 위수를 떠올리게 되기 때문이다. 또 기원전 12세기의 인물인 강상은 우리나라 진주 강씨의 뿌리다. 그가 세월을 낚던 강 이름이 바로 위수의 반계다. 이래저래 함양은 중국과 깊은 연관을 맺고 있다.

지명이나 강 이름의 유래가 어떻든 간에, 이곳 함양은 조선시대 '좌안동 우함양左安東 右咸陽'으로 일컬어진 유학의 산실이며 사림의 본거지였다. 함양이 선비의 본산으로 우뚝 선 계기는 거유 정여창으로부터 비롯된다. 안동이 후학 이황의 땅이라면 함양은 스승 정여창의 고장이다. 정여창은 이황의 반세기 전 스승이었으니, 인물을 중심으로 고을을 품평하더라도 함양은 안동보다 먼저다.

함양은 산청과 지리산을 나누어 그 북쪽에 위치하지만 분위기가 확연히 다르다. 지곡면이나 수동면 쪽에서 함양읍까지 시야가 넓게 트이는 이유는 상당한 규모의 들녘 때문이다. 특히 일두고택이 있는 지곡면 개평마을은 그 이름처럼 산의 사이에 끼어있는 들녘이다. 지형이 안정되고 편안한 인상을 주는 함양은 산청의 억센 기상과도 대조적이다. 이것은 농경 문화권에서 이 고을이 얼마나 풍요로운 땅이었는지를 짐작케 한다.

좌안동 우함양, 개평마을은 '낀 들'이다

함양은 정여창이 있어 함양이다. 그의 자취를 먼저 쫓아야 하는 이유다. 일두고택은 전국의 고택을 두루 순례해 온 내 눈에도 뭔가 특별한 게 있다. 규모 면에서 강릉의 선교장船橋莊이나 청송의 송소고택에는 모자라지만 3,000여 평의 대지 위에 열두 동으로 조성된 고택의 규모는 우람하다. 돌담장의 곡선 길을 따라가면 '충, 효, 정려' 편액 다섯 점이 걸린 홍살문이 서있는데, 정려패 다섯 개는 전국에서도 유일하다. 그 솟을대문을 들어서면 '문헌세가文獻世家'란 현판이 붙어있는 사랑채가 우뚝 나타난다.

굵은 사랑채 두리기둥은 세월의 때가 끼어 고색창연하다. 벽면엔 '충효절의忠孝節義'라고 쓴 대문짝만 한 해서체 글씨가 붙어있는데 바로 이곳을 참배했던 홍선대원군의 필체다. 날렵한 지붕마루의 곡선미, 목조의 우아한 난간과 툇마루에 두른 짧은 보까지 빼어난 장인의 숨결이 느껴지는 건축물이다. 사랑채의 맨 우측 마루방은 돌기둥을 받친 2층 누각인데, '탁청재濯淸齋'란 편액이 걸려있다. 이 공간은 사랑채에서도 가장 돋보일 뿐 아니라, 그 앞에 조그마한 석가산을 조성했는데, 거기 기품 있는 노송 한 그루가 서있다. 마치 정여창을 친히 보는 듯한 감회가 든 이유는 노송의 기개에서 고결한 선비의 풍모를 느꼈기 때문이다.

특히 중문의 문지방은 익살스럽다. 이 닳은 문턱을 처음에는 세월의 연륜쯤으로 짐작했다. 그런데 함양의 향토사학자 오일창의 설명을 듣고 나니, 그 곡선의 용도가 다르게 보인다. 그건 휘어진 문턱의 틈새로 아녀자들이 내방객의 신원을 파악하던 용도란 것이다. 남녀가 유별하던 시절, 선조들의 재치가 무릎을 치게 만든다.

정여창의 호, 일두—蠹는 '한 마리 좀벌레'란 뜻이다. 고서적이나 옷가지 등에 달라붙어 세월의 때를 갉아먹는 좀벌레는 벌레 중에서도 형편없는 미물이다. 케케묵은 옛 문헌이나 뒤적이는 사람이란 뜻일까? 그의 큰 인품엔 가당치도 않은 높은 겸양을 본다. 그건 그분의 또 다른 아호, 수옹睡翁 역시 마찬가지다. '조는 노인'이라니! 이런 자괴감과 영덕 괴시마을 종택의 사랑채에 있는 편액, '회수晦叟'와는 또 어떤 연관이 있는 게 아닐까? '그믐날 늙은이'라는 뜻의 당호 말이다.

집히는 점이 있다. 영천 임고면 우항리, 정몽주의 고향에 가면 임고서원 건너편 산봉우리에 조옹대釣翁臺란 정자가 서있는데, 정몽주가 스스로를 '낚시질하는 늙은이'라고 칭했던 것 말이다. 그뿐인가? 이색의 고향, 영덕 괴시마을 상대산 위에 있는 관어대觀魚臺도 그렇다. 이런 겸양 넘치는 아호나 당호들 또한 겸양의 전통을 대물림한 것일 터다. 천하를 구제할 포부가 클수록 현실적 좌절감이나 비애 또한 남다른 법이니 하는 말이다. 정여창은 김종직의 적통을 이은 대학자다. 그 학통은 정여창과 김굉필을 거쳐 조광조와 이언적 그리고 이황까지 이어진다. 그야말로 영남 사림의 본줄기다. 그러나 이들의 생애는 혹독했다.

영남 사림의 대스승 김종직이 세조를 비판한 조의제문으로 무오사화의 빌미가 되고, 무오사화의 비극을 배태한 땅이 함양이다. 비

좌안동 우함양, 개평마을은 '긴 돌'이다

극의 전조는 유자광의 터무니없는 과시욕에서 촉발됐다. 지금 군청 앞 학사루에 자신의 시문 편액을 내건 게 그것이다. 인품으로나 학식으로나 그는 그럴만한 인물이 아니다. 하기야 지금도 전국을 여행하다 보면 그의 분신들을 숱하게 볼 수 있다. 비싼 시비에 새긴 싸구려 시편들 말이다. 김종직이 함양군수로 부임해 그 편액을 소각시킨 일은 그래서 통쾌하기까지 하다. 그 때문에 유자광이 앙심을 품은 건 이후의 역사가 보여준 바다. 비린내 진동하는 역사의 갈피를 벗어나 눈과 귀를 좀 씻어야겠다. 서둘러 봉전마을 화림동으로 발길을 돌린 까닭이다.

이곳은 영남의 명승 중에서도 최고의 승경으로 꼽히던 자리다. 거기 고려 말부터 터를 잡은 거연정居然亭 자리는 특히 으뜸이다. 수동면 원평리에 있는 남계서원은 정여창의 덕행과 학문을 기리기 위해 건립된 서원으로 그의 위패를 모시고 있다. 1543년, 건립된 소수서원에 이어 1552년, 조선시대 두 번째로 세워진 서원이 바로 이 서원이다. 남계서원은 흥선대원군의 서원철폐령에도 끝까지 절의를 지켜 훼절하지 않은 서원이기도 하다. 함양은 신라 말의 인물, 고운 최치원과도 인연이 깊은 고장이다. 그가 천령태수로 있을 때, 위천의 범람을 막기 위해 상림上林 숲을 조성했으니, 거금 1,100여 년 전 일이다. 이곳 사운정思雲亭은 그런 선생의 덕행을 기리는 정자다.

함양은 지리산과 덕유산 사이에 위치한다. 그러다 보니 백두대간에서 파생된 1,000m급 명산이 즐비하다. 그중에도 서하면과 안의 면을 가르고 서있는 황석산은 단연 으뜸이다. 고래등 같은 정상부의 암릉巖陵 군락은 누가 일부러 만든 것 같다. 칼날 같은 능선을 따라 거북바위, 사자바위, 시소바위 등 암석으로 이어진 능선의 허술한 일부 구간을 인공의 성으로 축성했으니, 그게 바로 황석산성이다. 신라가 백제를 막기 위해 약 1,000년 전에 쌓았는데, 천연 암릉의 빛을 톡톡히 지고 있는 셈이다. 또한 이 성은 정유재란(1597년) 때 함양군민들이 왜군에게 최후의 항전을 펼친 자리이기도 하다.

황석산에서 마주 보이는 거망산은 서삼면에 위치한다. 거망擧網이란 이국적인 이름은 무학대사가 불법의 그물을 던졌다는 전설에서 유래한다. 이 산은 6·25 전쟁 때 빨치산 여장군, 정순덕이 신출귀몰한 전술로 토벌대를 괴롭히던 곳이기도 하다. 빨치산의 활동 근거지가 그런 것처럼 거망산은 산이 높고 계곡이 깊은 천혜의 은신처였다. 그런 점에서 황석산과 거망산은 함양이란 장소의 정신을 상징하는 산들인 셈이다. 인문학자 윤재근 교수, 작가 이외수, 시인 허영자와 강희근 등이 모두 이곳 함양 출신이다.

함양 기행은 끝까지 특별했다. 오일창 전 교육장이 이끄는 대로 할머니가 운영하는 40년 전통의 집에서 맛본 염소 고기와 매실주 맛은 아직도 깊은 감칠맛으로 남아있으니 말이다. 그 호의 때문에 이곳을 스쳐간 영남 선비사의 우람한 정신도 한결 향기롭게 다가오는 기분이 들었다. 영남학파의 큰 자리, 이곳 함양에서 문득 겨울바람마저 훈훈하게 느껴진 건 그런 정신을 떠올린 탓이리라.

좌안동 우함양, 개평마을은 '낀 들'이다

높은 산의 정신_
산청

산청군 생비량면의 뜻은
'산비알' 혹은 '산비랑'이다

경남 산청하면 대뜸 떠오르는 이름이 있다. 바로 지리산이다. 산청 중산리는 천왕봉에 이르는 최단 거리 출발점이다. 사실 산청은 이 장엄한 산의 그늘이다. 산그늘에 기대어 독특한 정신과 문화 그리고 음식 맛을 낳았다. 산청으로 향하는 이번 여정은 시작하기도 전에 마음가짐이 숙연해진다. 이 고을을 입질에 올릴 때면 떠오르는 이름들 때문이다. 바로 남명 조식과 성철스님(속명 이영주)이다. 모두 성현에 필적할 이름들이기에 이를 보면 무거운 등짐을 진 것처럼 벌써 어깨가 뻐근해진다.

　지리산 남쪽 자락의 산청山淸은 1914년, 일제가 산음山陰과 단성丹城

을 묶어 개명한 지명이다. 산음이란 옛 이름에서 보듯, 이곳은 본디 지리산 산그늘 밑 마을이다. 이곳 시천면 시리에 조식이 말년을 보낸 산천재山天齋가 있다. 시천矢川, 즉 '화살내'란 이름도 그렇지만, 산과 하늘만 우러르며 살겠다는 당호 역시 예사롭지 않다. 그는 본디 합천군 삼가면 외토리의 외가에서 출생했지만, 30세부터 47세까지 처가인 김해에서 학문 수양에만 힘썼다. 그리고 47세에 고향 합천으로 돌아와 계부당鷄伏堂을 짓고 후진 양성에 힘썼으니 1555년, 56세 때 조정에서 단성현감을 제수하자 그걸 거부한 단성소(丹城縣監辭職疏)를 올렸으니, 문정왕후와 명종을 과부와 고아로 폄하한 추상 같은 호령이었다. 그리고 61세부터 이곳 산청에 산천재를 짓고 생애의 마지막 10년을 후진 양성에 매진했다.

남명이란 호는《장자》에 보이는 '하늘못'에서 따왔다. '남명은 천지다(南冥者天池也)'란 구절이 곧 그것이다. 북쪽 바다에 살던 물고기가 새가 되어 장차 날아가려 한 장소가 남쪽 바다, 곧 하늘못이다. 그러나 내가 산천재에서 느끼는 건 불가사의한 하나의 인력이다. 당시의 여건을 헤아리거나 상상력을 보탤 것도 없이, 지금도 이곳을 찾아오기란 호락호락하지 않다. 불원천리 산길을 오르거나 협곡을 지나고, 더러는 강을 건너 이 외진 은거지로 꾸역꾸역 몰려들던 선비들이 떠올랐기 때문이다.

얼마나 놀라운 광경인가? 이름하여 남명학파가 형성된 연유다. 그들의 수고로움은 한 분의 스승이 그곳에 있었기 때문이다. 더구나

산청군 생비량면의 뜻은 '산비알' 혹은 '산비랑'이다

스승은 출세의 디딤돌이 아니라, 세상과 등지는 선비의 법도만을 가르쳤으니, 그건 공명과 부귀와도 무관한 운명의 갈림길이었다. 실로 인격의 크기란 제자들이 넘고 건넜던 그 장애물과도 비할 수 없었던 인력이 아닌가? 이것은 열아홉 번이나 사직상소를 올리며 물러나길 염원했던 이황과도 상반된 삶의 태도였으니, 동갑인 두 사람의 닮은 듯 다른 세계관을 여기서 엿본다.

당시 이곳의 지명은 덕산이었다. 덕산德山은 '큰 산'이니, 바로 지리산을 일컫는 대명사다. 월악산 아랫마을 덕산이나, 가야산 아래의 덕산이 모두 월악산이나 가야산을 가리키는 것처럼 말이다. 거기서 지리산 덕천사德川祠나 산천재 앞을 관류하는 덕천강의 이름이 나왔다. 산천재에선 지리산 천왕봉이 빤히 보인다. 그 곁의 새재며 대원사大願寺 능선까지 훤히 보인다. 굳이 이곳에 터를 잡았던 조식의 뜻이 헤아려지는 대목이다.

문화해설사의 안내로 남명묘소에 참배할 때 나는 뭐라 형언하기 어려운 느낌으로 전율했다. 역대 임금의 능부터 성현의 묘소는 대부분 참배해 왔던 내 눈에도 조식의 묘는 전혀 다른 기운이 느껴졌기 때문이다. 그건 최영 장군의 묘에서 느꼈던 무시무시한 음산함과도 다른, 알 수 없는 느낌이었다. 오히려 적송 숲 속에 안치된 남향받이 묘의 외양은 너무도 평온할 뿐 아니라, 덕천강을 향해 전망이 활짝 열려 시원한 기분까지 느끼게 했지만, 알 수 없는 자장에 끌리듯 강한 흡입력 같은 게 느껴졌기 때문이다. 그리고 시간이 지나자 그 느

산천재 뒷산에 있는 남명묘소

낌은 모골이 송연한 쪽으로 변해갔다. 신비하고도 경이로운 체험이
었다.

　사실 산청의 지형적 특징은 억센 굴곡과 기상을 느끼게 한다. 그
건 남성적인 강렬함과 비견될 하나의 자장이다. 이런 장소의 특징
탓일까? 유독 이곳에서 강인한 기개를 지닌 인물들이 배출된 점도
우연은 아닐 것이다. 이웃한 단성면 묵곡리 출신인 성철스님도 마찬
가지다. 지금은 겁외사劫外寺라는 사찰로 바뀐 이 집은 실은 성철스님
의 생가다. 고택의 대문인 혜근문惠根門에 들어서면 정면으로 본채인
율은고거와 우측으로 사랑채인 율은재가 보인다. 율은栗隱은 성철스
님의 부친인 이상언 옹의 호다. 고가의 규모는 물론, 집 앞으로 펼쳐

진 드넓은 농경지가 눈에 들어온 건 출가 당시, 이 고택을 휩쓸고 갔을 풍파를 떠올린 탓이리라.

그때 성철스님이 부인까지 둔 가정을 버리고 출가할 때, 율은고거에 불어닥쳤을 아픔을 상상한다. 성철스님이 비구니가 된 딸의 법명을 불필不必이라 지은 계기는 싯다르타 태자가 아들의 이름을 '라훌라'라고 지은 걸 떠오르게도 한다. 라훌라가 '고뇌의 덩어리'란 뜻이듯, 부처의 길로 나가는 자에게 인연이란 불필요한 존재가 아닐까? 성철스님은 초심을 잃지 않기 위해, 떠날 때 입던 승복을 평생 기워 입었다. 그러나 그 누더기 승복은 빛나는 생애의 한 증표로 이곳 기념관에 보관되어 있다. 그 옷은 세상의 어떤 디자인보다도 눈부시게 아름답다. 오롯이 비우고 버림으로써 얻은 높은 정신의 자취이기 때문이다.

조식과 성철스님은 유가와 불가로 삶의 방식이 달랐을 뿐 아니라, 서로 다른 시대를 살았다. 그러나 놀라운 건 두 사람이 보여준 삶의 태도가 다르지 않았다는 사실이다. 조식은 공명을 극도로 경계해 벼슬길로 나가지 않았는데, 그가 보여준 그 절제력은 지나칠 정도로 엄격했다. 조식은 열정을 오직 인격 완성과 후진 양성에 쏟았다. 스스로를 일깨우기 위해 평생 착용했다는 성성자惺惺子야말로 그 증표다. 그는 모든 걸 버림으로써 선비 정신을 체현했다. 그의 생애가 새콤하고도 단단한 남명매南冥梅의 매실처럼 느껴지는 까닭이다.

그건 성철스님 역시 다르지 않다. 그는 편안히 살 수 있는 가정환경을 마다하고, 고행의 삶을 살았다. 성철스님은 일제와 유착된 부패한 불교 세력에 맞서 불교정화운동에 앞장섰으며, 추상같은 삶의 자세로 유행과 공명을 멀리했다. 사실 불교는 비움과 버림의 종교다. 그것이 바로 색즉시공色卽是空의 세계관이다. 하지만 그 진리를 습득하고 실천한다는 건 말처럼 쉽지 않다. 성철스님은 그 진리를 확신했으며, 그걸 온몸으로 실천했던 선승이다. 조식과 성철스님, 두 사람이 보여준 이 특별한 기개는 이곳 산청의 정기에 꼭 들어맞는다는 사실을 새삼 느낀다.

겁외사劫外寺와 지척에 있는 남사예담촌(단성면 남사리)은 산청 선비촌의 전형을 보여주는 고가 마을이다. 배산서원, 이사재尼泗齋, 이씨 고가 등 즐비한 고택들과 고풍한 옛 담장길이 발길을 멈추게 한다. 본디 안동의 하회마을과 쌍벽을 이루던 이 마을은 개국공신, 흥안군 이제의 봉토로 출발한 고을로 조선시대까지만 해도 산청의 중심지였다.

금서면 화계리, 산비탈을 타고 올라 구형왕릉을 일부러 찾은 이유는 산청에 올 때마다 지리산에 빠져 놓쳤던 마음의 짐을 덜기 위해서였다. 구형왕은 이곳에서 번성했던 금관가야의 10대 왕으로 김유신 장군의 증조부다. 42년간 재위에 있었던 구형왕은 신라 진흥왕에게 항복한다. 서기 42년, 수로왕으로부터 시작된 가야국이 532년에 망하기까지 490년 왕조였다고《삼국유사》는 전한다. 나이로 보나 인물로 보나, 김춘추에 뒤질 게 없었으나 패망한 왕조의 후예로 태어나 끝까지 아우뻘 김춘추를 위해 충성을 바쳤던 김유신을 생각했다.

한편 이곳의 생비량면生比良面이란 독특한 지명 덕분에 한동안 여러 문헌을 뒤적여야 했다. 끝내 그 단서를 찾지 못했으나 조심스러운 추측을 보태자면, '생비량'이란 이두음은 '산비애' 또는 '산비라'이다. 중세 고유어에서 '생'과 '산'은 같은 뜻으로 쓰였으며, 량良은 '애/라'로 읽혔던 게 그 근거다. 그렇다면 산비애는 '산비알'이며 산비라는 '산비랑'이니, 바로 '산비탈/산벼랑'의 사투리로 볼 수 있다. 생비량은 우리 언어가 부재하던 시절의 이두식 표기다. 아직도 이두의 지명이 남아있는 것도 산청에서나 가능한 건 아닐까?

산청은 어디나 높은 산, 깊은 골이다. 남강 상류인 이곳에 경호강, 덕천강, 양천강 등 강물이 넘치는 까닭이다. 이곳 특산물인 어탕국수도 그런 환경이 빚어낸 별미일 터다. 지리산 초피나무 가루로 맛을 낸 것부터가 타고을에선 흉내 낼 수 없는 맛을 지닌 연유다. 특히 내가 숙박했던 산청읍의 '영남장'은 40년 동안 한 번도 보수를 하지 않은 낡은 숙박업소다. 노주인은 그 비용까지 절약하여 지역 봉사와 나눔을 실천하는 것으로 유명하다. 주변에 생긴 신식 숙박 시설이 아니라, 굳이 내가 이 낡은 집에서 잠을 청한 이유다. 70대 주인의 굽은 등처럼 낡은 여관에서의 하룻밤은 이래저래 산청다운 것의 멋과 맛을 내게 일깨워 주었다.

지리산 동편 골짜기엔 비구니 도량, 대원사大源寺가 있다. 천왕봉에서 중산리 쪽으로 빠지지 않고, 대신 중봉과 써레봉 그리고 치밭목

대피소 방향으로 내려오면 유평리에 닿는다. 이 일대가 남한 땅에서 가장 후미진 삼장면이다. 이곳 마을의 이름(三壯)은 그 외진 산골을 대변한다. 새재마을에서 중땀마을 그리고 외곡마을과 유평마을로 이어진 이 골짜기는 깊고, 길고, 후미지다. 예로부터 누군가를 오랫동안 볼 수 없을 때 "그 사람 삼장 갔다"는 말이 여기서 나왔다. 김장호 교수의 《한국명산기》가 알려준 정보다. 함경남도의 삼수三水와 갑산甲山을 일컫는 '삼수갑산'이 멀고 험한 곳을 뜻하는 관용구가 된 것처럼 말이다. 이런 특징들이 오롯이 범접할 수 없는 산청의 멋이다.

세상의 혼탁으로부터 등을 돌리고, 스스로의 내면을 살찌운 조식과 성철스님은 바로 산청의 자연을 빼닮았다는 생각이 든다. 그만큼 산청은 인심도, 음식 맛도, 풍경들도 한결같이 멀고 아슬하며 웅숭깊다.

산청군 생비량면의 뜻은 '산비알' 혹은 '산비랑'이다

인재와 선비의 광_
영주, 순흥, 풍기

**서원의 역사처럼 인삼의 역사도
풍기에서 시작되었다**

예로부터 낙동강을 기준으로, 그 동쪽을 경상좌도, 서쪽을 경상우도
로 구분했는데, 이중환은 《택리지》에서 경상도를 '인재의 광'이라 칭
하면서, '국정을 잡은 자는 모두 경상도 사람이고, 문묘에 종사된 4현
이 모두 이 지역 사람'이라고 했다. 모든 게 지금과는 딴판이지만, 당
시를 이해하기 위해 그의 말에 귀를 기울여 본다.

> 좌도는 땅이 메마르고 백성이 가난하여 비록 궁색하게 살아도 문
> 학하는 선비가 많다. 우도는 땅이 기름지고 백성이 부유하나 호사
> 하기를 좋아하고 게을러서 문학에 힘쓰지 않는 까닭으로 훌륭하

게 된 사람이 적다. 하지만 인재만은 양쪽에서 섞여 나왔다. 예안, 안동, 순흥, 영천, 예천 고을은 이백二白(태백산, 소백산)의 남쪽에 위치하는데, 이곳이 신이 알려준 복된 지역이다. (…) 이 다섯 고을에 사대부가 가장 많으며, 모두 이황과 유성용의 문하생과 그 자손들이다.

이중환 덕분에 이번 경상좌도에서 여행한 곳들, 즉 영주의 순흥과 풍기, 봉화와 예천은 나에게 특별한 장소의 정신을 환기한다. 나는 지금 소위 선비의 고장, 인재의 광에 왔다. 북동쪽의 예안과 남쪽의 안동이 그런 것처럼, 영주는 본디 순흥과 풍기를 주축으로 이루어진 고을이다. 조선시대로 따지면 말이다.

순흥과 풍기는 모두 고구려의 급벌산군及伐山郡이다. 나는 이 이두음에서 '벌'이 뜻하는 들녘과 '산'의 조합을 읽는다. 소백산 아래 펼쳐진 들녘이 지금의 영주 땅이니 말이다. 농경문화에서 들녘은 도시의 첫 번째 조건이기 때문이다. 신라 때까지만 해도 급산군及山郡이었던 순흥은 고려 때 순정順政과 흥주興州로 바뀌는데, 흥주라는 한자어에서 다시 넓은 들녘을 본다. 조선조에 들어와 그 머리글자인 순과 흥을 따서 순흥부順興府가 되고, 930년(태조 13년)에 마침내 순흥도호부로 승격해 풍기, 영월, 태백, 봉화, 울진을 아우르는 이 지역의 중심지로 부상한 게 순흥의 역사다.

이 유서 깊은 땅이 역사의 뒤꼍으로 물러난 이유는 세조의 왕위

서원의 역사처럼 인삼의 역사도 풍기에서 시작되었다

찬탈에 대항한 유생들의 저항 때문이다. 이곳에서 금성대군을 주축으로 한 단종복위운동이 실패로 끝난 사건 말이다. 핏물이 고였던 땅의 지명이 지금도 '피끝'으로 불리는 사실로도 짐작이 간다. 실패한 혁명 탓에 순흥도호부는 순흥군으로 강등되어 풍기군에 예속되고, 1914년에 일제의 행정 개편 때 풍기군과 함께 영주군으로 합병된다.

문선공 안향의 고향, 순흥에 우리나라 최초의 서원이 세워졌다. 1543년, 풍기 군수 주세붕은 안향이 공부하던 숙수사宿水寺 터에 백운동서원을 건립했다. 말하자면 우리나라 최초의 사립대학인 셈이다. 이후 소수서원으로 개칭한 백운동서원은 이황의 제자들은 물론 4,000여 명의 유생을 양성했으니, 말 그대로 영남학파의 산실이자

1542년에 건립된 우리나라 최초의 서원인 소수서원. 강학당에는 본래 이름이었던 '백운동'이란 현판이 걸려있다.

우리 교육의 출발점인 셈이다. 역사적으로 영주가 봉화와 함께 안동 문화권인 이유는 안향의 유학을 계승한 본거지가 여기이며, 이황을 주축으로 한 영남학파의 산실이 이곳이었기 때문이다. 그 중심이 바로 소수서원이다.

소수서원은 울창한 송림 속에 서있는데 1,000년의 수령을 자랑하는 학자수림學者樹林이란 적송 숲이다. 서원의 문밖에서 이내 만나는 제월교는 지금 국도로 이어져 있는데 이 다리가 그 유명한 청靑다리다. 청이란 무를 뜻하는데, 그건 바로 여성 다리의 기막힌 메타포였다. 그러니까 '아이를 다리 밑에서 주워왔다'는 설화의 자리가 바로 이 다리다. 다리가 너무 현대식으로 복원된 게 좀 흠이긴 하지만, 그 주변 경관만은 지금도 그만한 이야기의 무대로 손색이 없어 보인다.

영주의 북쪽을 병풍처럼 가로막고 있는 소백산과 죽령을 바라보면 넘어갈 엄두가 나지 않는다. 지금이야 죽령터널로 쉽게 접근할 수 있지만, 20여 년 전 고갯길을 넘을 때, 간담이 서늘하던 기억은 아직도 남아있다. 그 산세의 웅장함 뿐 아니라, 태백산과 소백산은 산삼의 산지다. 우리나라 인삼의 역사가 이곳에서 시작된 것도 이 산들 때문이며, 풍기가 그 출발점이다. 풍기군수 주세붕은 산삼을 채취하여 진상해야 하는 백성들의 노고를 덜어주기 위해, 그 씨앗을 수취해 인삼 재배에 성공한다. 그가 황해도 관찰사로 부임해서도 똑같은 시험을 했으니, 개성 인삼이 거기서 시작된다. 그러니까 그의

서원의 역사처럼 인삼의 역사도 풍기에서 시작되었다

업적은 우리나라 최초의 서원을 건립한 것으로 끝이 아닌 셈이다. 물론 이런 역사적 성과 역시 태백산과 소백산이 있었기에 가능한 일이었다. 또한 이만한 산세에 기대어, 부석사浮石寺와 같은 민족의 유산도 탄생한 건 아닐까.

소백산 자락 해발 850m 지점엔 희방사喜方寺가 있다. 634년, 두운 조사가 창건했다는 유구한 역사의 이 절은 작고 허름하여, 부석사와 금방 비교된다. 20여 년 전에 등산하듯 여기 왔을 때, 절은 한창 공사 중이었다. 절은 공사가 마무리됐지만, 조촐하고 초라한 인상은 별로 달라진 게 없다. 그러나 이 궁벽하고 허름한 사찰은 훈민정음의 원본인 희방사본의 판본을 남긴 역사적인 절이다. 지금 고등학교 교과서에 실린 바로 그 판본이다. 원판은《월인석보》1·2권과 함께 6·25 전쟁 와중에 모두 소실됐지만 말이다.

영주의 진면목은 삼판서고택에서도 발견된다. 영주 시내에 있는 이 집에서 고려 말에서 조선 초에 세 명의 판서가 연이어 배출됐다. 바로 형조판서 정운경, 예조판서 황유정, 이조판서 김담이다. 황유정은 정운경의 사위이며, 김담은 황유정의 외손자이다. 이 집에서 정승, 판서, 성균관대사성, 참판, 홍문관교리, 지방관 및 교수 등 스무 명 가까운 인재를 배출했다고 한다. 실로 인재의 산실이 아닐 수 없다.

하지만 이 집의 주인공은 역시 정도전이다. 정도전은 정운경의 아들이다. 새삼 그를 거론하는 건 사족이 될 터이다. 하지만 그때, 그의 꿈이 실현되었다면 조선의 근대화는 훨씬 앞당겨졌을지 모른다. 그는 전근대 사회에 출현한 근대인이었다. 그의 꿈이 실현될 수 없었던 원인도 거기서 찾아야 한다.

내가 북쪽으로 고개를 돌려, 소백산과 죽령을 바라보며 느끼는 감회는 이렇다. 이곳 영주는 정도전, 한 사람의 터전이란 사실만으로도 빛나는 장소의 정신에 값한다고 말이다. 역사는 언제나 한 사람의 영웅에 의해 비약적 전기를 마련한다. 그러나 우리는 그러지 못했다. 지금 저 소백과 죽령의 기운이 차고 넘치는 느낌으로 다가오는 것도 그 한 사람 때문이리라.

역사의 행간, 그 강줄기마다 돌출한 돌부리가 있는 법이다. 그 돌부리 때문에 잔잔하던 강물은 용솟음을 치지만, 그 파문이 얼마나 강을 돋보이게 하는지, 그걸 알고 나면 이미 때가 늦는 법이다. 정도전이야말로 역사의 강물에 돌올하게 솟구친 돌부리였으니 말이다.

고풍한 영주의 속내는 내성천 물결 위에도 스며있다. 내성천을 가로지른 아찔한 길이의 외나무다리를 건너면 수도리다. 말 그대로 '물섬水島'이 먼저이고, 그걸 한자어로 바꾼 게 '수도리'란 지명이다. 이 무섬마을은 금세 하회마을이나 예천의 회룡포를 떠오르게 한다. 지형 구조가 물돌이 마을이기 때문이다. 다만 이 마을은 육지 속에 고립된 완전한 섬마을이란 점만 다르다. 놀라운 건 고을의 역사가 17세기 중엽이니, 거금 350년이다.

숨겨진 비밀, 숨은 정신_
익산

익산의 옛 이름 감물아에서
'단물'이란 지명을 추측하다

이곳 전북 익산 일대, 임피나 함열 등을 아우르는 옛 지명이 소력지
所力只, 감물아甘物阿 등이다. 그 이두음을 헤아리긴 간단치 않으나, 감
물아에서 이곳이 '단물'로 불리던 고장이 아니었을까 추측해 본다.
그 외 금마저金馬渚로도 불렸으니 역시 물과 연관된 고을이 분명하다.
지금 금마저수지가 있는 금마면이 그 자취다. 신라 경덕왕 시기 이
후, 익산이 익주益州로 바뀐 점과 소력지所力只란 이두와 고유어 뜻 사
이엔 깊은 연관이 있을 것으로 판단된다. 그러니까 소력지란 뜻과
이로움의 어떤 관련 말이다. 그 익주를 본떠 오늘날 지명인 익산益山
이 되었다.

사실 익산은 유서 깊은 땅이다. 특히 왕궁리王宮里란 지명은 상상력을 자극하기에 충분하다. 5,000여 점의 왕궁리 유적이 출토된 사실을 감안하면 더욱 그렇다. 그 상상력의 꼭짓점에 백제 무왕이 있다. 그는 의자왕의 아버지다. 그러니까 백제는 문화의 절정기에 망한 셈이니 역사의 아이러니다.

유명한 〈서동요〉 얘기를 해보자면, 서동으로 알려진 무왕과 선화공주의 러브스토리가 결실을 맺은 땅이 바로 이곳이다. 백제가 익산을 도읍으로 정한 적이 없는데, 왜 왕궁리란 지명이 나왔을까? 아니, 여기서 발견된 무수한 유적은 대체 무엇을 말하는 걸까? 진산인 미륵산의 산세나 왕궁터의 지형과 규모는 많은 추측을 불러일으킨다. 혹시 무왕은 이곳으로 천도할 준비를 하다가 뜻을 이루지 못하고 죽은 건 아닐까?

이를 이해하려면 지금이 아니라 당시 농경문화의 관점에서 의문점을 바라볼 필요가 있다. 우선 익산은 한 나라의 도읍이 될만한 지형을 갖추고 있다. 미륵산 주변이 마한의 도읍지로 추정될 뿐 아니라, 무왕과 관련된 많은 역사적 증거물이 이를 뒷받침한다. 우선 익산은 황산벌 남쪽에서 김제의 만경평야 북쪽까지 이어진 드넓은 평야의 중간 지점에 위치한다. 이 땅의 가치를 눈치챈 일제는 이곳에 대대적인 일본인 거주지를 만들었으니, 대장촌大場村이란 마을이 그것이다.

하지만 익산에서 내가 전율을 느낀 건 미륵사지석탑으로 알려진 미륵사의 서탑이다. 서탑은 이미 9층으로 복원된 동탑과 짝꿍이다. 일제가 시멘트를 들어부어 보수해 놓은 서탑은 6층만 남아있었다. 나는 2018년 7월, 20년간의 복원을 막 끝내고 아직 가설한 덧집도 철거하지 않은 6층 석탑을 찾았다. 무슨 말이 필요할까? 말이란 때로 감동의 실체를 감싸는 누더기가 되기도 한다. 서탑은 우리나라에서 가장 크고 오래된 탑일 뿐만 아니라, 정림사지오층석탑과 함께 두 개만 남은 백제의 석탑이다. 복원 과정에서 2009년, 사리장엄구舍利莊嚴具와 함께 금으로 만든 봉영기奉迎記가 발견되면서, 건축 연대가 무왕 40년(639년)이란 점이 밝혀졌다.

그러니까 미륵사를 창건하고 이 탑을 세운 시기 모두, 백제 30대 무왕이 재위하고 있었다는 사실이 확인된 셈이다. 그 역사적 근거로는 이미 《삼국유사》에도 미륵사 창건 설화가 소개되고 있다. 안타까운 점은 미륵사보다 앞서, 백제 초기 창건된 사자사지師子寺址에 대한 발굴이 이루어지지 않고 있다는 사실이다. 사자사는 이미 《삼국유사》에 '무왕과 선화공주가 사자사로 가던 중…'이란 기록으로도 남아있는데, 미륵산 사자암 바로 아래에 있다.

그런데 문제가 생겼다. 바로 금제사리봉영기의 기록 때문이다. 봉영기에는 탑의 건축 연대만 기록된 게 아니다. '무왕의 왕비가 좌평 사택적덕沙宅積德의 딸'이라고 적혀있기 때문이다. 무왕의 비가 선화공주가 아니란 사실이 밝혀진 순간이다. 실제로 사씨沙氏는 백제의 권문세족이었으니, 《수서》의 〈백제전〉에도 백제의 중요한 8성씨 중

20년 걸려 복원이 막 끝난 미륵사지서탑,
한 채의 건축물로도 손색없는 완성미를 보여준다.

사씨가 가장 먼저 소개된 점이 그 증거다. 그렇다면 소왕릉 또한 선화공주의 무덤이 아니란 뜻이 된다. 진위야 어떻든 선화공주에 얽힌 스토리텔링이 무산되는 건 안타까운 일이다. 이 문제는 소왕릉의 발굴을 통해 밝혀질 것으로 기대된다.

아무튼 무왕은 새로운 도읍지에 걸맞는 사찰과 불탑을 먼저 봉안한 건 아닐까. 추측은 꼬리를 물고 일어난다. 우선 삿갓 모양의 미륵산이 굽어보는 이 넓은 평야는 왕도로 손색이 없어 보인다. 그러니까 미륵사지와 왕궁터는 본디 분리된 것이 아니라 연결된 왕도의 개념이었으리라. 그걸 인정한 걸까? 이 두 유적은 모두 유네스코 세계문화유산으로 등재되었다. 미륵산 아래 펼쳐진 미륵사터 또한 만만찮은 면적이다. 본디 미륵사터가 왕궁터였다는 견해가 설득력을 얻

익산의 옛 이름 감물아에서 '단물'이란 지명을 추측하다

는 점도 왕궁터와의 연결고리 때문일 것이다. 왕궁 건립이 불발로 그치며 대신 사찰이 들어섰던 걸까?

이 서탑은 2,400여 개의 화강암 조각을 정釘으로 얇게 두드려 깎고, 그걸 마치 목탑처럼 조각조각 끼워 맞췄다. 어떻게 돌을 목재처럼 자유자재로 다루었을까? 그중에서도 탑신塔身에 얹힌 옥개석은 추녀 네 귀퉁이 끝마다 날렵하게 들어 올려졌다. 부여의 정림사지오층석탑과 동일한 기법이다. 해체 전 부재部才 사용률이 81%에 달한다니, 옛 모습을 그대로 살려낸 노력이 눈물겹다. 대체 화강암 옥개석 끝을 말아 올렸던 저 장인들은 다 어디로 갔을까? 보고 또 봐도 눈을 의심하게 만든다.

사실 백제는 석탑 장인들의 나라였다. 석가탑을 세운 7세기의 아비지나 황룡사구층목탑을 건립한 8세기의 아사달이 모두 백제의 장인들이니 말이다. 그렇다면 미륵사지석탑을 세운 장인은 누구였을까? 당시 백제의 건축술이 최고였다는 사실은 백제의 문화가 어느 정도였는지 짐작하게 한다.

내가 왕궁이나 옛 절, 혹은 고택의 주춧돌이나 돌계단을 볼 때마다 감동하는 부분은 그 절단면과 탁마의 방식이다. 가장자리나 돌의 표면이 가지런하면서도 우툴두툴한 흔적 말이다. 그에 비해 화강암을 기계로 두부모처럼 잘라내어 매끈하게 다듬은 요즘 방식은 볼품없이 천박스럽다. 서탑과 짝꿍인 동탑의 경우가 그렇다. 이미 9층으로 복원된 동탑은 돌을 기계로 깎아 1년 만에 복원하면서 많은 논란을 남긴 바 있다. 거기다 95%가 새 돌을 사용하여 복원했으니 말이다.

이걸 보면, 예술이란 속도감이 아니라 땀의 족적이며, 인위적 매끄러움이 아니라 자연 그대로의 투박함인지 모른다. 이번 미륵사의 서탑은 옛 방식으로 복원이 이루어지느라 20년이 소요되었다. 옛 돌과 새로 끼워 넣은 새 돌의 절단면이나 표면을 보니 차이가 느껴지지 않는다. 천만다행이다. 서탑의 복원 방식이 문화재 복원의 길잡이가 되길 빌 뿐이다.

탑을 떠나 익산시 여산면에 있는 수우재守愚齋로 발길을 돌린다. 수우재는 가람 이병기의 생가다. 구불구불한 시골길을 지나며 한가로

수우재의 대문에서 안채를 들여다보다.

익산의 옛 이름 감물아에서 '단물'이란 지명을 추측하다

운 농촌 풍경이 이어진다. 생가에 당도하여 건넛산을 바라보니 뭉게 구름이 산마루에 걸려있다. 'ㄱ' 자형 안채와 일자형 사랑채 그리고 자그마한 정자와 연지, 탱자나무 고목 한 그루, 집을 에워싼 대숲까지 전형적인 시골 선비의 집이다. 인상적인 점은 지붕이 모두 초가라는 것이다. 식민지인으로 태어나, 우리 얼과 말에 남다른 애착을 지녔던 이병기이다. 1926년, 시조회를 창립해 시조부흥운동을 이끈 것, 창씨개명을 거부하고 1942년, 조선어학회 사건으로 구금된 점이 모두 이런 반증이다. 수우재란 당호는 어리석음을 지킨다는 뜻이다. 마치 이 집이 근대화와 서구화의 와중에도 꿋꿋이 초가를 견뎌낸 것처럼 말이다. 신학문, 신사조의 물결 속에서도 우리 시조를 고집스럽게 지켜낸 건 또 어떤가? 어쩌면 이병기의 호고好古 취향조차 선비 정신의 발로였을 거란 생각이 든다. 그는 그렇게 시대 흐름에 편승하지 않은 채 옛 정신을 지켜냈다.

사랑채 곁에 있는 작은 정자, 승운정勝雲亭도 그렇다. 승운정이라니! 세상의 욕망과는 애초에 다툴 뜻이 없다는 걸까? 고작 구름이나 이겨보겠다는 그 뜻이 해학을 넘어 눈물겹게 다가온다. 승운정엔 두 개의 편액이 걸려있다. 정자에서 바라보니 안산 위에 걸린 구름이 손에 잡힐 듯 가깝다. 어쩐지 구름이 참 만만해 보인다.

성공이란 무얼까? 모두가 욕망을 달성하기 위해 산다. 그런데 때로 성공을 위해 술수나 부정이 끼어드는 경우도 있다. 이것이 승리의 이면에 도사린 해악이다. 본디 선비 정신이란 불의와 타협을 거부하는 삶의 태도다. 그러므로 그들에겐 결과보다 삶의 과정이 중요하며, 양심의 행로가 더 소중하다. 기꺼이 패배를 자처하는 어리석음을 수우재란 당호에서 다시 읽는 까닭이다.

익산은 드러나는 것보다 감춰진 게 많은 땅이다. 그것은 유네스코가 미륵사지와 왕궁리 유적을 세계문화유산으로 인정할 때 보여준 태도이기도 하다. 발굴조차 이뤄지지 않은 백제 초기의 사찰, 사자사지 역시 마찬가지다. 익산의 가치는 땅속에 숨어있으며, 누군가 그 문을 열어주길 기다리는지 모른다. 매력적인 사랑 이야기인 〈서동요〉란 콘텐츠도 그렇다. 어쩌면 이런 장소의 정신에서 이병기 같은 이 땅의 마지막 선비 시인이 출현한 건 당연한 일인지 모른다. 땅이란 장소는 우리가 모르는 많은 것들을 기억하는 법이다.

신비한 이국_
제주도

양주동은 탐라를 둠내,
곧 '큰 오름뫼'의 뜻으로 읽었다

다시 제주도에 왔다. 방금 바다를 건너온 탓일까? 제주에 올 때마다 내가 느끼는 건 강렬한 이국異國의 냄새다. 어쩐지 이곳은 생소한 이방의 땅이란 기분이 나를 감싼다. 이상한 일이다. 보이는 풍광은 물론 귓전으로 파고드는 소리들, 코를 자극하는 냄새들 모두가 이역만리 낯선 땅에 당도했을 때의 바로 그 느낌으로 다가오곤 한다.

그 첫 번째 조짐은 이미 비행기 기내에서 시작된다. 하늘에서 내려다보면 원뿔 모양의 정상에서 산자락을 사방으로 낮춘 한라산의 모양새가 마치 어미 닭이 알을 품고 있는 모습이다. 사방에 푸른 융단을 펼쳐놓은 바다가 눈에 들어올 때쯤이면, 내가 비로소 태평양의 절해고도에 이르렀음을 눈치채고는 한다. 일상에서 접하지 못하던 생소한 풍경 앞에, 벌써 나른한 심신의 평화가 밀려든다. 제주도는 한라산 하나가 만든 섬이란 걸 실감하는 순간이다. 그래서 섬이 그대로 한라산인 셈이다. 《동국문헌비고》에는 조선의 12영산이 소개되는데, 그 세 번째 영산이 바로 한라산으로 산의 생김새가 둥그스름하기 때문에 붙여진 이름이다.

제주도는 불가사의한 신화의 섬이며, 신비롭고 낯선 땅이다. 역사적으로도 제주도 원주민은 주호인州胡人으로 한반도 종족과 다른 것으로 알려져 있다. 이 섬의 역사는 애월읍 어도리의 빌레못굴 탐사에서 밝혀졌듯 구석기까지 거슬러 오른다. 그 동굴에서 구석기 혈거 유적지가 발굴되었기 때문이다. 생활양식뿐 아니라 지명이나 언어까지도 육지와 확연한 차이를 보이는 점도 이런 사정을 뒷받침한다. 그것은 제주가 역사적으로 탐라국이었다는 데서도 확인된다. 심지어 '설문대할망 신화'나 '이어도 전설'까지도 이질적이며 독특한 담론 구성을 보여준다. 설문대할망 신화는 제주도 창생 신화로 거인설화에 천지창조 설화를 가미한 독특한 이야기다. 이어도 전설 또한 신비의 섬을 모티브로 한다는 점에서 여타 한반도의 전설과 다르다. 화산섬 특유의 기후나 토양은 물론 독특한 자연환경은 이국 풍경으로 손색이 없으며, 이런 환경 덕분에 세계 7대 자연경관으로 선정된 반도의 자랑이며 보물이 제주도다.

한반도의 남쪽에 달걀 모양으로 알을 품은 섬, 동쪽 끝 구좌읍 연

양주동은 탐라를 둠내, 곧 '큰 오름뫼'의 뜻으로 읽었다

평리부터 서쪽 끝 한경면 용수리까지 78km, 북쪽 추자도에서 남쪽 끝 마라도까지가 41km, 해안선 길이는 253km이고, 면적은 거제도의 다섯 배, 울릉도의 스물다섯 배인 커다란 섬이 바로 제주도다.

육당 최남선은 "손바닥만 한 조선 반도가 도무지 백두산 하나가 하늘을 뚫고 우뚝 솟는 통에 생겨난 주름살"이라고 하였다. 그런 점에서 제주도가 한라산이고 한라산이 곧 제주도란 말 또한 억지가 아니다. 해발 1,950m의 한라산은 제주도의 중심에 멧부리를 틀고 사방으로 흘러내린 모양새다. 왜냐하면 백록담白鹿潭을 끼고 있는 솥 모양의 주봉, 부악을 중심으로 사방으로 360여 개의 오름을 거느리고 있기 때문이다. 2006년에 간행된 《한라산총서》에 의하면, 한라산 정상을 등정한 최초의 기록은 백호 임제가 쓴 《남명소승》 속에 있는 〈한라산유람록〉이다. 당대의 한량으로 유명한 천재 시인, 임제 말이다. 그는 1577년, 당시 제주 목사였던 부친을 예방한 길에 백록담에 올랐던 모양이다.

한라산은 백록담을 중심으로 동서쪽은 완만한 대신 남북향은 경사가 급하다. 이 때문에 계곡이나 내들도 남과 북쪽에 많다. 그리고 사방으로 기생화산인 오름들이 분포하고 있다. 특히 백록담 서남향 선작지왓을 지나 해발 1,600m 고지에서 보는 영실계곡은 풍광이 압권이다. 영실의 기암괴석 절벽과 거기서 멀지 않은 오백나한, 즉 500여 개의 돌 절벽이 그렇다. 그건 백록담 북쪽 탐라계곡의 왕관릉이나 장구목에서 보는 어리목 풍경 또한 마찬가지다.

화산섬의 특성상 제주도는 동굴의 섬이기도 하다. 김녕굴, 만장굴, 빌레못굴, 협재굴, 신흥굴, 와흘굴 등 거의가 용암굴이고, 산방굴 같은 석회굴이나 바닷물이 뚫은 정방굴도 있다. 거기다가 아름다운 천지연폭포나 정방폭포, 천제연폭포, 원앙폭포, 엉또폭포를 거느린 제주의 풍광은 이국의 맛을 한껏 뽐낸다. 화산암과 자갈 숲으로 형성된 독특한 이곳만의 숲, 곶자왈이나 땅이 숨 쉬는 숨골, 곧 풍혈도 마찬가지다. 유네스코 자연문화유산 등재문에 이르되, '용천굴은 시각적 충격을 주는 세계에서 가장 아름다운 동굴'이라고 했다.

그렇지만 제주도는 아픔의 섬이다. 사형을 겨우 면한 중범죄자를 섬으로 유배했으니, 제주는 그중에서도 가장 가혹한 유배지였으며, 도피의 섬이었기 때문이다. 14세기 고려 우왕 때, 명나라에 정복당한 중국 윈난성 양왕의 자손들을 필두로, 원나라의 달달친왕과 왕족 80여 구가 들어왔으며, 조선왕조 500년 동안 300명에 이르는 국사범들이 이곳에서 귀양살이를 했다. 비록 그때 그들이 당도했던 화북포나 조천읍에 있는 조천포 같은 옛 항구는 이제 작은 포구로 잊히고 있지만 말이다. 특히 화북포 일대는 비석거리나 해신사海神祠 등 오래된 유적들이 많다. 유배인 중엔 광해군, 선조의 아들 인성군 등 왕족은 물론 보우대사, 송시열, 장희재, 최익현, 이근택, 김윤식, 박영효, 이승훈 등 높은 관리들과 홍유손, 김춘택, 김정희 같은 학자들도 있다. 다행히 김정희, 최익현 등은 목사나 주민들의 보살핌과 존

양주동은 탐라를 둠내, 곧 '큰 오름뫼'의 뜻으로 읽었다

경을 받으며 유배 생활을 마쳤지만 말이다.

추사 김정희는 1840년 아침, 해남 이진포에서 거룻배를 타고 저녁 무렵에 제주시에서 약 4km 정도 떨어진 화북포구에 당도했다. 사람들은 이 대학자가 하루 만에 바다를 건너온 걸 보고는 신선이 왔다고 했다. 김정희가 〈우연히 짓다〉란 글에서 '사람들은 멀리 귀양 온 것이 가엾다며 신선이라 불러주네'라고 말한 게 그것이다. 처음엔 포교 송계순의 집에 머물다가, 거기서 300m 떨어진 대정의 갑부, 강도순의 집으로 옮겼으니 그곳이 바로 2010년에 복원된 추사 적거지다. 화산암으로 담장을 에두르고 돌과 흙을 섞어 벽을 세운 이 초가집은 'ㅁ' 자형으로 당시 대정에선 가장 큰 집이었다. 김정희는 그 집에서 곁방살이를 하며, 1848년의 해배解配까지 8년 3개월을 보낸다. 말이 위리안치였지 제자들의 예방이 자유로웠으며 한라산, 산방산, 안덕계곡 등을 수시로 나들 수 있었던 건, 아무 때나 탱자울 밖을 넘나들 특혜가 주어졌다는 뜻이다.

모슬포 인근의 이 유배지는 산방산이나 대정향교와 가깝다. 이 위리안치는 대학자의 자유로운 영혼을 구속하기는커녕 많은 영감을 부추겼던 것 같다. 김정희가 그린 불멸의 명작, 〈세한도〉가 유배 4년 만인 1844년에 탄생했다는 점이 그 근거다. 조선 초 제주목과 정의현 그리고 이곳 대정에 향교가 세워졌으나 변변한 훈장조차 부족해서, 목민관이나 귀양 온 학자들이 훈장을 대신했는데, 김정희 같은 대학자의 등장은 큰 뉴스거리였던 모양이다. 대정향교에 남긴 '의문당^{疑問堂}'이란 추사체 현판도 그런 저간의 분위기를 말해준다. 스타의 사인을 받듯 목사가 간청하여 그 귀한 족적을 남겼으니 말이다.

제주의 음식 이름은 언제 들어도 낯설다. 아니, 이름만큼이나 육지와 확연히 구분되는 음식이 많다. 겨울철 야채인 동지노물, 메밀과 무로 만든 빙떡, 난시국이나 톳냉국 또는 자리젯이나 멜젓 같은 젓갈 종류, 보리 미숫가루를 뜻하는 개역 등이 그렇다. 음식 이름에서 보듯, 제주 방언은 일부 학자들이 주장하듯 '제주어'로서의 독자성을 지닌다. 이건 음식 이름만이 아니다. 돔베(도마), 통시(화장실) 테우리(목동), 놈삐(무), 촐왓(여물), 배설(창자), 감저(고구마), 지슬(감자), 마농(마늘)이란 단어들은 우리말과 사뭇 다를 뿐 아니라 그 어원조차 짐작하기 어렵다. 마찬가지로 제주 여행을 할 때마다 나는 지명에서 놀라움과 신비로움을 느끼곤 한다. 원시림을 뜻하는 곶자왈, 소가 누운 지형에서 왔다는 쇠소깍, 좁은 땅끝을 뜻하는 섭지코지가 그러하며, 모살(모래) 포구란 뜻의 모살포가 변하여 모슬포가 되었다는 지명이 그렇다. 그나마 서불과차^{西市過此}에서 변화했다는 서귀포는 한자어이기에 훨씬 나은 편인데도 말이다. 이런 언어적 생경함이 제주를 이국으로 느끼게 하는 영향인 것 같다.

양주동은 탐라국의 탐라^{耽羅}란 뜻을 우리 고유어 '둠내'로 읽었다. 그는 그 근거를 《세종실록지리지》에 나오는 한라산의 이름, 두무악^{頭無岳}으로부터 추론했다. 두무악은 고유어로 '둠뫼'란 것이니, '큰둠'

양주동은 탐라를 둠내, 곧 '큰 오름뫼'의 뜻으로 읽었다

을 뜻하는 대둔산의 대둔大屯 역시 같은 뜻으로 보았다. 오늘날 식으로 읽으면 둠내는 '큰 오름뫼' 정도의 뜻이 된다. 제주도가 무수한 오름의 땅이란 걸 상기할 때, 일리가 있는 해명인 셈이다.

제주에 묻어나는 제주도민의 저항 흔적도 만만치 않다. 지금 애월읍 고성리에 남아있는 항파두리성은 여몽 연합군에 끝까지 항거했던 삼별초의 빛나는 유적이다. 김통정 장군의 지휘 아래 1270년부터 1273년까지, 3년여의 투쟁은 제주민의 저항 정신을 보여주는 사례다. 항파두리성은 750m의 내성을 돌로 쌓고, 6km에 이르는 외성은 흙으로 쌓았다. 이에 반해 삼별초를 방어하기 위해 고려 원종 때 축성된 성곽이 환해장성이다. 이 13세기 유적은 아직도 일부 구간이 남아있는데, 해안선을 따라 120km에 걸친 석성이다.

큰 아픔도 있었다. 4·3 사건 말이다. 특히 1949년에 폭도를 토벌한다는 명목으로 자행된 한라산 아름드리 고목의 벌목이나, 중산간 주민들을 강제로 해안으로 이주시킨, 뼈아픈 역사의 상흔이다. 공산당의 선동으로 6년간 지속된 이 사건의 최대 피해자는 도민들이다. 이곳 출신의 작가 현길언은 《섬의 반란, 1948년 4월 3일》을 통해 제주의 트라우마인 4·3 사건을 소설화했다.

서귀포 하면 대뜸 떠오르는 이름이 있다. 바로 화가 이중섭이다. 지금 서귀포시 서귀포동 이중섭로 일대는 이중섭문화거리로 지정되어 있다. 그가 이곳 네 평짜리 방 한 칸에 가족과 함께 세 들어 살던 시기는 가난했지만 가장 행복했던 시절에 속한다. 그때 남긴 〈서귀포의 환상〉, 〈바닷가와 아이들〉 등은 서귀포 시절을 대표하는 그림들이다. 그 시기 이후, 그의 은지화에 자주 등장하는 섬과 게, 물고기와 아이들, 귤 등의 소재가 이 때의 기억들이다. 11개월에 불과했던 서귀포 생활은 그의 그림에 가장 중요한 오브제를 각인시켰으며 영감의 잔흔을 남겼다.

　그런 제주의 혼을 제주의 돌에 새겨넣은 돌 장인이 있다. 자그마치 60년 세월, 눈만 뜨면 돌과 만나 돌에 숨결을 불어넣은 석암 장공익 명장이 그 사람이다. 내가 만났던 2009년에 그는 79세였으니, 2024년에 그는 94세가 된다. 한림공원과 협재해수욕장이 가까운 한림읍 금릉리, 금능석물원에는 1,000점이 넘는 돌조각들이 전시되고 있다. 모두 그의 손끝에서 빚어진 작품들이다. 제주의 상징인 돌하르방이 그의 손에서 나왔으며, 제주 신화 설문대할망은 물론, 제주인이 살아가는 모습들이 해학적인 모습으로 집결되어 있다. 그런 점에서 그는 제주인의 끈질긴 근성을 온몸으로 실천한 돌 장인이다.

대장경을 품은 고을_
창녕, 합천

창녕의 옛 이름 비사벌은
'빗벌', 곧 비스듬한 들녘이다

경남 창녕^{晶寧}의 이두식 이름은 비사벌^{比斯伐}이다. 비사벌은 '빗불/빗
벌'이란 뜻이다. 그것은 '비사-'와 '불-/벌-'의 뜻이 합성된 표기다.
그러니까 '비스듬한 벌/들'의 뜻이다. 신라 경덕왕 이후 바뀐 한자어
지명은 대개 우리 고유어 이두음을 비슷한 음이나 뜻으로 바꾼 경우
가 대부분이다. 따라서 옛 지명의 고유어 음을 역추적해 보면, 지명
은 지형적 특징에서 비롯된다는 사실을 알 수 있다. 창녕의 이두음
인 비사벌을 주목하는 연유가 여기에 있다.

　창녕의 주산은 화왕산이다. 그 이름 '불꽃(火旺)산'이란 뜻으로 보
나, 우리 이름 '불뫼'에서 알 수 있는 것처럼 선사시대에 화산 폭발

로 생긴 산이다. 지금도 정상 부근에 분화구인 용지가 있는데, 본디 아홉 개의 못과 세 개의 샘이 있었다. 경덕왕 때 창녕의 지명도 이를 따라 화왕군이었다. 가운데 가장 큰 못을 정비해서 지금은 인공 못 이 조성되어 있다. 특히 이 자리는 창녕 조씨의 득성지(성씨를 얻은 자리)로 신성시되고 있다. 그런 전설과 신화적 의미가 모두 불뫼의 신비로움에서 시작된 건 아닐까? 불뫼의 전통에 따라 억새 태우기 행사가 이어지다가 2009년에 사고가 난 이후 중단되었다.

불과 벌은 같은 뜻의 이두음이다. 하지만 불뫼를 '벌뫼'로 읽으면 뜻이 달라진다. '벌판의 뫼', 곧 벌판에 우뚝한 뫼가 되기 때문이다. 서쪽으로 낙동강과 들녘을 거느리고 서있는 산의 모양새를 창녕읍 쪽에서 보면 딱 들어맞는 이름이기도 하다. 그 증거는 북서쪽에서 정상을 지나 남으로 뻗은 비들재에서도 발견된다. 이정표에 비둘기재(鳩峴)라고 적어놓았지만 어처구니없는 오해다. 사실 고유어 뜻은 '빗들재', 곧 비스듬한 고개이기 때문이다.

화왕산과 이어진 함박산은 일명 작약산으로도 불리는데, 함박산이나 작약산이란 산명은 전국적으로 동일한 이름이 많다. 함박산의 고유음은 '한밝뫼', 곧 크게 밝은 산이란 뜻이다. 서울의 불암산佛巖山도 우리 고유어 '밝은 산'을 억지스러운 한자어로 바꾼 것에 불과하다. 사실 백두산의 우리 고유어 음이 '불함산', 곧 밝은 산이다.《산해경》에 보이는 불함산이 바로 그 산이다. 그런데 우리 고유어 뜻을 살피지 않은 채 함박꽃에서 유추된 작약꽃, 곧 작약산으로 불리게 된 경위다. 하지만 '작약'의 고유어 뜻조차 '함박'과는 전혀 다르다. 오히려 작약산은 영남알프스 구간의 재약산과 다르지 않다. 김장호 교수는 《한국명산기》에서 '재약, 재악, 작약' 등의 음이 모두 '자갈'을 뜻하는 경상도 사투리로 보았다. 이 견해에 따르면, 그런 명칭의 산들은 모두 '자갈산'에서 유래된 것으로 볼 수 있다. 그러니까 '불뫼'의 폭발로 무수한 자갈이 응축되어 자갈산이 되고, 산에서 흘러내린 비탈이 형성한 '비스듬한 들'이 창녕의 본 모습에 더 가깝다.

낙동강과 밀양강 사이에 형성된 곡창지대는 농경문화에서 이곳이 번성한 터전이었음을 상기시킨다. 들녘에 돌출한 화왕산의 신령스러운 기운 탓일까? 조식의 관향인 창녕 조씨는 물론 창녕 성씨 그리고 인근 영산면을 관향으로 하는 영산 신씨까지 포함하면, 창녕은 성씨의 관향으로도 유명하다. 창녕 성씨의 성승과 사육신인 매죽헌 성삼문 부자는 물론, 6촌이며 생육신의 한 사람인 정재 성담수까지 떠올려 보면, 창녕 성씨가 왜 그토록 많은 이들의 우러름을 받는지 이해가 된다.

하지만 겨울의 우포늪에는 아무것도 없었다. 그 유명한 수생식물 생이가래, 마름, 자라풀, 개구리밥, 가시연꽃이나 어류 및 수서곤충은 그렇다 치더라도 겨울 철새 한 마리 만날 수 없었다. 람사르협약에 따라 보존되는 습지로 식물과 새들의 천국으로 알려진 것과는 영 판판이었다. 안내를 맡은 이곳 출신 김소벌 시인의 지적처럼 공무원들의 타성에 젖은 탁상행정이 지금 우포늪의 가장 큰 위해란 말이 실감났다. 만약 늪 주변에 대한 인위적 조치들이 늪 속의 흙을 부식하게 만들었으며, 그 때문에 우렁이가 사라졌고 새들도 오지 않는 곳이 되었다면 당장 개선이 시급하다. 우포 지킴이 김소벌 시인은 우포의 우리말 '소벌'을 아예 필명으로 쓰고 있는 시인이다.

오랜만에 부곡온천에 들러 노독을 푼다. 내일부터는 합천 일정이 기다리고 있다.

합천陜川의 한자어 뜻은 '좁은 내'이지만, 옛 지명 야로冶爐의 고유어 뜻은 '불무', 그러니까 대장간을 지칭하는 지명인 셈이다. 왜 이런 지명이 붙었을까? 그 이유를 나는 어제 본 고령의 대가야박물관에서 찾고 싶다. 그 당시 가야의 금속 세공은 상당한 수준이었다. 금관이나 금귀고리, 각종 금 장식품 등의 정교함이 그걸 말해준다. 야로란 옛 지명은 가야시대 합천이 금속 세공의 중심지였음을 말해준다. 거기서 본 불가마 터나 제철소의 모습은 대단히 인상적이었다. 그러니까 합천은 그 시대, 거대한 제련소나 제철소 및 금은 공방의 중심지였음을 알 수 있다.

합천의 대명사는 가야산이다. 가야란 이름을 불교식 한자어로 해석하는 이유는 부처가 제자들과 오른 산 이름도 가야산이기 때문이다. 하지만 이보다는 가야국을 대표하는 종산宗山의 명칭이란 견해가 더 가깝게 다가온다. 이곳 고령과 합천 일대의 대가야와 김해, 함안 중심의 본가야는 종주권 다툼을 벌이곤 했다. 김수로왕이 설정한 가

창녕의 옛 이름 비사벌은 '빗벌', 곧 비스듬한 들녘이다

야의 경계를 보면 동으로 황산강, 서남으로 바다까지, 서북으로 지리산, 동북으로 가야산, 남으로는 나라 끝까지라고 되어있다. 그러나 '가야, 가리, 가지' 등의 우리 고유어는 '갓'에서 나왔다. 갓은 분기分岐의 뜻으로, 산줄기의 흐름이 여러 갈래로 나뉘는 산을 말한다. 가리산, 가리왕산, 가지산과 마찬가지로 가야산도 그런 뜻을 지닌 것으로 볼 수 있다. 가야산은 높이와 크기는 물론 명산으로서의 조건을 유감없이 수렴한 산이다. 이중환이 《택리지》에서 말했듯, 경상도의 산들이 대개 토산土山인데 비하여, 가야산은 기암괴석을 거느린 바위산(岳山)이란 점에서도 독보적 위치를 지닌다. 《동국여지승람》 30권에도 옛 기록을 빌어, '가야산의 모양새는 천하 으뜸(古記云伽倻

가야산 만물상 모습. 과연 이중환이 택리지에서 극찬한 연유가 잡힌다.

山形絶於天下)'이라고 말한 기록이 보인다. 만물상 부근의 빼어난 암석 군락뿐만이 아니다. 경상북도와 남도를 가르는 서성재를 지나 가파른 고갯길을 넘어서면, 정상인 칠불봉에서 상왕봉으로 이어진 거대한 암석 군락은 가슴을 요동치게 한다. 상왕봉은 흔히 우두봉으로도 불린다. 높이와 깊이, 거기다 아름다움까지 겸비한 산이 가야산이다.

그러나 가야산의 최고 보물은 역시나 해인사海印寺이다. 해인사는 신라의 지배 이념이던 화엄 사상을 대표하는 사찰이다. 창건주 순응 스님은 화엄의 조종祖宗, 의상대사의 손자뻘 스님이다. 해인사의 창건 연대가 802년이니, 거금 1,200년 전에 가깝다. 사찰 이름도 화엄경의 '해인삼매海印三昧'에서 나왔다. 깨달음의 눈빛으로 응시하는 경지가 곧 해인삼매일 테니, 부처의 삶을 따르고 그 안목을 요구하는 이름이기도 하다. 하지만 해인사는 유독 여러 차례 커다란 화재를 겪고, 1818년에 애초보다 크게 축소된 현재의 모습을 갖추게 되었으니, 그 웅장하던 모습이 눈에 보일 듯하다. 최치원이 꽂아놓은 지팡이가 자라났다는 학자수學者樹라든가, 장경각藏經閣에 이르는 월문의 우아함뿐만이 아니다. 눈 닿는 곳마다 외경을 느끼기에 손색이 없는 사찰이 해인사다.

지금도 궁벽한 이 산골의 당시를 헤아려 보면, 가야산에 있는 해인사야말로 세속과 완전히 단절된 자리였을 터다. 천지를 방랑하며 나라를 염려하던 최치원이 이곳에 숨어든 이유는 그런 입지 조건은 물론, 그의 인척이 해인사 스님이었기 때문으로 전한다. 최치원이 창건주 순응스님의 전기를 남긴 연유다. 그가 〈제가야산독서당〉이란 시에, '포개진 돌과 겹친 묏부리 사이 소리쳐도/지척의 말소리조차 가리기 어려워라'라고 노래한 걸 보면, 기암괴석에 가려진 당시 해인사의 궁벽함이 어느 정도였는지 짐작될 뿐이다.

하지만 해인사가 우리나라를 대표하는 삼보사찰 중 법보사찰로 우뚝 서게 된 이유는 팔만대장경을 모신 장경각과 그 밖의 경전을 간직한 대장경판전 때문이다. 983년, 중국 북송의 목판대장경이 나온 이래 1087년, 고려에서 초조대장경이 나왔으나 유실되어 소재조차 파악되지 않고 있다. 다만 일제강점기를 거치며 사라진 것으로 추정될 뿐이다. 지금 보관 중인 팔만대장경은 1251년에 완성된 판

팔만대장경 판본을 모신 장경각과 판전으로 들어가는 아름다운 담장과 정문

본이다. 판목은 산벚나무와 돌배나무가 주종을 이루며, 그 밖에 자작나무, 층층나무, 단풍나무, 후박나무 등 다양한 나무를 사용한 것으로 얼마 전에야 밝혀졌다. 이 판본은 1997년, 유네스코 세계문화유산으로 등재된 우리의 자랑스러운 보물이다.

팔만대장경 판본을 모신 장경각 및 장경판전藏經板殿은 해인사의 맨 윗자리에 위치한 건물로 이곳에서 가장 오래된 15세기 건물이다. 잦은 화재에도 이곳만은 화마의 피해를 피해간 것도 예사롭지 않다. 특히 장경판본을 보호하기 위해 숯과 석회 그리고 소금을 다져 넣고 황토로 마감한 밑바닥이나, 직사광선을 피하기 위해 각기 크기가 다른 살창을 설치한 지혜는 감동 그 자체다. 이런 지혜는 책꽂이에 해당하는 판가板架를 벽에서 띄워 상하와 사방으로 통풍을 촉진한 설계에서도 발견된다. 놀라운 건 그 실용적 지혜가 예술적 아름다움까지 자아내고 있다는 사실이다. 장경각의 건축미는 이런 지혜와 예술적 안목이 빚어낸 합작품이다.

해인사의 아름다움을 가장 돋보이게 하는 건물도 장경각이다. 절의 가장 윗자리, 가파른 계단을 오르기 전 올려다본 장경각의 담장은 너무 수려하여 눈이 부실 정도다. 건물의 실용적인 부분이나 중심 공간이 아니면서도 이처럼 담장이 돋보이는 건 무슨 까닭일까? 아니, 현대건축술은 왜 저런 고태미를 흉내조차 못 내는 걸까? 월문의 고아한 예술미며, 주춧돌이나 바닥 돌의 아름다움, 흰 문설주의 무심한 자태는 자연미의 절정을 느끼기에 손색이 없다.

창녕의 옛 이름 비사벌은 '빗벌', 곧 비스듬한 들녘이다 합천을 떠나기 전, 묘산면 화양마을에 있는 묵와고가를 찾은 이유는 다른 연유가 있어서다. 고가에 이르는 길은 좁고 가팔랐다. 이 집은 조선 중기의 선조 때, 선전관을 역임한 윤사성이 지었다. 세파를 피해 이 궁벽한 산마루에 자리 잡은 심사가 전해진다. 이 집은 후대로 내려오며 집을 계속 덧대지어, 한때 100여 칸에 이르렀다는데, 600년 수령의 모과나무와 200년 된 회화나무가 집의 연륜을 증명하는 듯하다. 지금 주인의 증조부인 윤중수 선생이 독립 자금으로 재산을 기증해서 가세가 기울었다니, 집도 주인의 품성에 따라 우아미가 보태진다는 걸 배운다.

망향의 땅, 기호학파의 자리_
파주, 문산

문산의 이두 지명,
술이홀은 '수리재'이다

개인적으로 파주는 내게 특별한 인연의 땅이다. 1990년대 초, 구불
구불 국도를 지나 겨울 금파리로 스며들던 기억 때문이다. 금파리金
坡里란 지명은 금곡金谷과 장파長波가 결합된 마을 이름이다. 임진강변
의 어촌 마을 금파리! 첫발을 딛는 순간부터 알 수 없는 끌림으로,
마음이 산란할 때면 찾아가던 곳. 어떻게 나 혼자만의 얘기일까? 파
주는 역사적으로도 망향의 숙명을 등짐처럼 짊어진 땅이다. 고려왕
조의 멸망 후 한양으로 출사한 많은 선비들이 개성 땅이 지척인 이
곳에서 나라 잃은 한을 달랬으며, 6·25 전쟁 이후엔 대성동에 실향
민 마을이 생기고, 임진각 앞에 망배단望拜壇을 세워 실향의 아픔을

되새기는 자리가 되었으니 말이다.

파주는 파평이란 지명을 근거로 삼은 고을이다. 《신증동국여지승람》도 고구려의 파해평사현坡害平史縣에서 파평현坡平縣이 나왔다고 전해준다. 파평현은 15세기 파주목이 되었다가, 19세기 파주군으로 바뀐다. 문산 또한 백제 때 술이홀현述爾忽縣이 신라 경덕왕 때 봉성현峰城縣으로 바뀌었다가 파주목에 병합된다. 그리고 19세기 말에 문산포汶山浦가 되었는데, 서해 조수에 떠밀린 임진강의 흙탕물 때문에 붙여진 이름이다. 그 이름이 지금의 문산읍文山邑이다.

여기 조심스럽게 내 견해를 밝히고자 한다. 백제 때 문산의 지명이 술이홀이었으며, 신라 때 한자어 봉성峰城으로 바뀐 이유는 술이홀이 '수리재'의 이두식 표기였다는 증거로 볼 수 있다는 것이다. 따라서 문산의 옛 지명은 수리재가 된다.

《택리지》에 의하면 경기도는 동교와 서교로 나뉘는데, 파주 문산은 서교지역이다. 이중환은 동교와 서교가 모두 땅이 메마르고 백성이 가난해서 살만한 곳이 못 된다고 밝혔다. 그러나 방촌 황희 정승이 87세에 18년간의 영의정 임무를 마치고 생의 마지막을 이곳에서 마친 점은 눈여겨볼 대목이다. 그것이 꼭 고향 개성과 가깝다는 이유 하나만은 아니었을 테니 말이다. 그는 이 땅에서 개성에 필적할 만한 기운을 감지한 건 아닐까? 그가 만년을 보낸 앙지대仰止臺와 반구정伴鷗亭에서 보면 임진강을 따라 개성의 송악산 그리메가 한눈에 들어온다. 이 일대가 그의 정착지로, 이곳에 그의 영당과 사당 그리고 재실이 있다.

　일찍이 고려의 유신으로 개성 두문동에 칩거했던 그가 아닌가. 세살 연상의 친구, 고불 맹사성과 함께 신흥 왕조에 출사한 이유는 그들의 젊음과 재능을 고려한 양 문중의 강력한 권유 때문이었으니, 맹사성이 청백리의 명재상으로 좌의정과 우의정을 지낸 뒤, 아산맹씨행단牙山孟氏杏壇에 정착한 것처럼 황희는 이곳에 정착하여 생을 마쳤다.

　태종 때, 장자 세습을 주장하며 세종의 등극을 한사코 반대하다 유배당했던 그를 불러들여 최장수 영의정을 삼은 건 세종이었으니, 역사란 그 어느 드라마보다 더 드라마틱한 현장이란 걸 실감한다. 더구나 89세 때 황희가 별세한 후, 아들과 손자가 대를 이어 3대 영의정을 배출한 것까지 고려하면 그 극성은 더욱 커질 테니 말이다. 황희선생영당지黃喜先生影堂址에서 마주한 그의 인자한 영정보다도 내 호기심을 자극한 건 방촌이란 그의 아호다. 백운거사 이규보가 전하듯, 대체로 사대부의 호는 소처이호所處以號, 즉 자신과 연관된 지명에서 따오거나 소우이호所遇以號, 즉 자신이 처한 상황을 아호로 삼았고, 황희의 경우는 후자이기 때문이다. 방촌은 '삽살개마을'이란 뜻이다. 그렇다면 왜 삽살개일까? 삽살개는 주인이 바뀌어도 꼬리를 흔들며 새 주인을 모신다는 자조가 아니었을까? 재미있고도 의미심장한 그 아호처럼 황희는 고향 개성과 한양의 중간에 터를 잡았다. 이 중간지대는 그의 평소 인품처럼 중도와 화해를 의미했을 수 있다. 지금처럼 세상이 흑백의 양극단으로만 치닫는 세태에선 오히려 그가 취했던 회색빛이 그리운 건 나만의 마음은 아닐 것이다.

　장차 두 명의 대학자가 이곳에서 태어나게 되는 것도 그의 예지였을까? 이들은 오성과 한음으로 유명한 백사 이항복과 한음 이덕형보다 20여 년 전 태어나, 이들보다 그만큼 먼저 문경지교刎頸之交의 우정을 맹약했던 친구들이며, 이곳 출신 휴암 백인걸에게 동문수학했던 동지들이다. 바로 우계 성혼과 율곡 이이가 그들이다. 이들의 스승 백인걸은 조광조의 제자다. 여기서 부각되는 또 한 사람은 청송 성수침이다. 그는 스승인 조광조가 사화를 당하자, 벼슬을 단념하고 처가인 이곳 우계로 은거한 학자이며, 아들 성혼의 실질적 스승이기 때문이다. 이이와 성혼이 조광조의 학맥을 이은 데는 이런 배경이 숨어있다. 성혼은 자신의 부친처럼 과거에 응시조차 하지 않았으며, 또한 부친처럼 관직을 제수받을 때마다 사양으로 일관했다. 이이를 비난한 문헌들이 이이가 성혼을 폄하했다거나, 이이가 친구의 출사를 훼방했다는 비난이야말로 근거 없는 폄훼다. 둘의 우정이 한 번도 뒤틀린 적이 없으며, 성혼이 이이의 사후에 임진왜란을 겪으며 1594년, 의정부 좌찬성에 몸담았던 게 그 근거다.

　성혼과 이이는 이곳 파주, 자신들이 성장한 고을 이름을 아호로 삼은 것조차 닮았다. 한 고을, 같은 스승을 둔 이들의 우정은 이항복과 이덕형보다 앞서건만, 그 행간으로 끼어드는 이간질의 흔적들은 이때가 동인과 서인 간의 반목이 극에 달하던 시기란 걸 고려해야 한다. 둘의 우정은 특히 1572년, 성리학에 관한 아홉 통의 서신 교환에서 꽃을 피운다. 이기일발설理氣―發說의 정립이 그것이다. 이것은 이황과 기대승 간에 주고받은 사단칠정四端七情 논변과 맞먹는 우리 유학사의 빛나는 족적이며, 우정을 학문으로 승화한 경지이다. 그리해서 둘의 우정은 마침내 기호학파의 큰 줄기를 뻗어내려 우리 정신사의 지울 수 없는 좌표가 되었으며, 이 둘을 동방 18현으로 문묘에 배향한 계기가 되었다.

조상 대대로 파주가 터전이었던 이이야말로 파주의 자랑이다. 그는 학문만 뛰어난 게 아니라, 정치가로서도 으뜸이었다. 대사간만 아홉 차례, 대사헌과 대제학까지 거친 문형을 지냈으며, 이조와 호조, 병조의 판서를 두루 역임하며, 왜구의 침략을 예견한 십만양병설十萬養兵說을 주창한 건 혜안이 아닐 수 없다. 누구도 넘볼 수 없던 이황에 맞서, 기발이승일도설氣發理乘―途說을 주창했는가 하면《격몽요결》,《성학집요》를 통하여 우매한 백성들을 일깨운 것, 국왕의 지침서라 할 인심도심설人心道心說을 임금에게 올린 것 또한 이황에 필적할 업적이다. 48세란 짧은 생애를 이토록 굵고 길게 산 사람은 이이밖에 없으리라.

자운서원 경내에 위치한 이이의 선영先塋엔 부모인 신사임당 내외와 이이의 묘 등 열네 기의 묘가 있다. 그런데 이이의 묘는 생전 처음 보는 특이한 모양새다. 묘의 뒤쪽 발치에 혹처럼 붙어있는 부인 곡산 노씨의 묘 때문이다. 누구보다 이이를 존경했던 이항복은 '이

회선생신도비李懷先生神道碑'라는 비문을 썼다. 이에 따르면 이이의 사후에 부인이 시묘살이를 하던 임진왜란 중, 왜구의 겁탈 시도에 노비와 함께 자결한 자리에 묘를 썼기 때문이라 한다. 시신을 수습했을 땐, 신원조차 알아볼 수 없어 두 사람을 함께 묻었다니 놀라운 일이다. 결국 십만양병설을 주창했던 이이의 예감은 엉뚱한 형태의 봉분 하나를 덧붙인 셈이 되고 말았다. 아쉬운 점은 조상 대대로 살았던 이이 가문의 흔적이 발굴은커녕, 그 장소조차 가늠하지 못하고 있는 현실이다. 화석정花石亭과 자운서원을 중심으로 치밀한 고증과 탐사를 통해 대학자의 생가터를 찾아내어 유적이 어서 복원되길 고대한다.

어제까지 굵은 빗줄기가 훑고 간 여파일까? 오늘 파주에서 손에 잡힐 듯 선명한 송악산과 천마산 연봉連峯을 본다. 특히 천마산은 북한산과 산세가 흡사한 화강암반의 산으로 알려져 있는데, 여기 유명한 박연폭포가 있다. 이거야말로 전혀 뜻밖의 횡재다. 그 신묘한 산세의 여운과 희끗희끗 화강암반의 돌출은 과연 500년 왕업의 주산으로 손색이 없어 보인다. 온종일 송악산과 천마산의 연봉에 눈길이 붙잡혀, 이번 파주행은 산과의 조우를 위한 여정이 된 느낌이다. 그래서 나를 이곳으로 불러들인 것 또한 그 산들의 기운은 아니었는지 의심스럽다. 조선 중기, 월사 이정구는 두 번이나 문형에 오른 한문 4대가 중 한 사람이다. 그는 《유송악기》에서 송악산에 오른 감회를 남겼다.

멀리 보니, 산의 형세가 머리 숙이고 일어서는 듯, 놀라 멈춰선 듯, 마치 용과 호랑이가 꿈틀거리는 듯하다. 기세의 웅장함으로는 동남쪽 먼 산들이 조종朝宗하듯 보위하고, 긴 강은 띠처럼 이어져 큰 바다와 하늘과 이어져 있다. 고려왕조 500년의 울창한 기운이 여기다 모여있으니, '신령스러운 숭악崧岳'이라 일컫는 건 빈말이 아니다.

내가 파주에서 개성의 송악산을 새삼 언급하는 이유는 파주의 주산 역시 약 20km 밖 송악산이라고 우기고 싶어서다. 한양에서 말을 타고 개성까지 하루 거리였다고 하니 여기서는 고작 한나절 거리이고, 차를 탄다면 겨우 30분 거리다. 이정구의 말처럼 파주에서 송악까지의 산들이란 그 발치에 엎드려 절하듯 낮고 보잘것없다. 그래서 오늘처럼 조망이 트인 날이면, 송악과 천마산 연봉이 마치 파주를

개성의 송악산 연봉이 손에 잡힐 듯 가깝다. 이 연봉은 보다 우람한 천마산 줄기로 이어진다.

문산의 이두 지명, 술이홀은 '수리재'이다

감싸고 있는 병풍처럼 여겨진다. 한갓 왕조의 교체나 이념의 분리쯤 으로는 산천을 나눌 수 없는 법이다. 내가 파주의 주산으로 송악산을 내세우는 까닭이다.

파주를 떠나며 생각한다. 파주는 대학자의 고을이다. 이황을 중심으로 한 주리론의 영남학파에 맞서, 주기론의 종주인 이이와 성혼이 거기 있었다. 기호학파의 출현이 그것이다. 기호학파는 이곳 파주를 중심으로 경기, 황해, 충청, 호남 일원—▦까지 아우른 전국 규모의 학파였다. 그 학맥은 사계 김장생과 우암 송시열로 이어지며, 영남학파의 대항마로 자리매김된다. 이곳 파주에서 일어났던 우리 사상사의 치열한 몸부림은 바로 패러다임의 전복을 시도한 몸짓이었다.

해돋이 나룻목과 큰 고을_
포항, 영덕

양주동은 근오지현을 '돗들',
곧 해맞이 고을로 풀었다

포항의 옛 지명은 근오지현斤烏支縣이다. 이에 대해 양주동은 근斤을
'드채(돗귀)'로 읽고, 영일迎日을 '해도디'와 같은 뜻으로 보았다. '돗귀'
나 '도디'는 '도기야都祈野'와도 연결된다. 도기야 역시 명백히 '돗들'
의 뜻으로, 해맞이 고을을 뜻하기 때문이다. 이 근거는《삼국유사》의
〈연오랑세오녀〉편에 '하늘에 제사 지낸 곳을 영일현 또는 도기야라
고 하였다(祭天所名迎日縣 又都祈野)'란 기록에 보인다.

조선 중엽 이후의 명칭인 포항浦項은 '나룻목'이란 뜻으로 바뀌었
는데 나루의 지형이 강조된 이름이다. 아무튼 해맞이 고을인 포항에
제철소가 생겨, 밤낮없이 빛의 고을이 된 것도 우연은 아닌 성싶다.

양주동은 근오지현을 '돗들', 곧 해맞이 고을로 풀었다

이번 해돋이 마을 여정의 첫 번째 목적지는 오어사烏魚寺다. 오어사는 운제산에 있는 천년 고찰이다. 깎아지른 절벽 아래 시내를 끼고 있는데, 운제산에서 흘러내린 그 물줄기가 절 마당을 적신다. 홍계폭포의 비경뿐인가? 산골 물이 지금은 저수지 댐으로 관리되고 있지만, 바로 이 물길이 혜공선사와 원효대사, 두 선사의 재미있는 일화를 간직한 자리다. 《삼국유사》에서 그 이야기를 전하고 있다.

혜공법사는 만년에 항사사恒沙寺로 옮겨 살았는데, 이때 원효가 여러 불경의 주해를 하면서 매양 법사에게 와서 의심나는 것도 묻고 가끔 농담도 나누었다. 하루는 두 분이 냇가에서 물고기를 잡아먹고 바위 위에 똥을 누었는데, 혜공이 농담으로 똥을 가리키며 '네 똥은 내 고기로다!' 하고 외쳤으므로 오어사烏魚寺라고 하였다.

두 선사가 법력을 겨룬 듯한데, 스승 격이던 혜공선사가 역시 한수 위였던 모양이다. 북한의 학자 리상호는 여시오어汝屎吾魚를 '네 똥은 내 고기로다'로 읽어, 연결된 하나의 문장으로 번역하고 있으나 상황을 재현해 보면 두 개의 문장으로 읽는 것이 좋겠다는 게 내 생각이다. '너의 똥, 내 물고기'를 '너는 똥을 누고, 나는 물고기를 눈다'란 뜻으로 읽어야 한다는 것이다. 즉, '원효! 자네는 아직 멀었다'는 의미로 말이다. 정말 혜공선사의 똥이 물고기가 되어 시내를 헤엄쳐 갔다면 엄청난 법력이 아닐 수 없다. 지금 내가 바라보는 이 시냇물 어딘가에는 그 물고기의 후손도 남아있지 않을까? 꼭 그럴 것만 같다.

이런 믿음은 성보박물관에 보관 중인 원효대사의 삿갓을 보고 나자 더욱 확실해졌다. 거금 1,400년 전, 7세기에 원효대사가 쓰던 삿갓 말이다. 실 같은 풀뿌리를 엮어 만든 솜씨도 낯설지만 군데군데 삭아버린 삿갓은 원효대사란 실체와 대면하는 감동을 준다. 이 실물이 주는 시공을 뛰어넘는 감동은 도저히 말로 표현할 길이 없다.

포항시 북구 송라면 중산리에 있는 보경사寶鏡寺는 남연산에 있다. 요즘 한참 연산폭포로 유명세를 얻고 있는 사찰 말이다. 이곳에 있는 보물들, 예를 들면 원진국사비와 원진국사부도보다도 폭포가 더 유명하다. 사찰에서 불과 2km만 오르면 상생폭포, 보현폭포, 삼보

오어사 전경. 산등성이에 원효암과 자장암이 나란히 서있다. 혜공선사와 원효대사의 전설이 서려있는 냇물이 절을 감싸고 있다.

양주동은 근오지현을 '돗들', 곧 해맞이 고을로 풀었다

폭포, 잠룡폭포, 무풍폭포 등을 만날 수 있다. 특히 관음폭포에서 돌벽에 드리운 구름다리를 지나면 최고의 비경을 자랑하는 연산폭포에 이른다.

포항에서 빼놓을 수 없는 장소 중 하나가 죽장면 입암리에 있는 입암과 일제당이다. 선바위 곁에 있는 일제당은 '나날이 진보한다'는 시경 구절에서 따온 것인데, 박인로가 이곳에 머물며 말년을 보낸 건 우리 문학사를 위해서도 다행이었다. 시인들이 특별한 장소에서 일련의 정신 수양을 하고, 그 흔적을 남긴 건 장소와 정신의 연관 안에서만 이해할 수 있다. 일제당에서 자호천을 따라 거닐고 있는 박인로의 환영을 본다. 뒷짐을 진 채 상념에 잠긴 모습이다.

이제 영덕군 괴시마을, 이색의 고향이다. 영해면 괴시촌은 본래 호지촌이었다. 이색의 부친, 가정 이곡은 익재 이제현의 제자로 스승처럼 원나라에서 벼슬을 했다. 이런 가정환경 덕분에 이색 역시 원나라 국자감에서 생원으로 공부했으며, 향시와 회시에 모두 1등으로 합격, 전시에 2등으로 합격하고, 원나라에서 벼슬을 한 국제적인 인물이었다. 사실 이색은 조상 대대로 살아온 충남 서천, 한산이 원향이다.

귀국 후 1367년, 대사성이 되어 성균관의 학칙을 제정했으며, 이때 제자였던 정몽주를 중용했다. 역사적 인물 한 사람이 등장하는 순간이다. 정몽주뿐 아니라 정도전, 도은 이숭인이 모두 그의 제자란 걸 감안하면 이색의 안목을 짐작할 만하다. 마을 이름을 바꾼 이유는 그가 원나라에 머물 때 살던 괴시촌을 닮았기 때문이라지만, 청춘을 보낸 이국에 대한 그리움이 만만치 않았다는 걸 보여준다.

동해를 제쳐놓아도 북쪽의 호지나 마을을 가로지르는 송천, 거기다가 영해평야까지 끼고 있는 영덕은 풍요로운 땅이다. 산과 호수, 바다와 평야를 모두 낀 곳이기 때문이다. 상대산은 바닷가에 솟아오른 탓에 실제보다 도드라져 보인다. 그곳 정상에 관어대가 있는데, 이색이 〈관어대소부〉를 지어 중국에까지 알려졌다. 오늘날로 말하면 한류의 시작이다. 후대에 김종직은 이곳에 올라 〈관어대부〉를 짓고, 후학들에게 참례를 권고하기도 하였다. 관어대에 오르면, 좌우로 평야와 바다가 나뉜다. 인근의 대진, 삼사해수욕장뿐 아니라 고래불해수욕장까지 한눈에 들어온다. 이색이 명명했다는 '고래불'이란 무엇일까? 고래불은 '고래벌'이다. 이름으로 미루어 당시 이곳엔 많은 고래들이 몰려들어 고래 벌판을 이루었다는 걸 알 수 있다.

한편 괴시마을에 있는 30여 채의 전통가옥 중에서도 영양남씨종택이 눈길을 끈다. '괴장고려槐庄古廬'라고 쓰인 현판도 그렇거니와 사랑채 편액 때문이다. 편액엔 '회수晦叟'라고 쓰여있다. 그러니까 '그믐날 늙은이'란 뜻이다. 그믐은 한 달의 마지막 날이니, 또 한 달을 살아남았다는 뜻일까? 아니면 죽음을 눈앞에 둔 늙은이란 뜻일까. 그 속엔 인생에 대한 회한과 겸양은 물론 불교적인 허무주의의 느낌마저 스며있다. 이 밖에도 괴시마을엔 천전댁, 영은고택 등 시공을 초월한 옛집들이 즐비하다.

창수면 인양리에 있는 충효당忠孝堂은 재령 이씨의 재실로 유명하다. 또 창수면 갈천리 화수루花樹樓는 2층의 목조 누각으로 독특한 구조를 보여준다. 권희언의 묘소를 지키는 옥천재사玉川齋舍의 부속 건물로, 제사 공간과 함께 후손들의 학문 공간을 병행해 실용성을 높이고 있기 때문이다. 제사와 학문, 전혀 다른 용도를 위해 특이한 구조의 집이 탄생한 셈이다. 'ㅁ' 자형 2층 구조도 흥미롭지만 나무를 다듬어 만든 목조 계단의 견고한 미의식이 돋보인다. 세상과 두절된 산간 오지에 후손들의 공부방을 만들었으니, 이곳에선 공부밖엔 할 일이 없었을 듯하다.

화수루 바로 곁에 있는 까치구멍집도 그렇다. 이 집은 옥천재사와 화수루에 출입하는 이들의 시중을 들던 공간이다. 추운 산골에 적응하기 위한 '田' 자형 구조이며, 마루를 중심으로 안방, 사랑, 외양간, 창고 등을 붙여 지었다. 주로 태백산맥 동쪽에 분포하던 양식인데, 남아있는 집이 드물다. 초가지붕의 합각合閣면에 양쪽으로 구멍을 내어, 햇빛을 받아들이고 연기를 내보냈는데 구멍 모양을 따서 까치구멍이란 명칭이 생겼다.

굽이굽이 후미진 산골을 지나고 계곡을 건너 장육사莊陸寺에 이르니 겨울비가 내렸다. 작은 사찰이지만, 고려 공민왕 때 나옹화상이 창건한 절이다. 고려 말 국사였던 나옹화상은 바로 이곳, 영덕군 창수면 출신이다. 하기야 스님에게 무슨 고향이 있으랴만, 이색과의 인연이 깊어지는 대목이다. 동향일 뿐 아니라 원나라 유학을 다녀온 점, 동시대 지식인으로서의 행적이 그렇다. 한 시대를 함께 아파했던 두 지성의 교류는 공교롭게도 고려의 3대 고승으로 꼽히는 나옹화상이 오래 기거했던 여주 신륵사_{神勒寺}로 가던 길에 이색이 별세하면서 끝나고 말았다. 이러한 점까지 보면, 이 둘의 인연은 생각보다 훨씬 깊었으리란 혐의마저 든다. 왕조 교체기의 비판적 지식인들로서 그들의 고뇌는 물론, 이색의 독살설까지 거기 덧붙인다면 말이다. 나옹화상은 이미 입적한 뒤였지만, 갈 곳 없던 그때 이색이 굳이 신륵사로 향했던 까닭이 있었을 것이다. 그때, 어수선한 왕조 교체기, 제자들 또한 패가 갈려있던 그 시절의 이색을 생각해 본다. 그 역시 한 몸 보존할 길이 없어 찾아든 곳이 나옹화상이 있던 신륵사였을 것이다.

이래저래 쓸쓸한 감회를 보태면서, 두어 시간 장육사_{莊陸寺}에서 비를 피하고 빗발이 성글어질 무렵에 창수재로 들어섰다. 높고 긴 재를 치달아 오르자 이번엔 눈이 내리기 시작했다. 눈발은 점점 굵어지더니 이내 폭설로 바뀌었다. 홀연 세상은 설국이 되었다. 갑작스레 찾아온 풍경의 전환은 인생의 통과의례를 암시하거나 세상과의 절리를 요구하는 몸짓처럼 느껴지기도 했다. 신흥 왕조와 일정한 거리를 유지했던 나옹화상과 이색. 혹시 알 수 있을까? 역사란 기록된 것 못지않게 누락된 부분도 만만치 않은 법이니, 역사가 말하지 못

양주동은 근오지현을 '돗들', 곧 해맞이 고을로 풀었다

하는 그 부위를 두 사람의 국제 인물은 함께 아파했는지 말이다. 지금 변화무쌍한 날씨 속을 지나며 생각해 보니, 반드시 그랬을 것만 같다.

눈을 들면 설산과 가파른 내리막길, 고개를 내려서면 다시 시작되는 오르막길. 역사가 예측 못 할 과정의 연속이었던 것처럼, 기실 우리 삶의 여정이 이와 다르지 않을 거란 생각이 들었다. 그런 느낌들이 이번 여정을 더욱 특별하게 만들었다. 두려움에 떨며 굽이굽이 설산을 빠져나오자 이내 어둠이 내렸다. 며칠간의 여정이 어둠과 함께 끝나가고 있었다. 그 깊고 어둑한 고을의 뒤안길을 지나온 길, 다시 한번 길고 어두웠던 역사를 떠올렸다. 역사란 어쩌면 지금 저 어둠을 비추는 전조등 불빛 같은 건 아닐까? 보이지 않던 것도 불빛 앞에 명료해지듯, 분명한 것도 어둠 속에선 망각 아래 가라앉으니 말이다. 어느 지점을 비추는가에 따라 방향과 각도가 틀어지는 것, 그게 역사일지도 모른다는 생각이 들었다.

저항과 화합_
강경, 논산

춘향전에 나오는 미내다리는
'물결내'란 뜻의 이두식 한자어다

다시 강경에 왔다. 3·1절 무렵을 택한 것도 그만한 뜻이 있어서다.
어쩌면 이 땅은 일제강점기를 앞뒤로 역사적 부침, 그 흥미로운 사
이클을 온몸으로 보여주는 고을이니 말이다. 논산천과 강경천이 금
강으로 흘러드는 이곳은 조선시대부터 금강 하구의 관문으로 물산
의 집결지였다. 교역이 성행하여 4일과 9일에 열린 강경장은 평양과
대구와 함께 조선의 3대 시장으로 꼽혔다. 전성기엔 주민 3만 명에
상업유동인구만 10만 명이 넘었다. 특히 1910년대부터 일본인들이
유입되면서, 1920년대에는 충남에서 가장 먼저 전기가 들어왔다.
당시 금강을 따라 상선 100여 척이 드나들었다니, 그 규모를 짐작할

만하다. 이곳은 인근의 부여와 공주 및 서천과 장항 그리고 군산 등과도 가까운 상업과 교통의 요지였다.

강경의 쇠락은 군산항 개항은 물론 경부선, 호남선 철도가 개통된 20세기 초와 맞물린다. 철도를 따라 이곳의 상권이 대전과 군산으로 옮겨갔기 때문이다. 기록에도 그렇게 전한다. 그러나 하나의 의문이 떠나지 않는다. 일제의 식민 통치가 길어지면서 강경은 내리막길로 접어들었으니 말이다. 오히려 나는 강경이 전국 최초로 신사참배를 거부한 고을이란 걸 주목하는 쪽이다. 그것은 이 땅이 일찍부터 깨어있는 고을이었다는 반증이기도 하다. 유동인구가 많았던 점도 한몫을 담당했으리라. 이와 함께 상권이 부흥했다는 건 강경이 인간 사이의 어울림을 존중한 고장이었거나, 그보다는 그런 장소의 정신을 지니고 있다는 반증은 아닐까?

물론 종교적 영향도 엿보인다. 강경은 금강을 따라 일찍부터 서학이 전파된 성지다. 상해에서 사제 서품을 받은 김대건 신부가 이곳 구순오 신자의 집에 2주간 머물며, 국내에서 처음으로 봉헌미사를 집전한 게 그 예다. 또한 우리나라 최초의 침례교 예배지도 이곳에 있다. 거기다 옛 강경성결교회 예배당은 아직도 그때 모습을 그대로 간직한 한옥이다. 그 여파일까? 나지막한 강경 시내에 우뚝우뚝 서 있는 건 오래된 예배당들이다. 예배당의 높이는 나그네에게 방향을 가늠하는 이정표 역할을 하기도 한다. 아마 앞이 보이지 않던 일제 강점기에도 저 십자가를 나침반 삼아, 이곳 주민들 또한 삶의 방향을 잡았으리라.

　더 강력한 혐의도 있다. 본디 강경은 유림儒林의 땅이다. 김장생은 산언덕에 임리정臨履亭을 짓고 후진을 양성했으며, 송시열은 스승과 불과 100m 정도 건너편, 지금의 황산포구 등대 아래 팔괘정八掛亭을 마련하고 강학을 펼쳤다. 두 정자 사이의 대숲 길을 '문화의 거리'로 지정한 연유다. 그 숲길을 오가며 스승과 제자가 나누었을 고담준론의 자리에 나도 슬쩍 끼어들고 싶어진다. 그 때문일까? 두 정자 사이에 죽림서원이 들어섰다. 처음 이 서원은 강경의 옛 지명인 황산서원으로 건립됐다가 1665년에 지금의 이름으로 바뀌었다.

　인근의 논산을 거론하자니, 장석주 시인이나 나희덕 시인의 고향이 이곳이란 걸 떠올린다. 이들보다 앞서 충청도에서 시의 씨앗을 뿌린 향토 시인, 정훈의 고향도 이곳이다. 그는 주로 대전에서 향토 문예운동을 펼친 시인이다. 사실 논산과 연무대鍊武臺 그리고 강경은 뗄 수 없이 연계된 고을들이다. 특히 논산시 노성면에 공자와 관련된 명칭이 존재하는 건 뜻밖이다. 공자의 이름인 중니仲尼가 살던 산이란 뜻의 니구산이나, 공자가 태어난 곡부의 궐리촌에서 따온 궐리사闕里祠란 명칭의 사당 말이다. 이곳에 명재고택이 있다. 파평 윤씨 25대인 명재 윤증의 생가다. 건축 잡지나 달력에서 이 고택의 차경인 대청마루에서 내다본 문밖 풍경이나 장독대 사진을 익히 만났을 만큼 유명한 고택이다. 거기 붙어있는 멋스러운 현판의 글자, '영한

　　　춘향전에 나오는 미내다리는 '물결내'란 뜻의 이두식 한자어다

고와靈閑高臥'는 '영혼이 한가히 높게 누웠다'란 뜻이며, 이 집의 또 다른 당호인 이은시사離隱時舍는 '속세를 떠나 은거하기 좋은 집'이란 뜻이니, 이 집을 거쳐간 집주인들의 지향점을 짐작할 만하다. 윤증은 숙종 때 송시열과 맞섰던 소론의 영수다. 이 사제 간의 반목을 '회니의 반목'이라 불렀으니, 회덕懷德의 송시열과 니산尼山의 윤증 간의 반목을 일컫는다. 조선 후기에 서인이 다시 송시열의 노론과 윤증의 소론으로 분파할 무렵의 이야기다. 그는 성혼의 외손자이며, 부친 윤문거는 사헌부 대사헌으로 부름을 받았으나 이를 열 번이나 고사한 것으로 유명하다.

왜 일제강점기에 강경이 쇠퇴했을까? 나는 강경의 상권이 쇠퇴한 원인을 유학의 부흥, 진보적인 서학의 영향 그리고 전국 최초로 신사참배를 거부한 사건에서 찾고 싶다. 강경이 철도노선에서 의도적으로 배제된 낌새를 지울 수 없기 때문이다. 그러나 역사란 야누스의 두 얼굴이다. 일제에 의해 쇠락한 강경은 지금 그들이 남긴 상처 때문에 제2의 도약을 꿈꾸고 있으니 말이다. 근대역사문화거리가 바로 그 자취다. 상술에 밝은 일본인들 눈에 강경은 분명 탐나는 자리였을 것이다. 일제는 1910년, 이곳에 한일은행을 세우고 본격적인 진출을 도모하기 시작했다. 근대역사문화거리의 문화재들, 연수당延壽堂건재약방, 강경 중앙초등학교 강당, 강경 상업고등학교 관사, 다카하시정미소 등은 물론, 본정통거리의 새로 보수된 대성상회, 홍인병원, 대동식품, 대동전기상회 등이 그 자취다. 대동이란 상호가 많은 이유는 일제의 대동아공영권에서 유래된 것으로, 본정통거리란 거리명과 함께 지울 수 없는 일제의 족적인 셈이다.

실제로 강경의 골목길을 걷다 보면, 이름 없는 필부의 집으로부터 가게나 관공서에 이르기까지 일본식 건축양식이 심심찮게 눈에 띈다. 세월이 흐르는 동안 덧칠하거나 고쳤어도 원형은 그대로 일본식 건축이란 점을 대번 알게 된다. 그런 점에서 인천과 목포 그리고 군산의 일제 거리에 비해 규모는 작지만, 그 토대를 온전히 유지하고 있는 건 강경이 첫손이다. 근대화의 바람과 제국의 연관을 통해 역사의 아이러니를 여기서도 본다.

강경은 무엇보다도 이야기가 많은 고을이다. 채 1만 명이 안 되는 이 소읍이 큰 고을 못잖은 이야기를 지닌다는 건 놀라운 일이다. 이야기는 바로 역사성이며 또한 콘텐츠의 발원지란 점에서 주목해야 할 문제의식이어서이다. 그것은 이곳이 호서와 호남을 아우르는 지형학적 특징과 무관하지 않다. 백제의 비운을 지닌 황산벌로부터 드넓은 강경들과 논산들을 이웃한 점도 그 원인이다. 그 지울 수 없는 증거가 옛 다리들을 통해서도 입증된다. 원형을 잔 간직하고 있는 원목다리와 미내다리 말이다. 이 다리들은 호남에서 호서로 드는 진입로였다. 호남의 선비들은 이 다리를 건너 과거 길을 떠났다. 두 다리 모두 채운면이란 예쁜 이름의 마을에 있는데, 채운彩雲은 '무늬져 아롱진 구름'이란 뜻일 테니 말이다.

춘향전에 나오는 미내다리는 '물결내'란 뜻의 이두식 한자어다

미내다리도 예사롭지 않다. 미내渼柰란 이름에서 이두의 흔적이 엿보이기 때문이다. 이때 '미'는 '미르' 곧, '물/물결'이며 어조사 내柰는 냇물(川)의 뜻을 소리로 바꾼 이두식 표기다. 우리식으로 풀면 '물결내' 정도가 알맞다. 다리 이름이 이두에 근거한다면, 이러한 부분은 다리의 역사성에 의문을 품게 만든다. 안내판에 영조 때인 1730년에 건립되었다고 쓰인 건 지금 보는 무지개다리 양식에 대한 설명일 뿐이다. 말하자면 이 아름다운 다리는 이두가 쓰이던 시절 혹은 그 이전부터 지금과 다른 형태로 여기 있었다는 뜻이 된다. 《신증동국여지승람》에 조선시대 이전부터 이곳에 돌다리가 있었다는 기록도 그 근거다. 조선시대에 미내다리는 삼남三南 제일의 다리였을 뿐 아니

춘향전에도 등장하는 미내다리. 미내는 물결내의 이두식 표기로 보인다.

라, 〈춘향전〉에도 등장하는 다리이니 말이다. 그건 원목다리 역시 마찬가지다. 미내다리를 건너온 이들은 원목다리를 거쳐 한양으로 갔다. 원목다리의 본이름이 원항교였다는 사실은 무엇을 뜻할까? 원항院項이란 '원院으로 가는 통로'라는 뜻이다. 여기서 원이란 궁궐, 곧 한양을 가리킨다. 두 다리가 모두 화강암으로 만든 무지개다리지만, 원목다리는 미내다리보다 크기도 작고 돌의 마모 상태도 심한 점을 보면, 기록과는 달리 이 다리의 건립 시기가 미내다리보다 앞섰던 건 아닐까 의문이 든다. 특히 원목다리가 있는 채운면 야화리에서 나는 또 발걸음을 멈춘다. 들꽃(野花)이란 마을 이름 때문이다. 지금은 평야로 바뀐 이곳도 그 옛날엔 기화요초 만발한 꽃 둔치였을 테니 말이다. 제방이 축조되고 철길이 들어서기 전의 꽃길과 거기 강물 위에 서있었을 옛 다리를 떠올려 본다.

등대 때문에 다시 생각났다. 내가 〈등대로〉란 제목으로 각각 쓴 시와 수필의 무대가 지금은 사라진 이곳의 옛 등대였다는 것 말이다. 지금의 돌산 등대가 세워지기 전, 그 낮고 아담하던 옛 등대 말이다. 그러니까 나는 지금 강경과 연관된 세 번째 글을 쓰고 있는 셈이다.

강경, 하면 먼저 떠오르는 건 두 명의 시인이다. 이곳 출신 김관식과 박용래 시인은 시뿐만 아니라 삶 자체가 개성적이었다. 기벽과 천재성을 선보이다 요절한 추수 김관식 시인은 미당 서정주 시인의 동서로도 유명하다. 박용래 시인은 세상을 눈물로 영접하여 '눈물의 시인'으로 불린다. 또 그는 토속적 정서를 노래한 시인이다. 김관식

춘향전에 나오는 미내다리는 '물결내'란 뜻의 이두식 한자어다

과 박용래 두 사람 모두 당시 명문이었던 강경상고 출신들이다.

미내다리로 향하는 강경천 둑에서 갈대와 억새가 다정하게 어울려 있는 광경을 본다. 본디 물가와 산을 대변하는 두 식물의 공존은 인상적이었다. 그 인상은 강경이란 장소의 정신을 새삼 다시 생각하게 했다. 호서와 호남의 가교로서, 이 땅은 역사적으로도 어울림을 선도한 고장이다. 강경은 농업과 상업, 전근대와 근대, 유학과 서학, 제국주의와 애국주의, 저항과 협치 등 온갖 이질적인 요소끼리 어울려 이곳만의 독특한 특징을 형성했다.

그래서 나는 이곳 출신의 문학평론가 유한근 교수를 떠올렸다. 그는 신입생의 강의실까지 찾아와 나를 동국문학회로 이끈 선배다. 교지 편집을 마치고, 시인 윤제림과 셋이서 강경에 있는 그의 집에 왔을 때 특이한 양식의 2층 목조 한옥을 보고 큰 인상을 받았다. 그의 조부, 유진순 옹이 경영하던 연수당 한약방이었다. 1920년대 강경 사진 중 유일하게 남아있다는 바로 그 집이다. 지금 이 집은 근대문화유산으로 등재되어 강경의 상징이 되었다. 나는 이 집을 세 번 방문했다. 스무 살부터 꼭 20년씩 터울을 두고서 말이다. 물론 그 집에서 하룻밤을 묵던 스무 살 땐 이 집이 장차 근대문화유산이 될 줄 짐작조차 못했다. 연수당 앞에 서있으니, 문청 시절의 뜻깊은 하룻밤 기억이 어제처럼 새롭다.

문필의 고장_
장성

장성의 이두 지명, 고시이는
'곶재' 또는 '벼랑재'의 뜻이다

전남 장성은 백제 때 고시이현이 신라 경덕왕 때 갑성군岬成郡으로 바
뀌었다가 고려 이후 지금의 지명이 되었다. 먼저 고시이古尸伊란 이
두음을 주목할 필요가 있다. 그것은 '고시/고지' 즉, '곶'의 뜻을 소
리 나는 대로 표기한 것이기 때문이다. 그래서 고시이가 곶을 뜻하
는 갑岬으로 바뀐 것이다. 말하자면 갑성은 '곶재'의 한자어 표기인
셈이다. 여기서 곶은 '벼랑'의 옛말이다. 지금의 장성長城도 마찬가지
다. 장성은 '긴 재'의 뜻이니 끝까지 벼랑이란 뜻을 벗어나지 않을 뿐
아니라, 긴 재는 산등성이의 굴곡이 이어진 모양새에서 나온 이름일
테니 말이다.

우리 옛 지명이 지형의 모양새에서 연유된 걸 감안할 때, 곶재/벼랑재나 긴 재란 지명은 성곽처럼 펼쳐진 봉우리나 벼랑에서 유래했을 것이다. 흔히 이곳의 형상을 '산이 두르고 물이 굽이치는' 산회수곡山回水曲의 대표적 지형으로 꼽아, 예로부터 조선의 손꼽히는 승지勝地로 평가한 것도 같은 맥락이다. 백암산 안의 상왕봉, 사자봉, 가인봉, 백학봉 등이 성곽처럼 에돌고 있고, 몽계폭포나 금강폭포를 지나는 계곡물 줄기가 풍부한 것도 마찬가지다. 백암산은 같은 노령산맥의 내장산 남쪽 지류로 호남평야를 마주하고 있어 더욱 우뚝하게 보인다.

특히 장성은 흥선대원군이 지칭한 전라팔불여全羅八不如 중에서도 문불여文不如의 고장으로 예로부터 학문의 분위기와 선비의 기운이 높은 고을이다. 《동국여지지》의 〈장성호부〉조에 이 고을을 일컬어 사상문학士尚文學의 길지로 지목한 대목도 같은 까닭이다. 조선시대 장성은 도호부로서 큰 고을이었을 뿐 아니라, 14세기에 벌써 장성향교가 세워져 학문의 기풍이 확고하게 세워졌다. 더구나 16세기, 인근 담양에 많은 정자들이 차례로 건립되고 대학자와 시인들을 중심으로 한 호남가단이 형성되어, 우수한 인재들이 봇물처럼 터져 나온 것도 장성의 문필 기운에 기름을 부은 셈이다.

특히 16세기의 인물인 김인후는 10세 때, 호남관찰사로 부임한 모재 김안국에게 소학을 배우고 인근에 있는 담양의 송순에게 수학했으며, 21세 때 사마시에 합격하여 아홉 살 연상의 이황과 성균관에 입교한 동기로도 유명하다. 그의 뒤를 이어 17세기 망암 변이중, 18세기~19세기의 노사 기정진으로 학맥이 계승되었으니 '학문은 장성만한 곳이 없다'는 평가도 거기서 나왔다. 문필의 고장 장성은 무엇보다 김인후의 고향이다. 그는 1540년, 별시 문과에 급제하여 사가독서를 했으며, 젊은 나이에 홍문관박사 겸 세자시강원의 설서로 세자의 스승이 되고, 후에 임금이 된 인종의 왕사(임금의 스승) 겸 홍문관부수찬이 된다.

인종과 김인후의 나이 차는 고작 다섯 살이었지만, 인종이 김인후를 얼마나 존경했는지는 인종이 스승에게 올린 〈묵죽도〉가 전하는 것으로도 짐작할 만하다. 실록이 전하듯, 인종은 동궁으로 있던 25년 동안 '어진 덕이 널리 알려졌다'는 평을 받는데, 그 세월을 함께 했던 스승이 바로 김인후였다. 그러나 인종이 재위 1년 만에 죽고 을사사화가 터지자, 30대 중반의 김인후는 관직을 버리고 장성에 은거해 호남가단의 리더가 된다. 이 무렵 정철, 기효간, 변성온, 조희문, 오건 등의 제자를 길러낸다.

꽃앞 서서 술잔에 술 따르니 붉은 맛은 삼키고
달 아래서 차를 달이니 흰 빛은 마셔볼까나

이 시, 〈백련초해〉의 시적 감수성을 음미해볼 때 김인후는 천성이 시인이었다는 생각도 든다. 이런 사정을 허균은 《성옹지소록》에서

장성의 이두 지명, 고시이는 '곶재' 또는 '벼랑재'의 뜻이다

도 밝히고 있다. 김인후는 인간만이 아니라, 사물과 미물조차 차별을 두지 않았다. 사실 시인은 사물의 마음을 읽고 사물과 정을 통하는 자다. 이런 성향은 그의 스승 송순이나 이현보와도 상통하는데, 그가 강호가도를 실천한 참 시인이었다는 사실은 김인후의 언명에서도 발견된다.

천지는 부모요, 인간은 형제며, 만물은 동포다. 어찌 이물로 대할 수 있겠는가. 오직 순수 감정으로 교류하고 살아갈 뿐이다.

재미있는 점은 김인후의 이런 세계관이 인디언의 사유와 매우 흡사하다는 점이다. 사실 나는 유사 이래 인디언만큼 시적 인간homo poeta의 천성을 타고난 경우를 알지 못한다. 다음은 땅을 팔라는 미국 대통령의 제안에 수콰미시족의 추장, 시애틀의 답변이다.

우리는 대지의 한 부분이고 대지는 우리의 한 부분이다. 향기로운 꽃은 우리의 자매다. 사슴, 말, 큰 독수리, 이들은 우리의 형제들이다. 바위산 꼭대기, 풀의 수액, 조랑말과 인간의 체온 모두가 한 가족이다.

김인후의 사후, 그가 젊은 나이에 낙향하여 가르침을 펴던 생가터에 필암서원이 건립된다. 필암서원은 그 후 호남 유학의 총본산으로 자리매김했으며, 흥선대원군의 서원 철폐에도 훼절하지 않은 서원 중 한 곳이다. 이곳에 김인후의 묘와 신도비가 있다.

서원의 정문은 확연루廓然樓라고 쓴 편액이 걸렸는데 이는 송시열의 글씨다. 경장각敬藏閣에는 인종이 직접 그려 스승에게 하사한 〈묵죽도〉가 지금도 보관되고 있다. 임금이 신하에게 존경의 뜻을 담은 선물을 하사한 경우도 드물거니와 〈묵죽도〉는 이로부터 김인후의 인품을 상징하는 기념물이 되었다. 청절당淸節堂은 서원의 중심이며 학문을 익히는 강원이다. 그리고 장판각藏板閣에는 〈하서집〉 261판을 비롯하여, 637개의 판각이 보관되고 있다. 마침내 필암서원은 2019년, 한국의 서원 중 한 곳으로 유네스코가 지정한 세계문화유산에 선정됐다.

이 밖에도 장성엔 망암 변이중의 학문과 덕행을 기리고, 후진을 양성하기 위해 1697년, 봉암서원이 세워지고 노사 기정진이 후학을 가르치던 정사, 담대헌澹對軒 터에 고산서원이 건립되어 문불여장성文不如長城(학문으로 장성만한 곳은 없다)의 전통을 이어 나간다.

영화감독 임권택 또한 이곳이 고향이다. 또 의용군으로 참전했다 끝내 돌아오지 못한 장성 출신 오영재는 북한이 자랑하는 계관시인이 되었으니 그 또한 한 편의 드라마이다.

지난 2000년 8월, 남북 이산가족 상봉 때 오영재의 〈늙지 마시라〉가 화제가 된 적이 있다. 상봉 전 이미 별세한 모친 대신 남한의 가족들에게 전했다는 그 시 말이다. 나는 이 시인을 경기대학교에

장성의 이두 지명, 고시이는 '곶재' 또는 '벼랑재'의 뜻이다

개설된 〈북한문학〉 강의를 하며 처음 만났다. 그리고 1996년에 간행한 《북한문학강의》란 책자에서도 그를 다룬 적이 있다. 오영재는 1935년, 전남 장성 출신으로 1960년에 작가학원을 졸업한 시인이다. 시인 현창성이나 소설가 권정웅 등과 더불어 작가학원 출신 1세대 문인이며, 이들은 월북파나 유학파와 달리 사상성이나 계급의식적 측면에서 보다 철저히 훈련된 공산주의 문인들이다.

백암산에 있는 백양사白羊寺는 장성이 자랑하는 천년 고찰이다. 7세기에 창건됐으니 1,400년의 세월을 헤아리는 이 사찰은 고불총림古佛叢林으로 많은 고승을 배출했다. 본래 백암사白巖寺였는데 16세기에 환양선사가 금강경을 설법할 때 흰 양이 눈물을 흘리고 깨달음을 얻었다고 해서 백양사로 바뀌었다. 아마도 환양선사의 높은 법력에서 이런 불가사의한 전설이 나왔을 것이다. 백양사 고승의 계보가 화려하다는 점은 16~17세기 소요대사 태능의 유명한 부도탑으로도 알 수 있으며, 만암선사에서 서옹선사로 이어진 족적으로도 입증된다.

그런데 나는 개인적으로 백양사에 대한 깊은 인상 하나를 여기 덧붙이고 싶다. 1986년 여름방학, 이 절에 머물 때 만났던 스님 이야기다. 서울대학교 법과대학을 나와 고시 공부를 하러 왔다가 스님으로 눌러앉아 26년간 산문 밖을 나서지 않았다던 스님. 그분이 예불을 드린 마룻바닥이 움푹 파여있다고 했던가. 내가 새벽 산책길에 얼핏 뵙고도 알 수 없는 영험을 느끼게 했던 스님 말이다. 내 또래의 법대法大 스님으로부터 그 스님의 일화를 전해 듣고 전율을 느끼던 일이 어느덧 40년 저쪽이다. 그 사이 스님의 법명을 잊고 말았으니, 나 같은 속인이 그 신성한 이름을 기억해선 안 된다는 뜻일까. 아마도 스님은 벌써 득도해 우리 선종사禪宗史에 오롯이 등재되었으리란 걸 의심하지 않는다.

'봄 백양'이라지만, 사실 백양사는 계절마다 독특한 아름다움을 지닌다. 특히 쌍계루雙溪樓에서 보는 백학봉의 신령한 기운은 인상적이다. 그래서 연못과 쌍계루 너머로 백학봉이 어우러진 풍광을 담기 위해 사진가들의 발길이 끊이지 않는다. 정몽주가 쓴 〈기제쌍계루〉 시문 편액이 누각 안에 걸려있다.

백양사에 이르는 길은 700년의 굴참나무 군락지로 다른 사찰에서 볼 수 없는 경관을 연출한다. 사람과 달리 나무는 왜 오래될수록 아름다운 기품이 더해지는 걸까? 그 많은 수종 중에서도 별다른 대접을 받지 못하는 나무가 굴참나무다. 그런데 온통 굴참나무 고목으로 가득한 이곳에서 나는 뜻밖의 감동을 맛본다. 특히 굴참나무의 진가는 잎을 다 떨군 한겨울에 드러난다. 그 잿빛으로 단출한 색상은 스님들의 의상을 닮았으며, 굵게 무늬 진 수피樹皮의 결은 수행의 자취처럼 차고 단단하다. 아니, 잎을 떨군 채 묵상 중인 나무들이 그대로 스님들을 닮았다.

장성의 이두 지명, 고시이는 '곶재' 또는 '벼랑재'의 뜻이다

월출산의 정기_
영암, 강진

월출산의 옛 이름 월나악을
양주동은 '달나뫼'로 읽었다

영암은 월출산의 고을이다. 아니, 4세기 왕인 박사와 9세기 도선국
사의 고향이다. 월출산은 호남 정맥에서 갈라진 가지산 줄기에서 융
기한 남도의 금강이다. 비록 산세가 그리 크지 않지만 화강암 기암
괴석의 군락 탓에 바위에 붙어있는 이름만 270여 개나 된다. 삼국사
기엔 월나악月奈岳이란 이두식 명칭으로 소개되었는데, 그걸 '달나뫼'
로 읽은 건 양주동이다. 달이 솟는 산이란 뜻이다. 고려 때 월생산이
나 지금의 월출산이란 산명은 모두 같은 뜻을 한자어로 바꾼 것에
불과하다.

  산세가 북한산과도 흡사해서 강진의 귀양길에 몇 번이고 뒤돌아

봤다는 정약용만이 아니라 최치원, 김극기, 김시습, 최경창, 윤선도 등 최고의 문사들이 다투어 산의 아름다움을 노래했다. 특히 파주 출신인 고죽 최경창은 산에 매료되어 아예 여기 정착했으니, 그가 영암 문학의 비조로 꼽히는 까닭이다.

기암괴석이 장관인 여름 월출산. 정약용이 삼각산과 닮았다고 말한 산이다.

영암靈巖이란 지명 역시 신령스러운 이 산에서 기원한다. 산이 빼어났으니 명당이 숨어있을 것이다. 월출산 문필봉 아래, 이곳 구림 마을이 그 자취다. 삼한시대로부터 2,200년의 마을 역사를 자랑하는 이 고을은 지금도 전통적인 한옥마을이다. 그 오랜 고을의 역사는 누정의 으뜸으로 꼽히는 회사정會社亭이 증거이다. 벌써 400년 전, 회사정에 모여 다수결 투표 방식을 시행했다는 이 대동계 전통은 지

월출산의 옛 이름 월나악을 양주동은 '달나뫼'로 읽었다

금도 이어지고 있다. 구림鳩林이란 마을 이름은 김씨 성을 가진 도선 국사의 출생담에서 유래한다. 영웅담의 기본은 처녀의 임신 및 신생아 유기와 이물의 보호란 공통점을 지닌다. 도선국사 역시 예외가 아니다. 그런데 그보다 500년 전, 왕인 박사 역시 같은 마을에서 출생한 것으로 《일본서기》 와니王仁조에 전한다. 우리 역사에서 거론되지 않은 왕인을 역사의 전면으로 불러낸 것도 《일본서기》다. 왕인은 8세에 월출산 문산재文山齋에서 공부하여 오경에 통달했는데, 그가 마셨다는 샘물이 성천이며, 책을 보관했다는 책굴, 일본으로 떠나며 고향을 돌아봤다는 돌정고개가 지금도 있다.

왕인 박사가 논어 열 권과 천자문 한 권 그리고 제철·종이·직조·양조 기술자들을 대동하고 일본으로 떠났던 국제 무역항, 상대포 역시 복원되었다. 그는 오진 천황의 태자 왕사로 백제 문물을 전해 아스카(飛鳥) 문화를 일으킨 영웅으로 추앙받는다. 대판의 매방시(오사카의 히라카타시)에 있는 왕인 박사의 묘가 그 증거다. 같은 고을에서 두 명의 위인이 출생하다 보니, 이야기가 겹치는 부분이 많다. 심지어 왕인 박사의 탄생지에 최 씨가 거주했고, 그 최 씨가 도선국사를 잉태했다는 설화는 두 인물이 500년이란 간격을 두고 같은 자리에서 출생했다는 주장이다.

월출산을 공유한 강진은 다산초당茶山艸堂으로도 유명세를 탔다. 그리고 강진 쪽 월출산 안에는 무위사無爲寺가 있다. 적요하고 조촐한 작은 절이다. 이 절의 주인공은 국보로 지정된 극락보전極樂寶殿인데,

1476년에 건축된 조선 초기 건축물로 맞배지붕과 벽면의 구성 방식이 고려 말 건축물인 수덕사修德寺의 대웅전大雄殿과도 흡사하다. 그런데 그 안에 있는 후불 벽화는 더 유명하다. 이 벽화에는 다음과 같이 드라마틱한 설화가 전해진다.

극락보전이 완성되고 나서 한 노승이 찾아왔다. 법당의 법화를 그리겠다며, 49일 동안만 들여다보지 말라고 당부했다. 그러나 궁금증을 참지 못한 한 거사가 마지막 날 법당 안을 엿보고 말았다. 법당 안에서는 파랑새 한 마리가 입에 붓을 물고 관음보살의 눈동자를 막 찍으려던 참이었는데, 인기척을 느끼고 날아가 버렸다. 그래서 지금도 아미타삼존도의 관음보살 눈에는 눈동자가 없다.

무위사란 이름에선 도교의 냄새가 물씬 풍긴다. 인위적인 행위의 반대, 아무것도 하지 마라는 뜻이 무위다. 행위하거나 확인하려는 또는 보이는 것만을 쫓는 습관적 안일을 거부하는 높은 정신이 무위다. 노자가 추구했던 무위자연無爲自然이란 인간이 자연과 한 몸이 되는 경지다. 인간이 새가 되고 돌이 되는 상태다. 여기서 설화와 무위사란 이름의 기막힌 일치를 본다.

강진에서 정약용 형제를 생각한다. 이들 형제에 앞서, 내 가슴이 먼저 미어지는 이유는 무슨 일일까? 정약용에게 죄가 있다면 정조의 총애를 한 몸에 받은 것뿐, 탐관오리를 미워했으며 근대국가를 꿈꾸었던 것뿐이다. 그러나 역사는 참으로 무자비하다. 1801년, 나주의 율정삼거리 주막에서 형제는 마지막 밤을 함께 보내고 송별시로 작별을 고한다. 이들 형제는 역시 남다르다. 정약용의 형, 손암 정약전의 시에 아우가 답한다. 〈봉간손암奉簡巽庵〉, 즉 손암에게 드리는 시다.

제일 미운 건 율정 주막 문 앞 길이/두 갈래로 갈라지는 것이라네
원래 한 뿌리로 태어났는데/낙화처럼 뿔뿔이 찢어지다니!

그렇게 피눈물로 작별한 형제는 살아서는 다시 만나지 못한다. 훗날 형의 별세 소식을 접하고, '그때 율정에서 호송하는 관리들을 울게 한 건 오직 형님 한 분뿐이었다'고 정약전의 인품을 회고한 정약용이다. 정약용 역시 강진에 들자, 모두들 죄인을 회피하고 적대시하기 바빴던 모양이다. 그나마 동문 밖 주막집 모녀만이 이 죄인을 살뜰히도 살폈고, 정약용은 그 뒷방에서 4년여를 보내며 황상과 이정 등 강진의 여섯 제자를 양성한다. 그리고 여기서 《상례사전》,《아학편훈의》등을 저술한다.

특히 1808년 봄부터 해배되던 1818년 9월까지 10년을 보낸 다산초당은 하늘의 도움이었다. 외가인 해남 윤씨 쪽에서 마련해 준 이 집에서 정약용은 역사를 다시 썼으니 말이다. 청사에 길이 빛날 일표이서—表二書, 즉 《경세유표》와 《목민심서》,《흠흠신서》등 불후의

저작물이 여기서 나온다. 정적들에게 보란 듯이 그의 붓끝은 막힘이 없었다. 그래서 역사의 진실은 늘 통쾌한 결말을 맞는다.

정약용이 500여 권의 저서를 집필한 걸 새삼 거론하자는 게 아니다.《목민심서》하나만 봐도 알 수 있는 그가 지은 책들의 근대성과 실용성에 주목하자는 것이다. 그는 거기서 엄격한 토지정책 및 부역과 조세의 원칙을 소상히 밝혔으며, 농업기술의 혁신을 주창하여 농기구 제작은 물론, 분업화를 주장했으니 정말로 시대를 앞선 안목이다. 그도 그걸 알았을까? 정약용은 자신의 주장이 한 세기 후엔 제대로 된 평가를 받으리라는 것을 확신했다. 그게 바로 그가 만년에 사용한 아호, 사암俟庵이다. '나는 100년 후를 기다린다'는 백세오가사百世吾可俟가 그것이다. 사암이란 호는 거기서 나왔다.

다산초당의 당호는 추사체를 집자한 것이며, 다산동암茶山東庵이란 당호는 정약용의 행서체로 이미 경지에 이른 정약용의 서체를 엿볼 수 있다. 그 속엔 힘차고도 부드러우며 거침없는 정약용의 인격이 녹아있다. 유홍준의 말대로 명필의 반열이다. 이 글씨는 정약용이 해배되어 자신의 생가, 여유당與猶堂에 있을 때 강진 시절의 제자 윤종삼·윤종진 형제에게 준 편지에서 집자한 글씨다. 그리고 나란히 걸린 '보정산방寶丁山房'이라고 쓰인 현판은 김정희가 직접 쓴 것으로 '정 선생을 보배로 모시는 방'이란 뜻이니, 정약용에 대한 김정희의 존경심을 엿볼 수 있다. 이 당호는 추사체의 절정을 보여줄 만큼 예술성이 돋보인다. 정약용의 사후, 김정희는 같은 연배였던 정약용

의 두 아들인 학연과 학유와 자주 교류했는데 1848년, 다산동암의
당호를 부탁했을 때 써준 글씨다.

　본디 만덕산이던 이 산을 다산茶山이라 부르며, 자신의 아호로 삼
은 정약용처럼 흑산黑山을 자산玆山이라 칭하고, 자신의 아호로 삼은
정약전은 동생과 닮은 점이 참 많다. 아우가 있는 강진과 가까이 가
려고 정약전이 흑산에서 우이도로 이주를 결심했을 때, 섬 주민들이
그걸 한사코 가로막았다니 정약전의 인품 역시 헤아릴 만하다. 그건
형의 안부가 그리울 때마다 강진만 너머 다도해 쪽으로 발끝을 세우
던 정약용 역시 마찬가지다. 그 자리가 지금의 천일각天一閣이다. 다
음은 박석무가 편역한《유배지에서 보낸 편지》의〈둘째 형님을 회상
하며〉일부다.

　　율정에서 헤어진 것이 이렇게 영원한 이별이 되고 말았구나….귀
　　양살이하는 사람이 다른 섬으로 옮겨 가려고 하는데 본디 있던
　　곳의 섬사람들이 길을 막으며 더 있어달라고 했다는 말은 우리
　　형님 말고는 들은 적이 없다.

　이들 형제는 근대적 지성이었다. 신분의 차등 없이 어울린 건 물
론, 신분을 초월해 제자를 양성했다. 서로의 학문에 대해 주고받은
열일곱 통의 서간들이 그 증거다. 그 편지들은 값싼 비애와 원한의
글들이 아니라, 서로의 학문을 권장하고 상호인격을 드높인 고담준

론들이었다. 《예서》, 《상례》, 《시경》, 《악서》, 《주역》에 관한 학문적 토론은 물론, 지동설에 대한 논쟁까지 그 속에서 펼쳐진다. 이들 형제는 그 가혹한 시기, 이미 성현의 경지에 이른 인격체들이었다.

강진읍 남성리엔 영랑생가가 있다. 정약용이 우리 학문의 새로운 지평을 이곳 강진에서 펼친 것, 김영랑 같은 대시인의 출현과 월출산의 정기는 무관할까? 나는 그렇게 생각하지 않는다. 특히 정약용의 그 불가능을 가능으로 이끈 힘이야말로 지력의 도움이 아니고는 불가능하기 때문이다. 금북정맥 월출산이 해남 두륜산과 달마산으로 빠질 때, 우측으로 서기산과 만덕산 자락으로 이어졌으니, 만덕산이 바로 정약용이다. 정약용의 인격과 학문의 완성은 바로 신령스러운 산의 기운에 크게 기댔는지도 모를 일이다.

월출산의 옛 이름 월나악을 양주동은 '달나뫼'로 읽었다

지리산과 섬진강을 따라_
구례, 하동, 남해

섬진강의 우리말 이름은
'모래여울'이다

하동과 남해는 뗄 수 없는 고을이다. 분명 뭍과 섬으로 갈라졌지만, 벌써 15세기에 하동현과 남해현을 합병해 하남현으로 불리던 게 그 근거다. 역사적으로도 두 고을은 바다조차 갈라놓을 수 없었던 친족이다. 비단 이들만이 아니다. 경남 하동은 전남 구례와 더욱 뗄 수 없는 지형학적 운명을 지니고 있으니, 이 두 고을의 관계를 대변하는 장소가 바로 화개장터다. 쌍계를 기점으로 하동군 화개면 소재인 이 장터는 영호남 교류의 공간으로 유명하다. 지리산을 공유하면서 섬진강을 따라 형성된 두 고을은 섬진강이 남해와 합류하면서 남해도로 연결된다. 그러니까 구례와 하동을 지나온 섬진강이 마침내 연륙교로 연결된 남해는 두 고을과도 뗄 수 없이 가깝다. 행정구역을 벗어나 세 고을을 함께 묶는 연유가 여기에 있다.

고운 모래가 많아 다사강 多沙江이나 사천沙川으로 불리던 섬진강의 우리 이름은 '모래여울'이다. 모래여울, 예쁜 이름이다. 약 200km 길이의 맑고 깨끗한 섬진강에 다시 찾아주어야 할 이름이 아닐까? 일찍이 섬진강의 발원지를 방문한 적이 있다.

데미샘을 찾아가는 필자 일행(위쪽)과 진안군 백운면 천상데미의 상추막이골에 있는 섬진강의 발원지인 데미샘(아래쪽)

사실 구례와 하동은 섬진강을 공유할 뿐 아니라, 북쪽으로 지리산 자락을 병풍처럼 둘러두고 있다는 공통점을 지닌다. 예로부터 두 고을이 천하 명당의 자리를 다투어 온 까닭이다. 지리산만 놓고 볼 때, 구례 쪽에서는 성

삼재에서 곧바로 노고단에 이르거나, 피아골에서 임걸령을 지나 삼

도봉 쪽으로 주 능선을 탈 수 있다. 아니면 피아골에서 반야봉을 거쳐 남원의 달궁계곡으로 빠질 수도 있으니, 구례에서 연결되는 지리산 코스는 선택지가 넓은 편이다.

하동 역시 마찬가지다. 외삼신봉을 거쳐, 대개는 세석대피소까지 치고 오르는 게 일반적이다. 거기서 촛대봉과 연하봉을 지나면 천왕봉이다. 물론 쌍계사雙磎寺에서 불일폭포 쪽으로 방향을 틀어, 유명한 청학동 도인촌으로 가는 방법도 있다.

구례 화엄사華嚴寺는 노고단으로 가는 초입에 있다. 544년, 연기조사가 창건하고 642년에 자장율사가 중창했다는데 우선 사찰 위치가 탁월해 보인다. 노고단을 배산으로 아름드리 적송 군락이 사찰을 호위하고 있다. 가장 눈에 띄는 건 역시 국보로 지정된 각황전覺皇殿이다. 그 연대나 규모는 물론 건축사적, 불교사적 의미 역시 남다르다. 현존하는 국내 최고의 크기로 본래 전각殿閣 벽면에 화엄경 돌판을 둘렀다 하여 장육전丈六殿으로 불리다가, 조선 숙종 때 증축한 후부터 각황전으로 불리게 되었다.

각황전의 석등은 국보로 지정됐으며, 6.4m로 현존하는 석등 중 세계에서 가장 크다. 크기만이 아니라 그 정교한 예술미 또한 나무랄 데가 없다. 각황전 뒤쪽, 효대라고 불리는 층계를 오르면 국보로 지정된 사사자삼층석탑과 만난다. 너무도 유명한 석탑이다. 2중 기단을 갖춘 3층 석탑인데, 네 마리의 사자가 네 귀퉁이에서 석탑을 떠받치고 그 한가운데 합장한 스님 상을 배치했다. 더 의미심장한 점은 네 마리 사자의 표정과 자세가 모두 다르다는 것이다. 각황전 안에 있는 영산회괘불탱은 국보로 지정돼 있다. 세로 11.95m, 가로 7.76m의 거대한 크기로 구도와 형태, 선과 색채가 모두 빼어난 탱화로 평가받고 있다. 화엄사는 국내에서 가장 많은 국보를 보유한 사찰이다.

구례 운조루雲鳥樓는 토지면 오미리에 있는데, 예로부터 우리나라 3대 명당으로 꼽힌다. 북쪽으로 지리산 반야봉, 노고단, 형제봉, 병풍산이 켜켜이 배산을 이루고, 운조루 앞 넓은 들녘을 뚫고 섬진강이 흐른다. 또한 건너편으로는 오봉산과 계족산이 안산 역할을 하는 형국이다. 운조루는 18세기의 무관, 귀만 유이주가 지은 사랑채 이름이었으나 지금은 가옥의 이름이 되었다. 이 집은 1,000평에 가까운 대지 위에 건평이 100평을 넘는다. 입구에 연지가 있으며 안채는 중문을 통해 사랑채와 이어진다. 특히 사랑채에 대청과 누마루가 함께 있는 건 궁궐 양식을 본뜬 거라고 한다.

안뜰엔 유이주가 중국의 위성에서 가져다 심었다는 수양버들이 지금도 자라고 있다. 특히 사랑채의 부엌 한편에 세워둔 나무 뒤주엔 타인능해他人能解라는 네 글자가 새겨져 있다. 타인도 퍼갈 수 있다는 뜻이다. 대부호였던 유이주는 배고픈 이들에게 쌀통을 개방함으로써 베풂과 나눔을 실천했다. 나는 5~6년 터울로 세 번째 이 집을 방문했다.

구례 출신의 국창 송만갑은 최고의 명창 중 한 사람이다. 그는 송흥록에서 시작된 동편제의 전통을 조부인 송광록과 부친 송우룡 명창에게서 배워 아들 송기덕과 박봉래, 박봉술 등에게 전수해 구례를 동편제의 고향으로 만든 장본인이다. 그의 가계는 본디 무속인 집안으로, 창과 무악巫樂을 절묘하게 혼합한 것으로 평가받는다.

구례군 월곡리에 은거하며 《매천집》, 《매천야록》, 《오하기문》 등 저술을 남긴 구한말의 실천적 지성인 매천 황현은 한일병합의 치욕을 당하자, 절명시 4수와 함께 죽음으로 항거하였다. 정약용의 실용적 학문을 흠모했던 그는 이건창, 김택영 등 조선 후기 최고의 시인들과 깊게 교류하였다.

연곡사鷰谷寺가 있는 피아골은 6·25 전쟁 당시 빨치산의 아지트였다. 그때의 비극을 잊은 걸까? 산비탈에 만들어진 계단식 논이 한가한 풍경을 연출한다. 지금 이곳은 너무도 평화로운 땅, 한없이 외진 산마을이다. 피아골이란 이름은 옛날부터 이곳에서 식용 피(稷)를 많이 가꾸어 '피밭골'이라 불리던 게 와전되어 피아골이 되었다. 피아골 초입에 있는 마을의 이름이 아직도 직전리稷田里인 게 그 자취다.

하동河東은 섬진강의 동쪽 마을이란 뜻이다. 화개에서 쌍계를 끼고 쌍계사까지 4km 길이의 벚꽃 터널은 잊을 수 없다. 쌍계사는 724년, 의상대사의 제자 삼법화상이 창건했으며 임진왜란 뒤인 1632년, 벽암대사가 중건했다고 전한다. 쌍계사에는 국보로 지정된 진감선사 탑비가 있는데, 최치원이 글을 짓고 썼다. 대하드라마 《토지》의 무대인 악양은 지금 그 세트장이 그대로 관광지가 되었지만, 1990년대까지만 해도 마을의 높은 위치에 공루共樓라 불리던 목조 건물이 있었다. 나도 그곳에서 마을을 조망하던 경험이 남아있다. 공루는 말 그대로 마을 소유의 공공 누각으로, 원두막을 연상시키는 중층의 목조 건물이다. 그곳에 오르면 드넓은 악양 벌이며 마을 전경이 눈 아래 펼쳐졌다.

박경리의 《잃어버린 여행가방》이란 산문집에는 바로 이 공루 이야기가 나온다. 공루는 마을 사람들이 모여 담소를 나누는 열린 공간이며 친교의 장이었다. 오늘날에는 공루란 개념도 희미해졌거니와 공루도 거의 남아있지 않다. 참고로 운달산 김룡사金龍寺에는 한자가 다른 공루空樓가 남아있는데 아마도 비슷한 게 아닌가 싶다. 물론 이 절의 공루는 곡식을 저장하는 곳간이었다는 게 다를 뿐이다. 어쨌든 벽면까지 목조로 지어진 중층의 목조 건축물은 이 절에서 가장 눈길을 끄는 고건축물이 아닌가 싶다.

진주 출신 박경리는 최참판댁의 모델로 악양을 떠올렸다는데, 이곳에 있는 친구의 집을 방문했던 경험 때문이라고 한다. 이곳 악양과 함께 원주의 토지문학관 그리고 통영의 묘지 등이 알려졌는데, 정말 중요한 한 곳이 빠졌다. 대하소설 〈토지〉의 운명적인 첫 권이 쓰인 곳은 서울 성북구 정릉이었기 때문이다.

이제 남해대교를 건너면 우리나라에서 다섯 번째로 큰 섬, 남해도

섬진강의 우리말 이름은 '모래여울'이다

다. 쌍홍문雙虹門 등 38경의 비경만이 아니라 동물 형상의 바위가 많아 바위 동물원으로 꼽히는 금산은 아름답다. 정상부엔 원효가 창건했다는 보리암菩提庵이 있다. 낙산사洛山寺 홍련암紅蓮庵, 강화도 보문사普門寺와 함께 3대 관음기도의 도량이 이곳이다. 개인적으로 나는 금산 초입의 비파나무에 대한 시를 세 편이나 썼으니 인연이 보통 깊은 산이 아니다.

남해 금산 보리암과 주변의 암릉

사실 이곳은 유배의 섬이었다. 조선시대만 봐도, 세종 때 사헌부 감찰 박의손부터 고종 때 김한종에 이르기까지 184명에 이른다. 이 중엔 영의정을 지낸 약천 남구만, 서포 김만중 등이 포함된다. 남구만은 남해 진산인 망운산에 올라 〈제영등망운산〉을 남겼으며, 금산에 올라 〈제영등금산〉이란 시를 썼는데, '금산이 곧 선경'이라고 노래했다.

남해 인근에는 섬 안의 섬들이 많다. 특히 김만중의 유배지였던 노도는 배의 노櫓를 만드는 섬이란 이름이다. 그는 이곳에서 한문소설 〈구운몽〉과 국문 가사 〈사씨남정기〉 그리고 문집인 〈서포만필〉을 남겼는데, 시작만 360편에 달한다. 모친을 위해 창작한 〈구운몽〉 역시 〈사씨남정기〉처럼 본디 국문으로 쓴 것을 남파 김천택이 한문으로 옮겼다는 주장도 있다.

이 섬에 산성이 많이 남아있는 이유는 남해도가 내륙을 방어하는 관문이었기 때문이다. 남해장성, 금오산성, 관당성, 성산성, 남해읍성, 대국산성, 임진성, 옥기산성, 평산진성, 적량성 등이 그 자취다. 거기다 금산봉수대, 대방산봉수대, 설흘산봉수대, 망운산봉수대 등 봉수대가 많은 것도 그렇다.

마지막으로 남해에 얽힌 이모저모를 풀어보자면, 창선면 가인리 공룡 발자국 화석지에 남겨진 200여 점의 화석은 백악기 말인 1억 년 전의 것으로 유명하다. 그리고 남해를 더욱 돋보이게 만든 건 수백 년 된 방조어부림의 울창한 숲이다. 물건리 방조어부림이나 미조리 상록수림은 수십 종의 고목으로 채워진 천연기념물들이다. 마지막으로 한 가지만 더 고백하겠다. 여러 해 전, 창선의 어느 횟집에서 맛본 장어국죽 맛을 나는 잊지 못한다.

미래의 자원_
거제도

서이말은 '쥐부리 끝'이요,
사이말은 '뱀부리 끝'이다

거제도는 아름답고도 우람한 섬이다. 거제도의 아름다움은 높은 산과 넓은 들 그리고 리아스식 해안을 낀 바다와의 어울림 때문이다. 높은 산이 골고루 분포되어 있으며, 그 산이 내어준 숲길의 경관은 압도적이다. 온화한 남부의 기온 탓에 여러 종류의 수종뿐 아니라, 아열대 식물까지 만날 수 있다. 가로수에서 보듯 아왜나무나 동백나무 그리고 비파나무나 야자나무까지 만날 수 있다. 거제도에 올 때마다 이곳이 섬이라기보다는 강원도 산골에 있다는 느낌을 받는 것도 그 때문이다.

처음 남해 금산 초입에서 비파나무와 만났다. 마침 여름철, 노란 열매를 주렁주렁 매달고 있었다. 젊은 날의 감각적 착란이었을까? 나는 그때 열매에서 비파 선율을 들은 것 같았다. 그때부터 10여 년 터울로 그곳을 두 번 더 찾아간 이유도 순전히 비파나무 때문이었다. 나는 그 나무 덕분에 이미 두 편의 시를 얻었다. 그리고 다시 세월이 이만큼 지나, 나는 이곳 거제에서 노란 열매를 매단 비파나무를 다시 만난다. 상서로운 조짐이 아닐 수 없다. 어느덧 비파나무도 수더분한 장년이 되었다. 나와 30년 세월을 보냈으니 그럴만도 하다. 오늘 나는 비파나무가 건네는 인사를 받는다. 이제는 혈연처럼 느껴진다고, 그 말을 하고 싶던 참이다. 비파나무에 관한 세 번째 시가 탄생하는 순간이다.

거제가 풍기는 산골의 인상은 까닭이 있다. 거제는 최고봉 가라산을 비롯해 포로수용소의 뒷산인 계룡산 휴양림이 있는 노자산, 장승포의 옥녀봉, 청마 유치환의 고향에 있는 산방산, 연초면의 앵산, 일운면의 북병산, 옥포의 국사봉, 대금산 그리고 남쪽에서 소병도와 대병도를 바라보는 망산 등이 섬 전역에 고루 퍼져있다. 그리고 바닷가의 산들이 그렇듯, 해발 높이에 비해 실제 높이는 훨씬 우람하다.

옥포는 충무공 이순신의 첫 전승지다. 처음이 중요하다. 그는 옥포에서의 승리 이후 한 번도 패하지 않았으니 말이다. 그 비결이 무엇일까? 나는 이유 중 하나가 지형이라고 믿는다. 옥포의 지형을 보면, 먼바다에서 안으로 움푹 들어온 항아리 모양의 내해다. 수백 척

서이말은 '쥐부리 끝'이요, 사이말은 '뱀부리 끝'이다

의 왜선과 싸울 때 이순신은 곧잘 이런 지형을 선호했다. 많은 함선이 들어올 수 없는 자리로 유인해 적선의 숫자를 최소화한 전략을 짐작할 수 있다. 수백 척이 바라다보는 눈앞에서 안으로 들어온 수십 척을 섬멸하는 전략 말이다. 이순신은 적선의 10분의 1밖에 안되는 함선으로 수백 척과 맞서는 만용을 부린 적이 없다. 그는 첩보 및 지형을 활용해 불과 수십 척만 진입할 수 있는 자리로 적을 유인해 섬멸했을 뿐이다. 백전백승의 전설은 치밀한 분석과 전략의 결실이었던 셈이다. 이 바다, 옥포의 지형이 바로 그 증거다.

《난중일기》에 의하면, 특히 거제도는 경상우수영이 있던 곳이며 기념비적인 전투로 점철된 바다다. 첫 승전지인 옥포해전(1592년)을 비롯하여 율포해전(1592년)과 장문포해전(1594년) 등이 그것이다. 그뿐 아니다. 이순신이 모함을 받고 백의종군하던 당시의 치욕적인 전투를 치렀던 장소, 칠천량이 여기다(1597년). 그 해전에서 조선 수군은 전선 열두 척을 남기고 모조리 파괴되었으며, 삼도수군통제사 원균도 여기서 전사했다.

염치없는 선조가 면목없음을 고백하며, 풍전등화의 나라를 구하라고 교지(敎旨)를 내리고, 열두 척으론 불가할 테니 해군을 버리고 육군으로 편입하라 명(命公陸戰)했을 때, 이순신은 부당함을 지적하며 신에겐 아직 열두 척이 있다(今臣戰船尙有十二)는 장계를 올렸으니, 이는 지금도 회자되는 바로 그 문장이다.

이순신의 후광일까? 이곳에 조선소가 있다는 사실은 특별한 의미를 지닌다. 옥포는 지금 삼성중공업과 한화오션이 하나의 도시를 이루어 거제에서도 손꼽히는 부촌을 만들었다. 이 산업역군들의 자긍심은 회사 유니폼이 그대로 일상복으로 통용되는 옥포의 풍경에서도 느껴진다. 출퇴근뿐 아니라 거리의 식당이나 술집도 유니폼 일색이어서 외지인은 금세 정체가 드러나고 마는 게 옥포의 풍경이다.

거제의 전략적 중요성은 지금도 남아있는 많은 산성을 통해서도 알 수 있다. 왜구의 침략에 맞서 축조된 사등성, 옥포성, 구조라진성, 오량성, 패왕성, 지세포성, 다대포성, 구율포성, 대금산성, 고현성 등이 그것이다. 나는 사실 거제의 이두식 지명에 큰 흥미를 느낀다. 아름다운 경관을 자랑하는 와현모래숲해변은 누운 언덕(臥峴)이란 뜻의 '누우라 재'다. 거기서 서이말등대에 이르는 빽빽한 숲길은 감동 그 자체다. 다양한 활엽수림이 숲의 터널을 빚어낸 이 길목은 꿈길처럼 아늑하다. 숲이 끝나고 바다가 열리는 벼랑 끝에 서이말등대가 서 있다. 과연 장관이다. 등대에 이르러 내해 풍경을 바라보다가, 언젠가 본 카프리섬보다 이곳 경관이 더 빼어나다는 생각을 했을 정도다.

서이말鼠唲末의 뜻은 '쥐부리 끝'이고, 북쪽 장목면에 있는 해변인 사이말蛇唲末의 뜻은 '뱀부리 끝'이다. 이는 모두 지형을 빗댄 지명이다. 사실 장목면의 장목獐木 또한 '노루목'이란 뜻이다. 리아스식 해안이 빚어낸 지형을 동물들의 형상으로 이름 붙인 이들의 안목은 이미 시인의 눈빛이다. 60여 개의 섬을 거느린 거제는 한려해상국립공원이다. 특히 해금강의 빼어난 경관은 입을 다물 수 없게 만든다. 그리고 거기서 동남쪽으로 대마도의 그리메를 만났을 때의 감회 또한 특별하지 않을 수 없다. 대마도가 저토록 가까운 거리였다니! 우리 바다 깊숙이 자국의 영토를 확장한 그들은 지금 독도까지 내놓으라고 억지를 부리고 있다.

거제의 하이라이트는 해금강이다. 섬의 남쪽, 불과 500m 해상에 솟아오른 기암괴석의 무인도들 말이다. 본디 갈도葛島란 이름으로 칡뿌리 모양에서 유래한다고 전하지만, 건너편 육지 끝이 갈곶葛串이니 이 지명 또한 그로부터 나왔을 것이다. 이 섬은 약초 섬으로 유명한데 진시황의 신하인 서불이 불로초를 구하러 왔던 섬이라고 전한다. 이런 풍광에서 이상향을 떠올리는 건 너무도 당연해 보인다. 서불과차徐市過此, 즉 '서불이 이곳을 지나갔다'는 글씨의 석각들이 발견된다고도 한다.

나는 거제를 떠올리면, 최인훈의 〈광장〉이 제일 먼저 떠오른다. 인텔리 주인공 이명준이 밀실과 광장 사이를 배회하다가, 결국 바다로 간다는 결말은 오랫동안 나를 먹먹하게 만들었다. 개인이 지닌 욕망의 자리인 밀실과 공동체적 질서인 광장, 그 모두로부터 버려진 자가 선택한 곳은 중립국이었지만, 주인공은 어디에도 낙원은 존재하지 않는다는 사실을 알았을까? 아니면 바다만이 낙원이란 것일까? 거제에 오면, 이 섬이 분명 낙원일 수 있겠다는 착각이 들 것 같은데 말이다. 포로수용소에서 이곳 출신 작가, 손영목의 〈거제도〉를 떠올린 것도 낙원에 대해 오래 골몰하던 뒤끝이다. 이 소설은 포로 수용소의 그 드라마틱한 실상을 포로들의 시점에서 그려낸 작품이다. 이념이 뒤섞인 채 막사의 주도권 싸움, 습격과 린치, 살인이 되풀이된 인간 지옥 이야기 말이다.

포로수용소! 또 한 사람의 증인은 시인 김수영이다. 그는 〈내가 겪은 포로생활〉에서 이 끔찍한 아비규환을 '본 사람만이 아는 일'이라고 썼다. 포로수용소에는 흥남철수작전을 기념한 조형물이 있다. 그 당시 난민을 구조한 메러디스 빅토리호는 인류 역사상 가장 위대한 구조를 한 배로 역사에 등재되었다. 그렇다면 그들을 싣고 온 메러디스 빅토리호가 부산항 입항을 거절당했을 때, 그들을 받아들인 이곳 장승포항 또한 휴머니즘의 성지로 기억되어야 하는 건 아닐까? 참 잘 잊는 민족이지만 그것까지 잊어서는 안 된다. 당시 거제의 주민이 10만 명, 피난민이 20만 명, 포로가 17만 명이었으니 거제는 이방인의 천지였던 셈이다. 그래서 지금 상대적으로 퇴락한 인상을 주는 장승포항에서 생각이 많아진다.

거제는 동랑 유치진과 유치환 형제가 태어난 섬이다. 이들 형제는 각각 여덟 살과 다섯 살 때 통영으로 이주했지만, 그들의 뿌리는 이 섬이다. 유치환의 묘는 지금 이곳, 고향 집 뒷산에 있다. 거가대교가 뚫리고 해저터널이 생기면서 거제는 부산과도 지척이 되었으니 상전벽해를 실감한다. 하지만 나는 거제의 가장 강력한 저력은 거제도다운 특성을 잃지 않는 것이라고 믿는다. 거제의 숲과 바다를 온전히 지켜내는 것이야말로 거제의 미래 자산이라고 단언한다. 거제가 거제다움을 유지할 때, 역사성과 자연경관이 함께 어우러질 때 그리고 무성한 숲과 자연 그대로의 바다가 지켜질 때, 거제는 세계적 관광지로 거듭날 것을 확신하기 때문이다. 그런데도 최근 바람의 언덕 부근 및 노자산과 가라산 일대, 100만 평에 달하는 부지에 골프장 개발이 추진된다는 슬픈 소식이 전해진다. 가라산은 세계적인 희귀종, 팔색조의 서식지다. 이 개발이 거제다움을 급격히 손상시킬 위험을 생각하면 자꾸만 입맛이 쓰다.

산맥이 바다와 만나는 곳_
순천, 보성

한국에서 가장 아름다운 옛집과
사찰이 있는 곳

순천은 예로부터 전남 남부의 교통 요지로, 조선시대에는 이미 순천 도호부였다. 태백산맥의 끝자락인 순천은 조정래가 쓴 소설, 〈태백산맥〉의 주 무대이기도 하다. 이곳의 대명사가 순천만과 조계산이다. 본디 소나무가 많아 솔뫼, 곧 송광산松廣山이었는데 지금은 조계산으로 이름이 바뀌었다. 조계산 서쪽의 송광사松廣寺와 동쪽의 선암사仙巖寺, 두 고찰은 불교사에서도 쌍벽을 이룬다.

보조국사 지눌은 1200년부터 송광사에서 불법을 일으켜 조계종의 종조宗祖가 되었다. 송광사는 신라 말에 혜린선사가 창건할 당시에는 길상사吉祥寺였는데, 수선사修禪寺로 이름이 바뀌었다가 지금의

한국에서 가장 아름다운 옛집과 사찰이 있는 곳

이름인 송광사가 되었다. 1996년, 송광사 출신 법정스님이 대원각_大圓覺을 시주받아, 서울 성북동에 길상사를 창건한 건 송광사의 옛 이름을 가져온 것이다. 고려 때 사찰 규모가 여든 동 정도였다고 전해지나, 지금도 쉰 동쯤 되는 대찰_{大刹}이다. 송광사는 승보사찰로서의 자긍심이 크며, 보조국사를 위시해 16국사 영정을 모신 국사전_{國師殿}에서 볼 수 있듯, 많은 국사를 배출한 사찰로 명성이 높다.

송광사에서 가장 빼어난 경관은 우화각_{羽化閣}을 바라보는 소위 포토 존이다. 능허교라는 이름의 무지개다리 위에 있는 우화각은 계곡물에 비친 모습이 압권이다. 임경당_{臨鏡堂} 쪽에서 침계루_{枕溪樓} 방향으로 흘러내리는 물에 비친 우화각은 그 이름처럼 신선이 되어 날아갈 듯하다. 또한 우리나라 요사채 중 가장 오랜 역사를 지닌 하사당_{下舍堂}의 솟을지붕은 조선 초 건축사를 밝히는 귀중한 건축물로서 보물로 지정돼 있다. 전통의 크기와 현재 사찰의 위치로 볼 때, 유네스코 세계문화유산에 들지 못한 점은 의문이 든다.

이와 대조적으로 이웃의 선암사는 유네스코 세계문화유산에 등재된 일곱 개 사찰 중 하나다. 사찰의 역사는 529년, 아도화상이 지금의 비로암_{毘盧庵} 자리에 해천사_{海川寺}를 지으며 출발했지만, 9세기에 도선국사가 지금의 자리에 창건했다. 그리고 고려조 대각국사 의천이 천태종의 중심 사찰로 중건하며 주목받는 사찰이 되었다. 다만 이런 역사성이 전부일까? 이 사찰이 세계문화유산이 된 또 다른 연유는 없을까? 나는 그걸 사찰의 예스러운 보존 상태와 경관과의 어울림에서 찾고 싶다.

우선 사찰 입구의 강선루降仙樓 앞에 서있는 승선교의 아름다움은 눈부시다. 고풍스러운 두 쌍의 무지개다리는 선계의 입구로 드는 문처럼 경이롭다. 이곳에 오기 전 손종흠 교수의 《한국의 다리》를 읽고 왔다. 그 책에 의하면, 17세기에 약휴라는 승려가 자연 암반을 지대석으로 삼아, 화강암으로 무지개 모양을 한 이 무지개다리를 세웠다고 한다. 다리의 아름다움은 물론 그 역사적 가치를 인정받은 보물인데, 선암사의 아름다움을 대변하는 상징이 되었다.

대웅전, 각황전, 팔상전의 고태미와 함께 특히 원통각圓通閣의 독특한 건물 형태는 눈길을 사로잡는다. 원통각은 'T' 자형으로 지붕 전면을 길게 돌출시킨 겹치마 모양의 팔작지붕 형태가 퍽 인상적이다. 특히 건물 정면에 있는 꽃살창과 토끼와 파랑새 전각은 압권이다. 이 건물 역시 승선교를 세운 약휴스님이 건립했다. 원통각뿐만이 아니다. 추녀와 추녀를 맞대고 서있는 건물마다 기와, 기둥, 대들보, 주춧돌, 꽃살문과 살창 하나하나가 조각이자 예술품이다. 거기다가 신비로운 쌍향수의 모습이며 홍매화 고목, 뒷간의 경관에 이르기까지 무엇 하나 소홀함이 없을 뿐 아니라, 건물과 경관의 자연스러운 어울림이 돋보인다. 말 그대로 절집만의 독특한 이미지와 거기에 있는 낡고 오래된 느낌들까지 보태져 정겨움을 불러일으킨다. 선암사가 세계문화유산으로 등재된 연유도 이런 예술성과 자연경관의 어울림을 인정받은 것은 아닐까 싶다. 아니, 오래 머물고 싶은 혹은 떠나기

한국에서 가장 아름다운 옛집과 사찰이 있는 곳

싫은 그런 묘한 감정을 그들, 유네스코의 실사단들도 강렬하게 받았던 건 아닐까?

1,500년 역사를 거슬러 마한시대 조성된 낙안읍성은 유구한 역사성은 물론, 평지의 읍성으로 해미읍성이나 고창에 있는 모양읍성과 함께 원형이 잘 보존된 읍성이다. 옛 모습대로 초가집으로 이루어진 마을과 돌담길이 인상적인데, 특히 낙안읍성은 지금도 주거 공간으로 사람들이 살고 있다는 점에서 특별한 가치를 지닌다. 지금의 돌담 역시 초가와 어울리는 흙담이었는데, 17세기에 낙안군수로 부임한 임경업 장군이 돌담으로 바꾸었다고 한다. 성안을 거닐다 보면, 관가는 물론 죄수를 가두던 감옥도 있다. 그리고 마을 초입에 있는 돌샘은 산에서 내린 물로, 지금도 식수로 사용된다. 말 그대로 살아 있는 읍성인 셈이다.

여자만 북쪽에 위치한 순천만은 동천과 사천이 바다와 만나는 지점에 펼쳐져 있다. 드넓은 갯벌과 갈대숲을 지닌 이곳은 생태계의 보고로서 국가정원이기도 하다. 한글 1세대 작가로 꼽히는 〈무진기행〉의 김승옥이나 시인 허형만, 아동문학가 정채봉은 각 장르에서 괄목할 업적을 남긴 이곳 출신 문인들이다.

보성은 녹차의 고장으로 유명하다. 하지만 내 발길을 끈 곳은 강골마을이 첫 번째다. 득량면 오봉리에 있는 강골마을은 16세기 말, 이덕형의 후손인 광주 이씨들이 터를 잡은 집성촌으로, 지금도 30여

채의 한옥들이 잘 보존되고 있는 농촌 마을이다. 한옥과 어울리는 좁고 휜 골목길을 걷다 보면, 마을의 여론을 나누었다는 우물인 소리샘이 있다. 아, 소리샘이라니! 이런 자잘한 감동, 나는 그 이름의 은유적 품새에 먼저 놀란다.

한옥 중에서도 이용욱가옥, 이금재가옥, 이식래가옥 등 가옥 세 채와 열화정悅話亭이란 정자가 중요한 민속자료로 지정되었다. 특히 마을 중앙에 있는 이용욱가옥은 1835년, 조선 후기의 학자인 백은 이진만이 건축한 고택으로, 몇 해 전 건축가들이 뽑은 한국에서 가

우리나라에서 가장 아름다운 고택으로 건축가들이 선정한 이용욱가옥

한국에서 가장 아름다운 옛집과 사찰이 있는 곳

장 아름다운 고택으로 선정되기도 하였다. 내당, 사랑채, 문간채, 곳간채, 행랑채 그리고 사당과 솟을대문을 갖춘 이 집은 집 앞에 넓은 연지까지 갖추고 있다.

마을 뒤편의 대숲 속에 자리한 열화정은 19세기에 이진만이 지은 정자다. 기쁘게 담소한다는 뜻의 열화는 중국 동진시대의 시인, 도연명이 지은 〈귀거래사〉에서 따왔다. 정자의 품새도 그렇지만 주변 경관과의 어울림이 한 폭의 그림 같다. 이곳에 들면 두런거리는 말소리조차 새소리처럼 정겨워질 것만 같다.

한편 보성이 송재 서재필의 고향이란 걸 기억하는 이는 드물다. 여기서 그의 출생 연도를 일반적으로 알려진 1866년이나 1864년이 아니라, 1863년으로 보는 시점은 1851년생인 고균 김옥균과 열두 살 차이라는 기록에 근거한다. 그는 보성군 문덕면 용암리에 있는 가내마을에서 태어났다. 그의 천재성을 미리 알아본 양부모 덕분에 서울 유학과 동경 유학까지 하면서, 열두 살 연상의 김옥균과 친교를 맺은 건 운명의 전환이었다. 1884년 12월, 서재필은 김옥균과 금석 홍영식 등과 갑신정변(1884년)에 가담했다가 실패한 뒤, 미국으로 망명해서 1889년에 워싱턴대학교에 입학했는데 이는 동양인으로서는 최초라고 한다. 그곳에서 그는 세균학 박사학위를 취득한다. 개화사상가, 교육자로서 서재필의 업적은 탁월하다. 우리나라 최초의 한글 신문, 《독립신문》을 발간하고 독립문을 건립했으며, 이승만과 이상재 등과 독립협회를 결성하기도 했다. 그러나 그의 개화사상

은 빛을 발하지 못한 채, 정치적 격변기를 거치며 좌초하고 그 자신
도 미국으로 추방되어 그곳에서 사망했다.

그리고 벌교는 꼬막의 고장이다. 보성군 벌교면, 이 작은 고을이
시끄러워진 이유는 이곳 출신의 소설가인 조정래의 〈태백산맥〉 덕
분이다. 이곳에 문학관이 들어서고, 태백산맥 문학기행의 길이 열렸
기 때문이다.

우리가 더듬어 온 순천과 보성은 길고 긴 태백산맥이 끝나는 지
점으로서 그 지형학적 특징을 지닌 고을이다. 《산경표》상으로도 호
남정맥의 맨 밑자락이다. 산은 왜 끝나는 걸까? 바로 바다와 만나기
위해서다. 산의 흐름이 꿈틀거림을 멈춘 곳에서 순천만과 득량만 그
리고 보성만이 열린다.

산의 지형이 끝나며 바다가 열리는 곳, 그곳에서 태백산맥은 아직
도 할 말이 남아있다는 듯 무수한 이야깃거리를 풀어놓는다. 그것이
송광사나 선암사로 상징되는 신앙의 차원이든, 빨치산의 성역이었
던 이 땅의 역사처럼 끝나지 않는 이념의 갈등이든, 그건 중요하지
않다. 중요한 건 그 모든 이야기가 산에서 시작된다는 것이다. 아니
다, 산이 바다와 갑자기 맞닥뜨리자 다급하게 쏟아낸 이야기들이란
것이다. 그래서 그 이야기들은 평범하지 않고 극적이다. 아니, 때론
비극적이다. 아니, 끝이 없을 것만 같다. 드디어 산맥이 끝나고 바다
가 열리기 때문이다.

한국에서 가장 아름다운 옛집과 사찰이 있는 곳

보루의 운명을 짊어진 섬_
강화도

강화의 이두 지명, 갑비고차는
'갑곶', 곧 깊은 협곡을 낀 곳이다

역사가 단군의 시기까지 소급된 마니산 참성단塹星壇의 등장은 이 땅
이 얼마나 유구한 역사의 터전인가를 환기할 뿐이다. 강화도는 화문
석과 인삼으로 유명하지만, 그보다도 특별한 지형학적 위치 때문에
역사에 각인된 섬이다. 교동도와 석모도 등을 거느리고 있는 이 섬
은 국난의 시기마다 나라를 지켜낸 보루堡壘였다. 보루란 적을 막아
내는 진지를 말하는데, '보'는 작은 성이고 '루'는 큰 성이다. 이 섬에
있는 광성보 같은 돈대가 보라면, 정족산성은 루에 해당한다. 역사적
격변기마다 강화도는 그 보와 루를 통하여 국토를 지켜낸 섬이다.
　청동기시대의 고인돌 군락이 보여주듯 선사시대부터 사람이 거주했던 이 섬은 섬 전체가 보로 둘러싸인 격전의 현장이며 유적의 보고이기도 하다. 단군이 하늘에 제를 올렸다는 참성단의 유래는 멀리 고조선까지 올라간다. 거기 단군의 세 아들이 지켰다는 삼랑성의 신화가 덧붙는 까닭이다. 무엇보다 대몽항쟁기에 강화도의 역사는 일개 도서에서 벗어나 우리 역사의 주 무대로 편입된다. 1231년, 몽고군이 한반도를 유린하자 고려는 장기 항쟁을 위해 강화천도를 결행한다. 1232년(고종19년)부터 1270년(원종11년)까지 거의 반세기나 이어진 대몽항쟁기는 무신정권 시기와 맞물린다. 먼저 고려는 참성단을 복원해서 국난 극복의 상징적 성소聖所를 마련했으며, 대장도감 大藏都監을 설치해서 불타버린 초조대장경을 다시 찍어냈으니 이때가 1251년이다. 이것이 지금 세계인의 찬사를 받고 있는 세계문화유산, 팔만대장경이다.

아울러 고려는 식량의 자급을 위해 갯벌의 간척사업을 대대적으로 시행한다. 지금 강화도의 넓은 농경지가 그때 조성된 것이며, 그 결실은 마니산까지 본섬에 연결되었다. 짧지 않은 강화도 왕권의 흔적은 고려 고종의 왕릉인 홍릉이 그 자취다. 그러나 삼별초의 저항도 헛되게 강화천도가 실패로 끝나고, 1270년에 환도한 이후 강화도는 단지 피란의 섬으로 기억되었다.

그 불우한 시기에 우리 문학사는 이규보라는 대문호와 만나게 된다. 이규보 역시 불우한 천재였다. 그는 32세가 되어서야 자신의 재능을 알아본 최충헌·최우 부자에 의해 발탁된 뒤, 외교문서는 물론 국가의 중요한 공문서를 전담하게 된다. 이규보가 무신정권의 권신으로 비난받는 이유다. 그러나 그가 돋보이는 점은 국가가 공인한 문서 장인으로 쌓은 업적 때문은 아니다. 이규보는《동국이상국집》,《백운소설》등 주옥같은 문집을 남겼으며《동국이상국집》의 제3권에 수록된〈동명왕편〉은 우리나라 최초의 서사시다. 그는 12~13세기의 중세적 사고가 지배하던 당대의 관념론을 비판하고 제사 풍속이나 미신을 타파했으며, 그때 벌써 근대적 각성을 선도한 진보적 지성이다. 이규보의 문학적 성과 또한 바로 앞 시대 인물, 남호 정지상과 맞먹는 업적이다. 사실은 정지상의 문학적 우수성을 밝혀낸 인물도 이규보이며, 정지상의 죽음을 김부식의 질투심 탓으로 진단한 이도 이규보였다.

특히 이규보의 시에 대한 정의는 대단히 현대적이다. 시는 우흥촉물寓興觸物의 결과라고 밝힌 점이 그렇다. '흥이 깃들어야 사물에 닿는다'는 말은 감동이 먼저 일어나야 오브제의 선택이 가능해진다는 이론이다. 감동이 영감의 다른 이름이라면 이는 창작의 경험이 녹아있는 탁견 그 자체다. '문제의식도 없이 수다나 늘어놓는' 문체, 즉 촌부회담체村婦會談體나 정밀한 퇴고가 이루어지지 않고 '잡초만 무성한 밭' 같은 문체, 낭유만전체莨莠滿田體를 배격한 것에서는 현대 시론의 본보기를 발견하게 된다. 그가 남긴 그 정밀하고 다양한 문체와 광범위한 내용 그리고 분량의 크기는 고려만이 아니라, 우리 문학사 전체를 통틀어서도 가장 윗자리에 놓일만하다. 사가정 서거정이《동인시화》에서 '동방의 시호詩豪는 이규보 한 사람뿐'이라 한 평가가 과장으로 들리지 않는 까닭이다. 대몽항쟁기에 무신정권과 함께 살았던 불우한 시대의 천재 시인은 자신이 65세이던 1232년의 강화천도 당시, 문한직이란 직책으로 섬에 들어와 74세에 별세하기까지 여기에 머문다. 강화도에서 거주하는 시기가 길어지자 다른 관료들은 땅을 사고 저택을 지었으나, 그만은 하음객사河陰客舍의 행랑채에 세 들어 검소하게 지낸다. 관료들의 부패가 심해지자 퇴휴표退休表를 내고 물러나 시, 거문고, 술 세 가지를 사랑하며 말년을 보냈으니 삼혹호 三酷好 선생이며, 이는 그의 묘가 지금 강화도에 있는 까닭이다.

전등사傳燈寺에는 대웅전과 묘법연화경목판, 범종 등 보물로 지정된 문화재들이 있다. 그중에서도 목조석가여래삼불좌상이 유명한데, 나무 불상이란 점에서 그렇다. 특히 대웅전 기둥에는 지금도 선명한 먹글씨가 남아있는데, 사찰 재건에 참여했던 인부들이 남긴 흔적으로 전한다.

강화도는 우리 국토의 보루이자 돈대의 섬이다. 조선시대에 강화유수부江華留守府가 설치된 이유도 섬의 지형학적 위치나 보루로서의 기능을 간파한 결과였다. 그 첫 번째 결실은 1627년에 이루어진다. 청나라의 첫 번째 공격을 받자, 인조는 강화천도를 단행해 100일을 무사히 견뎌낸다. 그러나 1636년, 청나라가 다시 침공하자 강화도가 아니라 남한산성으로 피신했다가 삼전도의 굴욕을 당했으니,

강화의 이두 지명, 갑비고차는 '갑곶', 곧 깊은 협곡을 낀 곳이다

당시의 비참한 상황은 남한산성에서 한 궁녀가 지었다고 전해지는 《산성일기》에서 생생히 전하는 바 그대로다.

특히 효종과 숙종은 누구보다 강화도의 전략적 중요성을 간파한 임금들이다. 그때 무려 53개의 돈대가 설치되었다는 기록이 이를 증명한다. 이 돈대들이 기능을 발휘한 시기는 한참 뒤다. 바로 1871년, 미국 함대가 일으킨 신미양요 때 광성보전투(1871년)에서 크게 승리한 어재연 장군의 이야기가 그 예시이다. 삼랑성은 본디 삼국시대의 토성으로 성안에 민가가 아니라 전등사와 정족산사고鼎足山史庫만 있는 게 특징이다. 그리고 삼랑성은 고려 때 증축하면서 정족산성으로 이름이 바뀐다. 1866년에 프랑스군이 병인양요를 일으켰을 때, 이 산성을 지킨 양헌수 장군의 승리는 강화도가 우리 국토의 보루였다는 확실한 근거다. 그러나 싸움에서 패한 프랑스군은 약탈과 방화를 저질러, 조선왕조의궤 300권과 외규장각의궤 등을 탈취해서 돌아갔다. 또 1875년, 일본 군함 운요호가 조선군과 교전한 사건은 국권 상실의 빌미를 제공한 단초로서 뼈아픈 역사적 교훈을 남기기도 하였다.

강화도와 교동도는 유배의 섬이다. 교동도는 고려시대부터 희종, 강종, 충정왕, 우왕의 유배지였으며, 조선의 연산군이 유배되어 생을 마친 섬이다. 그리고 1614년(광해군 6년), 불과 여덟 살이던 영창대군은 강화도로 유폐돼 그곳에서 죽는다. 그때 영창대군의 유배를 반대한 이덕형은 실각하여 죽음을 맞이했으며, 그 뒤에 인목대비의 폐위를 반대한 이항복 역시 유배지에서 숨을 거둔다. 그렇게 오성과 한음, 이 두 인재가 제거되자 인조반정(1623년)이 일어나고 광해군 역시 강화도로 유배되었다가 제주로 이배되어 그곳에서 죽는다. 이 밖에도 안평대군이나 경안군, 임창군 등 강화도는 왕자들의 유배지로 악명이 높았다. 실로 살기 가득한 세도와 왕권의 무상無常을 목도한 섬이 강화도다. 그러나 역사의 비극은 거기서 끝이 아니다. 나라가 망국으로 치닫던 구한말, 한낱 무지렁이 나무꾼이던 강화도령이 철종 임금으로 둔갑했으니, 지금의 용흥궁龍興宮이 바로 그가 살던 집이다. 그곳에서 국가의 미래가 아니라 권력의 안위를 따진 안동 김씨 세도정치의 협잡을 본다. 그러니까 강화도는 나라만 지켰을 뿐 아니라, 한순간 정치적 과오가 어떻게 망국으로 치닫는지, 그걸 생생히 보여주는 역사의 거울인 섬이다.

조상 대대로 강화도가 터전이었던 영재 이건창은 대시인이다. 구한말의 대학자, 창강 김택영은 《여한구대가초》에서 이건창을 여한구대가麗韓九大家, 즉 고려와 조선 그리고 대한제국까지를 통틀어 꼽히는 아홉 문호 중 한 명이라고 말했다. 이건창은 용모가 수려하고 강직했으며, 암행어사나 지방관으로 옮길 때마다 선정비를 남긴 사람이기도 하다. 그러나 구한말, 나라의 운세가 기우는 걸 슬퍼하며 모든 관직을 사양하고, 이곳 명미당明美堂에 칩거하여 47세의 나이로 별세했다.

강화의 이두 지명, 갑비고차는 '갑곶', 곧 깊은 협곡을 낀 곳이다

《삼국사기지리지》에 의하면 강화도의 고구려 때 이름은 혈구군穴
口郡으로 그 이두식 지명은 갑비고차甲比古次였다(穴口郡一云甲比古次).
여기서 갑비란 구멍이나 협곡 또는 '갑/겹'을 뜻하는데 이는 혈구군
이란 이름과 겹친다. 그리고 '고차/홀차'는 '곶'을 의미한다는 게 신
채호와 양주동의 동일한 주장이다. 그러니까 갑비고차는 '갑곶/갑곶
이'로서 '깊은 협곡을 낀 곶' 또는 '두 갈래로 갈라진 곶' 정도의 뜻이
다. 김포와 깊숙한 만을 사이에 두고 나뉘어 있는 강화도의 지형에
합당한 명칭인 셈이다.

강화도가 국난의 시기마다 부상한 이유는 그 지형적 특성 때문이
다. 강화도는 임진강을 기점으로 파주군 및 북한의 개풍군, 연백군
과 바닷길로 갈리며, 다시 한강 하구의 김포와 갈라진다. 육지와 떨
어진 천혜의 요새인 동시에 언제나 최전방의 운명을 짊어진 섬이었
던 셈이다. 그리고 그 운명은 남북이 대치하는 지금도 진행형이다.
교동도 대룡시장은 섬의 운명을 고스란히 보여주는 살아있는 교육
장이다. 그곳의 주민들 대다수가 북한이 지척인 이곳에 터를 잡은
이유도 실향민들이기 때문이다. 그들이 고향으로 돌아가는 그날, 강
화도는 그 무거운 역사의 짐을 벗고 한반도 중부의 가장 평화로운
섬으로 거듭날 것이다.

예인의 원향_
목포

등산진은 '올뫼나루',
목포진은 '나무나루'란 뜻이다

부산항(1876년), 원산항(1879년), 인천항(1883년)에 이어 1897년, 우리
나라에서 네 번째로 개항한 항구가 목포항이다. 조선시대 무안현 소
속이던 목포는 개항과 더불어 비약적으로 성장한 도시다. 무안의 옛
이름, 몰아혜는 '물아랫골'을 뜻하는 이두어로 주목할 만하다.

　김정호의 《대동지지》에는 '등산나루는 달리 목포나루라 부르는
데 해남 항원의 우수영에 통한다(登山浦一云木浦津 通于海南黃原右水
營)'라는 기록이 보인다. 이로 미루어 조선시대까지 등산진과 목포진
이란 지명이 함께 쓰인 걸 알 수 있다. 우리말로 풀이하면 등산진은
'올뫼나루', 목포진은 '나무나루'란 뜻이다. 올뫼라는 지명에서 유달

산儒達山으로 오르는 나루터를 짐작하듯이 나무나루라면 이 나루터가 본디 무성한 나무숲 속에 있었던 건 아닐까 추측된다.

목포는 노령산맥이 마침내 유달산에 이르러 다도해 앞에 우뚝 멈춘, 우리나라 육지의 서남단이다. 높이에 비해 산이 도드라져 보이는 까닭도 갑작스럽게 멈춘 지형 때문이다. 영산강이 바다와 합류하는 이곳은 수륙 교통의 요지로서, 신의주까지 이어진 1번 국도와 부산으로 뻗은 2번 국도의 출발점이며, 서해안고속도로의 종착점이기도 하다.

이런 지형적 특징 때문일까? 땅과 바다를 잇는 '열린 정신'이야말로 목포가 지닌 장소의 정신으로 꼽을만하다. 다도해 해상의 진도, 안좌도, 압해도 등 무수한 섬들 또한 목포 문화권으로, 이곳 주민들에겐 남도 가락이 일상화되어 있는 판소리의 고장이기도 하다. 여기다 진도의 운림산방雲林山房이 지닌 200년 화필의 역사까지 떠올려 보면, 이곳이 왜 예향藝鄕 1번지인지 수긍이 간다. 진도 운림산방은 소치 허련으로부터 시작된다. 김정희와 동갑인 초의선사의 천거로 허련은 김정희의 제자가 된다. 더구나 김정희가 제주에서 유배할 때, 허련이 초의선사가 전하는 차를 가지고 세 차례나 스승을 예방한 일화는 그의 사람됨을 보여주는 예화다. 그때 허련이 그린 스승의 초상화인 〈완당선생해천일립상〉이 지금도 전한다.

고관대작을 지냈으며 명문가 출신인 김정희가 삿갓에 나막신을 신고, 구김이 심한 평민 복장을 한 〈완당선생해천일립상〉은 충격적이다. 그러나 김정희의 평온한 표정과 미소를 머금은 눈빛을 담아내어 역경에서도 빛나는 그의 인품을 잘 드러낸다. 그러니까 허련의 초상화는 김정희의 외모가 아니라, 그 내면을 잘 반영했다는 점에서 주목할 만하다. 실물을 본뜨기는 쉽지만 이처럼 심상을 드러낸다는 점으로 허련이 지닌 화필의 경지를 엿볼 수 있기 때문이다. 운림산방의 역사는 지금도 진행 중이다. 특히 남농로에 있는 남농기념관은 허련의 손자인 남농 허건 화백의 족적이다.

한국 최고의 서양화가로 꼽히는 수화 김환기 화백은 안좌도 출신이다. 그의 글을 보면 집 마당에서 목포의 유달산이 보인다고 했다. 1963년, 대학교수직까지 내던지고 뉴욕으로 건너간 그는 특히 대형점묘 추상으로 한국미술사에 가장 뚜렷한 획을 그었다. 특히 1972년 작품인 〈3-Ⅱ-72#220〉이란 붉은색 대형 점묘화가 최근 우리 미술의 최고가를 경신한 바 있다. 뉴욕 체류기에 완성된 김환기의 점묘화에서 무수한 점들은 그의 뇌리 속에 각인된 고국과 고향의 이미지들이자 만남과 이별을 형상화한 것이다. 특히 '환기블루'로 불리는 그 색감은 그의 고향 다도해의 인상으로 보아도 무방할 것이다.

목포와 진도는 물론 인근 다도해의 주민들은 지금도 남도 가락에 묻혀 산다. 들녘에서 만나는 농부들이나 뱃사람들도 예외는 아니어서, 육자배기나 판소리 한 가락을 호흡하듯 뽑아내니 말이다. 그 때문일까? 이 땅은 수많은 예술가와 문인 그리고 음악인을 배출하였으

등산진은 '올뫼나루', 목포진은 '나무나루'란 뜻이다

니 이것은 바로 목포가 지닌 특별한 장소의 정신을 보여주는 증거다.

소설가 박화성과 그 아들이자 소설가인 천승세, 수필가 김진섭, 시인 김지하가 모두 목포 출신이다. 또 진도 출신 문학평론가 김현은 물론, 회령에서 월남한 소설가 최인훈과 함흥에서 월남한 〈순교자〉의 작가 김은국은 모두 목포고등학교를 졸업했다. 우리나라 최초의 소프라노로 장성 출신 김우진 그리고 그와 함께 현해탄에 몸을 던진 윤심덕, 살풀이춤의 이매방, 〈목포의 눈물〉를 부른 이난영과 가수 남진도 이곳이 고향이다.

내가 목포에 올 때마다 잊지 않고 찾아가는 곳이 '다순구미'마을이다. 그 이름은 '볕이 따스한 후미진 곳'이란 뜻의 우리 고유어다. 지금 온금동溫錦洞이라고 불리는 오래된 이 마을은 유달산을 등지고 바다를 향한 남향받이 마을이다. 이곳 지형은 햇빛은 물론 별과 달을 가장 먼저 만나, 가장 늦게까지 그 빛 속에 잠기는 자리다. 다순구미란 지명도 이런 특성에서 나왔는데, 온금동이라고 한자화된 게 아쉽다. 이 마을은 어쩐지 예술가들의 생애를 함축한 것처럼 느껴지기도 한다. 가난하지만 따스한 마을 정경이 그렇다. 이 따사로운 마을이 한때 어느 정치인의 땅 매매로 세간의 이목을 집중시켰으니 안타까운 일이다. 다만 내가 바라는 건 이 마을이 훼손되지 않은 채, 잘 정비되고 보존되는 것이다.

온금동은 옛 다순구미마을이다.

목포는 일제가 자행한 수탈의 역사를 잘 간직한 도시다. 유달동
등 구도심의 적산가옥들, 일본 진언종眞言宗의 자취를 보여주는 유달
산의 신사 그리고 동본원사東本願寺 등은 물론 수많은 근대문화유산
등이 그 증거다. 나주평야나 김제평야에서 수확한 쌀이 목포항을 통
해 일본으로 반출되었기 때문에 목포는 수탈의 1번지가 된 셈이다.
목포근대역사관은 그 대표적 건축물이다. 1900년에 완공된 이 건물
은 목포 최초의 서구식 건축물로 아름다운 붉은 벽돌 집이다. 하지
만 일본영사관이나 동양척식주식회사 목포지점 본관으로 사용된 일
제 침략의 가슴 아픈 현장이기도 하다.

목포양동교회는 1911년, 장로교의 선교사인 유진 벨이 교우들과
합심해서 완공한 석조건축물이다. 목포문학관은 옛 박화성문학기념

관을 확장한 건물이다. 1층에는 박화성관과 차범석관이, 2층에는 김우진관과 김현관이 꾸며져 있다. 목포는 유서 깊은 항구로 끝이 아니다. 목포는 예향이다. 목포가 예향인 이유는 이곳에서 많은 문인, 화가, 음악가 등이 배출되었기 때문이다. 진도아리랑이 있는가 하면 우리나라 품바의 고향도 이곳이다. 아니, 이곳에선 들녘의 필부필부도 판소리 한 가락쯤은 할 줄 안다. 그곳이 예인藝人의 땅 목포다.

한반도의 무릉도원_
영월, 제천

청풍의 이두식 옛 이름,
사열이는 '서늘이'의 뜻이다

영월을 떠올리면 내 눈앞엔 먼저 청령포淸泠浦의 을씨년스러운 풍경이 나타난다. 영월군 남면 광천리, 서쪽은 험준한 비탈로 막혀있고 삼면을 강물이 감싸고 있어 흡사 섬처럼 보이는 곳. 이 물길은 남한강 상류인 서강의 물줄기다. 청령포는 이처럼 천혜의 유배지다. 지금도 단종의 유배지에 가기 위해서는 작은 조각배에 의지해야만 한다. 대체 누가 이토록 절묘한 험지를 추천했을까? 참 악독하다는 생각이 든다. 나이 어린 단종을 이 물가에 던져두고 떠나던 금부도사 왕방연은 애끓는 심사를 시로 읊기도 했다.

청령포의 수호신, 아니 비극을 목도한 증거물은 바로 높이 30m

의 소나무다. 모든 걸 보고 들었다 해서 이름도 관음송觀音松이다. 그러나 수양대군은 무자비했다. 17세의 단종은 이곳에서 죽임을 당하고 그 시신마저 동강에 버려졌다니 말이다. 영월호장을 지내고 있던 엄흥도가 시신을 수습하여 가매장을 했기에 지금의 장릉 자리로 옮겨질 수 있었다. 단종의 장릉은 발산 8부 능선에 자리하고 있다. 왕릉으로는 가장 높은 위치가 아닐까 싶다. 그런데 발산을, 아니 장릉을 호위하듯 에워싸고 있는 더 높은 산이 봉래산이다. 봉래산은 온통 금강송 군락지다. 수피가 붉은 키 큰 소나무들이 장관이다.

백두대간에 솟은 함백산의 고개, 만항재는 높이가 무려 1,330m다. 이 재는 정선과 태백은 물론, 이곳 영월읍 상동읍 구대리와 경계를 나누고 있는데 이는 남한에서 가장 높은 고개다. 영월은 동쪽으로 태백산맥, 서북으로는 차령산맥 그리고 남쪽으로 소백산맥이 지나는 길목이다. 당연히 고산준령이 즐비하다. 백운산, 두위봉, 백덕산, 태화산, 매봉산 등 1,000m 이상의 고산이 솟아올라 숱한 소하천을 빚어내는데, 그 물줄기가 영월읍에서 남한강과 합류한다.

《고려사》에 영월의 고구려 때 이름이었던 내생군奈生郡이 신라 때 내성군奈城郡으로 바뀌었다가, 고려 태조 이래 영월寧越이 되었다고 전한다. 여기서 주목할 점은 고구려 때의 이두식 지명이다. 안재홍은 《조선상고사감》에서 '안성군安城郡은 본디 고구려 때 내혜홀奈兮忽인데 신라 경덕왕 때 백성군白城郡으로 고쳤다(安城郡本高句麗奈兮忽, 新羅景德王 改爲白城郡)'는 기록에 주목하면서, 이두음인 내혜홀은 '나엇

골', 즉 생주生州라고 풀이했다. 이를 통해 영월의 고구려 때 이름인 내생군 역시 비슷한 뜻으로 볼 수 있다. 그러니까 '불쑥불쑥 산이 솟아나는 골'이란 뜻으로 보아 무리가 없기 때문이다. 이곳의 높은 산, 깊은 골을 보면 그 뜻이 타당하게 들리기도 한다.

충북 제천은 영월과 동질성을 지닌 땅이다. 지형학상 백두대간의 영월지맥이 두 고을을 가르고 있다는 점에서 그렇다. 제천의 옛 지명인 내토奈吐, 대제大堤, 내제奈堤 등은 모두 큰 제방과 연관된 명칭인데, 그 지명이 결국 이곳의 저수지인 의림지에서 연유된 걸 알 수 있다. 지금도 사용하는 충청도의 별칭, 호서湖西 지방이란 말도 의림지의 서쪽을 뜻하는 별칭에서 나왔다. 신라 진흥왕 때 대가야의 악사인 우륵이 축조하고, 700여 년 뒤 제천에 온 현감인 박의림이 다시 축조했다 해서, 《세종실록》에 보이는 의림제義臨堤란 한자어가 의림지義林池로 바뀌었다고 한다. 상주의 공검지, 밀양의 수산제, 김제의 벽골제와 비슷한 시기에 축조된 것으로 보고 있다.

너무나 유명한 월악산과 금수산을 비롯해 충주호와 청풍호반, 의림지와 송계계곡 등 전 지역이 그대로 유원지 같은 곳이 제천이다. 특히 월악산은 국사봉에서 한눈에 탁 트인 충주호를 내려다볼 수 있을 뿐 아니라, 화강암 암봉들이 빚어내는 경관 역시 압권이다. 달천의 흐름이 송계계곡의 빼어난 경관을 연출한다. 또한 월악산뿐만이 아니다. 나는 개인적으로 금수산에 더 큰 매력을 느끼기도 한다.

명산의 고장답게 이 땅은 많은 산악인을 배출하였다. 이곳 출신 허영호는 세계 최초로 3극점과 7대륙 최고봉을 정복한 탐험가다. 그는 고상돈에 이어 두 번째로 에베레스트를 정복한 등산가이며 고상돈의 산악부 후배다. 1977년, 우리나라에서 최초로 에베레스트에 오른 고상돈은 제주도 출신이지만 청주대학교 산악부를 창설하고, 충북산악회에서 성장한 등산가다. 고상돈은 우리나라를 세계에서 여덟 번째로 에베레스트를 등정한 국가로 만든 장본인이다. 그는 1979년에 알래스카 최고봉인 매킨리산(6,194m, 현재는 데날리산으로 개칭)을 정복하고 하산하던 중, 같은 대학의 동문 이일교와 함께 추락해서 서른한 살이라는 아까운 나이에 타계했다.

1990년, 내가 알래스카를 방문했을 때 기내에서 내려다본 매킨리산의 모습은 압도적이었다. 만년설이 바람에 움직이는 모습을 보고 있자니 마치 가마솥 안에서 펄펄 끓는 물이 떠올랐다. 그 강렬한 인상은 지금도 지워지지가 않는다. 산악인만이 아니라, 제천은 빼어난 시인을 많이 배출한 고장이다. 오탁번, 윤제림, 이병률, 최금진 등이 그들이다.

청풍은 제천시 청풍면이다. 내륙에서 최고의 경관을 꼽으라면 나에겐 청풍이 첫 번째다. 이곳 소재지의 이름은 원래 '물태리'다. 물태리는 충주호에 떠있는 섬이다. 밤이 되어 하늘을 보면 물태리와 달이 본디 한 짝이었다는 사실을 알게 된다. 그런데 면 소재지에 서있는 표석에는 '읍리'라고 적혀있다. 물태리가 그렇게 바뀌었다는 설명이다. 왜 지방자치단체는 저토록 획일적일까?

물태, 라는 이름은 금방이라도 물이끼를 떠오르게 한다. 그러나 물태를 찾아왔는데 읍리라니 실망이다. 물태란 이름은 산과 물을 떠나서는 모든 것이 물거품이 되고야 마는 이곳의 특성을 대변한다. 특이한 것이야말로 개성의 다른 이름이며 아름다움이다. 나는 특이한 것을 말살해 보편화하려는 모든 기도를 혐오한다.

물태리를 떠나기 위해 다리목에 이르니, 강안 어디나 자욱한 물이끼가 나를 향해 손을 흔든다. 부디 잃어버린 이름을 기억하라고 말이다. 서둘러 저녁을 먹고, 충주호와 월악산 쪽으로 물드는 저녁노을을 본다. 어둠이 물 위로 번지는 풍경을 본다. 그리해서 물빛과 어둠이 몸을 섞을 때, 캄캄한 호수의 잠을 본다.

아울러 청풍의 고구려 때 이름이 사열이沙熱伊다. 이 지명은 주목할 만한 이두식 한자다. 우리 문자가 없던 시기, 고유어 지명이 어떻게 한자화되었는지 잘 보여주기 때문이다. 사열이란 '서늘이'의 음을 표기한 이두다. 서늘하다는 뜻이 '사열이'로 표기되었으며, 그 서늘하다는 뜻과 가장 가까운 한자어가 시원한 바람을 뜻하는 청풍淸風으로 바뀐 건 역시 신라 경덕왕 때다.

북방으로_
철원, 연천, 포천, 양주

철원의 이두 지명인 모을동비는
'털동글', 즉 철동글이다

북쪽이란 어감 속에는 언제나 특별한 무엇이 있다. 왜 그럴까? 예로
부터 죽음의 땅을 북망산천이라 일컬어 온 뉘앙스의 잔영 탓일까.
그러나 어찌 북쪽이 죽음만을 의미했던가? 기개가 시퍼런 선비의
서재를 북창北窓이라고 했으니, 북쪽은 빛의 현혹으로부터 동떨어져
정신의 수위를 드높이던 방위였다. 한반도의 지형학상 북쪽은 북고
남저北高南低로 더 높은 어떤 영지를 의미하던 방향이다.

　그래서 명당의 첫 번째 조건이 북쪽의 형세, 곧 진산과 주산의 모
양새에서 찾아졌다. 그 산세를 등지고 궁궐과 사찰 그리고 집터가
정해졌으며, 왕릉과 묘소가 앉혀졌던 것이다. 이렇게 볼 때, 북쪽이

란 어감이 각별한 이유는 우리의 문화인류학적 여건, 한민족만의 독특한 집단무의식 속에서 그 원인을 찾을 수 있다. 물론 북쪽에 대한 여러 가지 느낌 속에는 국토분단의 현실, 비극적인 우리의 최근 세사가 한몫을 담당하고 있다.

나는 강원도 화천과 양구의 접경, 북한강이 남북으로 나뉜 최전방에서 군 생활을 보냈다. 거기 백암산에서 내려다보면, 군사분계선 철조망이 목장의 평화로운 목책처럼 보인다. 그걸 볼 때마다 이데올로기가 만든 장난감을 구경하는 기분이 들고는 했다. 그 뒤에 7번 국도를 타고 동해안을 거슬러 간성과 거진을 지나고, 화진포와 무송정撫松亭까지 북상해 통일전망대에 오른 적도 있다.

이번 여정은 북쪽 마을의 마지막 코스로 철원과 연천 그리고 포천과 양주 지방이다. 우선 철원의 백운산을 넘어 김화성당까지, 삼부연폭포에서 순담계곡과 고석정孤石亭까지, 직탕폭포를 거쳐 도피안사到彼岸寺와 노동당사 그리고 백마고지까지 살펴본다. 말하자면 철원군의 갈말읍, 김화읍, 동송읍 일대를 샅샅이 뒤진 꼴이다.

우리는 더 이상 북상이 허용되지 않는 민간인 통제구역 앞에서 망연히 북쪽 마을을 바라본다. 철원의 주산은 아무래도 명성산이다. 북쪽이 평야지대일 뿐만 아니라 오성산을 비롯해 북쪽의 산들은 군사분계선 이북에 있어서, 철원은 주산을 남쪽에 끼고 있는 형국이다. 더는 북쪽으로 진입할 수 없으리란 예감이었을까? 명성산의 아

철원의 이두 지명인 모을동비는 '털동글', 즉 철동글이다

름다운 능선도 쓸쓸해 보인다.

철원鐵原의 고구려 때 이름은 모을동비毛乙冬非라는 이두에서 처음 발견된다. 우리 문자가 없었던 시기이므로 이를 우리 고유어로 바꿔보면 털(毛), ㄹ(乙), 동(冬), 그르(非), 즉 '털동그르'가 된다. 여기서 '乙'은 이두에서 'ㄹ'음을 확정하는 기능으로 쓰였으며, '非'는 '그르다'와 '아니다'의 뜻 중에서 '그르다'의 뜻으로 볼 때 그렇다. '그르'는 축약하면 '글'이 된다. 그러므로 철원의 우리 고유어는 '털동글'이 되는 것이다. '털'은 뒤에 구개음화 현상이 일어나 '철'로 바뀌었으며, '동글'은 '원圓'이 된 것이다. 고려시대에 고유어가 한자어로 바뀌는 과정에서 철鐵+동글(圓)로 바뀌어 철원鐵圓이 되었다가, 이후 철원鐵原으로 둔갑한 것이다. 나는 철원에 올 때마다 '철동글'이란 예쁜 이름을 혓바닥으로 굴려보곤 한다. 아니, 이걸 밝혀낸 국학자인 자산 안확의 탁견에 절로 고개가 숙여진다.

주변에 산이 많고 계곡이 깊어 물이 풍부한 곳이라서 자연히 논농사가 발달했기에 철원평야는 예로부터 곡창이다. 하지만 그 허리가 끊겨 비무장지대에서 평야가 묵고 있으니, 그것이 철새의 낙원으로 바뀐 건 그나마 다행이다. 거기서부터 예성강까지가 세계에서도 희귀한 북방쇠찌르레기의 서식지란 사실은 북한의 작가 림종상이 쓴 〈쇠찌르레기〉란 소설을 읽고서 깨달은 일이다.

북한의 조류학자 원홍구 교수는 6·25 전쟁 당시에 아들 셋을 서울로 유학 보낸 채 분단으로 생이별을 했다. 그리고 부친을 이어 조류학자가 된 원홍구의 막내아들은 경희대학교 교수가 된다. 그가 바로 원병오 교수다. 그는 1963년, 홍릉시험림에서 북방쇠찌르레기에 가락지를 끼워 날려 보낸다. 그리고 2년 만에 부친 원홍구 박사는 아들이 보낸 가락지를 발견하게 된다. 그러나 애끓는 부자의 상봉은 이루어지지 못한 채, 원홍구 박사는 1970년에 사망한다. 부자의 이 이야기는 임종상의 소설보다 앞서 일본과 북한의 합작 영화, 〈Bird〉(1992년)로 먼저 선보이게 된다. 2002년, 70세가 된 원병오 박사는 마침내 국제조류학회의 도움으로 14박 15일 동안 북한을 방문하게 되고, 평양에 있는 애국열사릉에 안치된 부모의 묘소에 참배한다. 2006년에는 남북이 합작한 만화영화 〈새〉가 제작되어, 남북으로 갈라진 채 새를 연구한 부자의 눈물겨운 이야기가 보는 이의 심금을 울렸다.

임진강을 끼고 있는 연천은 철원과 뗄 수 없는 북방 문화권의 고을이다. 임진강의 옛 이름이 호로하瓠蘆河였다는 사실은 주목할 만하다. 그 뜻을 밝히기 위해서는 신채호의 견해에 귀를 기울일 필요가 있다. 신채호는《조선사연구초》에서 이두음과 우리 소리의 관계를 밝혀내면서, 예컨대 구려하句麗河는 '구리하', 욱리하郁里河는 '우리하'로 읽었다. 그러니까 신채호의 독법에 따르면 임진강의 이두음인 호로하 역시 '호리하'가 될 것이니, 호리하는 '호리병 모양의 냇물'이란 뜻이 되는 셈이다.

호로고루瓠蘆古壘는 호로하의 옛 보루로서, 고구려가 남진 정책을

철원의 이두 지명인 모을동비는 '털동글', 즉 철동글이다

펼쳐 소백산 죽령까지 차지했던 장수왕 때와는 달리, 6세기 나제동맹으로 임진강 경계까지 밀리던 무렵의 고구려에 있던 고루다. 임진강의 큰 포구였던 고랑포 인근엔 신라의 마지막 왕인 56대 경순왕릉이 있다. 그는 경주 밖에 묻힌 유일한 신라 임금이 되었다. 그의 묘비석에는 '신라경순왕지릉新羅敬順王之陵'이라 적혀있지만, 뭔지 모르게 초라한 느낌이 드는 건 어쩔 수 없다.

한편 연천군 미산면에 있는 숭의전崇義殿은 휴전선 남쪽에 있는 유일한 고려의 문화유적지로서 가치가 높다. 고려 왕실의 종묘에 해당하는 이곳에는 고려의 태조와 현종 그리고 문종과 원종 등 네 왕의 위패와 16공신의 위패를 함께 모시고 있다.

포천은 행정구역상 경기도지만 강원도의 정서, 아니 북방의 이미지에 더 가까운 고을이다. 우선 백운산, 국망봉, 강씨봉, 청계산, 운악산, 광덕산, 박달봉, 각흘봉, 지장봉 등 높은 산들의 위용이 그렇다. 높은 산은 깊은 골을 이루니 수많은 물줄기가 흘러내려 포천천을 이루고, 포천천은 영평천과 합류해 한탄강으로 유입되는가 하면, 다시 남서류해서 임진강으로 흘러들기도 한다.《세종실록지리지》에 따르면 고구려의 마홀현馬忽縣이 신라 견성군堅城郡을 거쳐, 고려시대 포주抱州로 바뀌었다가 지금의 이름이 되었다. 이런 지세는 기개 높은 충신을 낳았다. 사육신 중 유일한 무신인 벽량 유응부 말이다. 그는 이곳 소흘읍 무봉리 출신이다. 이곳에 그의 유허비와 신위를 모신 충목단忠穆壇이 있는 까닭이다. 사실 포천과 양주는 동일한 문화권으로 보아도 무방하다.

그리고 주엽산에 있는 광릉은 조선의 제7대 임금, 세조와 정희왕후의 능이다. 세조는 1453년에 계유정난을 일으키고, 1455년에 왕위에 올라 13년간 보위에 있는 동안, 왕위를 찬탈한 자로서 풍상을 겪은 임금이다. 성삼문, 박팽년, 하위지, 이개, 유성원, 유응부 등 사육신뿐일까? 많은 선비들이 벼슬을 버리고 숨었다. 패륜의 역사적 업보는 이처럼 길고도 험했다.

광릉을 지키는 원찰願刹, 봉선사奉先寺는 본디 운악사雲岳寺였는데, 세종 때 선왕의 능침을 받든다는 의미로 사찰 이름이 바뀌었다. 이 사찰의 대명사는 바로 운허스님이다. 한학에 조예가 깊었던 그는 불경 번역에 매진하며 큰 업적을 남겼다. 1961년, 《불교사전》을 편찬했으며, 1964년에는 동국역경원을 설립하여 초대 역경원장으로 있으면서 《한글금강경》 등 많은 불교 경전을 번역했다. 특히 8촌 사이인 춘원 이광수가 친일파로 몰려 고초를 겪고 있을 때, 봉선사로 불러들여 불교에 귀의하도록 이끈 일화로도 유명하다. 아울러 광릉은 2010년에 유네스코에서 생물권보전지역으로 지정했다. 이 안엔 식물 865종, 곤충 3,925종, 조류 175종이 있을 뿐 아니라, 우리나라에만 있는 천연기념물, 광릉크낙새의 산지이기도 하다.

양주 회암사檜巖寺는 천보산 골짜기에 있다. 이씨 왕조의 기틀이 이곳에서 시작되고 이성계의 왕사였던 무학대사의 본찰이 이 사찰이 었기 때문이다. 이곳은 왕자의 난으로 심신이 피폐해진 만년의 이성계가 묵었던 절이기도 하다. 회암사는 고려 충숙왕 때인 1328년에 지공선사가 창건했으며, 1376년에 나옹화상이 다시 짓고 한때 수도승만 300여 명을 헤아린 큰 사찰이었다. 그러나 명종 때부터 기울어 19세기 초에 폐사됐는데, 화재가 있었던 것으로 추정된다. 그 쓸쓸한 절터를 지키는 건 지공선사, 나옹화상 그리고 무학대사의 부도탑뿐이다. 무학대사의 부도 옆에는 대사의 약력을 새긴 비석이 있는데, 태종 10년인 1410년에 건립되었다고 적혀있다.

이 북방 탐사가 철원에서 출발해 연천과 포천을 지나 양주까지

회암사지에 남아있는 무학대사부도(왼쪽)와 나옹화상부도(오른쪽)

남하하는 동안 2년의 시간이 흘렀다. 그동안 엉뚱하게도 중국으로 들어가 백두산에 오르거나 압록강과 위화도와 만나고, 두만강에서 뗏목을 타기도 했다. 연해주에선 수이푼강과 두만강이 만나는 삼국의 국경까지 내려가, 멀리 함경북도의 끝인 조산을 바라보기도 하였다. 러시아의 '하산'이란 지명이 본디 조산遺山 아래를 뜻하는 '하산下山'에서 나왔다는 사실도 그곳에서 알았다.

한반도의 북방은 지금 내가 기웃거리는 이쪽보다 훨씬 위쪽이건만, 그곳에 당도하고 싶은 내 희망은 아직도 요원하기만 하다. 내게 가장 가보고 싶은 곳을 고르라고 한다면 나는 단연코 평안북도의 묘향산을 꼽겠다. 이미 서산대사가 빼어날 뿐 아니라, 장엄하다고 평한 역수역장亦秀亦壯의 산이 묘향산이다. 그 산을 떠올리는 순간 용연폭포나 묘향산 만폭동의 압도적 위용과 보현사 팔각십삼층탑의 신묘함까지 보태진다. 이질적이고 독특한 함경북도의 칠보산도 뺄 수 없다. 갖가지 기암괴석은 물론 횃불바위의 인상이 강렬하게 남아있다. 장산곶이나 몽금포의 경관도 그렇다. 그 풍경들이 이젠 눈에 익어 마치 내가 거기 다녀온 듯한 착각이 들 때도 있다. 개성의 송악산이나 왕건릉, 박연폭포, 그리운 금강산까지…. 〈북방으로〉라는 제목의 이 단락이 고작 한반도의 허리춤을 맴돌다 마는 게 못내 아쉬워해보는 푸념이다. 북방에 대한 어떤 기대감 또는 믿음이 예기치 않게 이루어지길… 아니, 그 통로라도 열리길 고대해 본다.

철원의 이두 지명인 모을동비는 '털동글', 즉 철동글이다

고산 윤선도의 자취_
해남, 보길도

해남의 옛 이름, 새금은
'사이구미'라는 뜻이다

숨 가쁘게 달려온 한반도 지형이 마침내 발길을 멈추고 바다 앞에 주춤거리는 곳, 여기 해남은 땅끝이다. 세상사 모든 게 마지막은 늘 아쉽고 허기가 지듯, 땅 역시 그런가 보다. 이곳 땅끝에서 느끼는 건 달려오던 발끝이 제 속도를 못 이겨 앞으로 밀리는 것 같은, 꼭 그런 지형적인 특징을 보여준다. 산도 바다도 한결같이 미련이 남는 표정이다. 뭍과 물의 그 아슬한 경계, 햇살만 은반의 바다 위에서 반짝인다.

해남은 영암과 강진 그리고 목포와 이웃하면서도 좌우로 진도와 완도를 끼고 앞으로 다도해 해상을 열어놓는다. 본디 이 땅은 백제의 새금현이었으니, 지형적 특징을 절묘하게 표현한 지명이다. 새금

塞琴은 '사이구미', 즉 두 구미 사이의 바다란 뜻이니 말이다. 새금현은 신라 때 침명현浸溟縣으로 바뀌지만, 바다에 잠긴 땅이란 뜻은 변하지 않았다.

지금의 평범한 지명, 그러니까 해남으로 바뀐 시기는 940년경인 고려 태조 때다. 우리 지도의 남쪽 바다가 해남海南이니까. 해남의 주산은 두륜산이다. 두륜산의 우리말 이름은 '한듬'이다. 대둔산과 마찬가지로 '큰 둔덕'이란 뜻이다. 두륜과 대둔의 뜻이 모두 한듬이란 건 양주동의 학설이다. 두륜산 대흥사大興寺 역시 '한듬절'이란 고유어가 '대둔사'로 바뀌었다가 비슷한 음의 '대흥사'로 바뀐 것에 지나지 않는다.

대흥사는 남도를 대표하는 고찰로 수많은 고승을 배출한 사찰이다. 스물여섯 분의 부도탑을 안치한 부도전浮屠殿이 그 증거다. 우리에게 낯익은 초의선사의 부도탑도 이곳에서 만날 수 있다. 또한 대흥사의 다양한 꽃살문은 한국 꽃살문의 원조 격으로 압도적인 아름다움을 보여준다. 그리고 대흥사는 유네스코 세계문화유산에도 당당히 이름을 올렸는데, 특히 대흥사에는 조선 후기 명필들의 서체로 쓰인 현판들이 유명하다. 대웅보전大雄寶殿, 천불전千佛殿, 침계루의 현판은 원교 이광사의 서체이며, 가허루駕虛樓의 현판은 신필神筆로 꼽힌 창만 이삼만의 글씨다. 거기다가 김정희가 쓴 글씨도 만나게 되는데 무량수각无量壽閣이라 쓴 현판의 글씨가 그것이다.

무량수각의 글씨는 김정희와 동갑내기 지우知友였던 초의선사와 김정희의 깊은 인연 때문에 남겨졌다. 이곳 일지암-枝庵에 거주하며 정약용, 김정희와 교분을 쌓았던 초의선사는 김정희의 학문과 서체를 흠모했으며, 허련을 김정희에게 천거한 선사다. 허련이 김정희의 영정을 그린 연유는 이런 인연에서 나왔다. 초의선사는 특히 차의 재배에 일가를 이루어, 다도를 노래한 《동다송》이란 책을 편찬하기도 하였다. 그는 김정희가 제주에서 유배하던 기간 동안, 허련에게 명차를 보내고는 했다. 김정희는 이에 대한 답례로 명선茗禪이란 호를 지어 허련에게 보낸다. 명선이란 김정희의 글씨에 대해서는 정민 교수가 〈다산의 걸명乞茗 시문〉이란 논문에서, 그것이 허련에게 보낸 호란 사실을 처음으로 밝혀냈다.

대흥사뿐 아니라, 달마산에 있는 미황사美黃寺 역시 유명한 고찰이다. 이 절은 특히 단청을 입히지 않은 대웅보전의 고태미가 압권이다. 흔히 삼황三黃이라 해서 조각처럼 흘립한 달마산 바위, 불상 그리고 거기 비치는 석양을 꼽기도 한다. 인도에서는 불상과 경전을 싣고 왔다는 돌배 이야기가 사찰의 창건 설화에 나오는데, 그건 저 신비로운 형상의 달마산에서 비롯된 설화가 아닐까? 이 이야기는 마치 터키, 이란, 아르메니아 세 나라의 국경에 연한 아라라트ararat산에 노아의 방주가 정착했다는 설화와도 흡사하게 들린다.

두륜산 대흥사와 달마산 미황사에서 내가 느끼는 점은 산세의 오묘함과 함께 바다를 마주한 남도 끝자락에서 불교가 크게 중흥했던 것이다. 더구나 고승과 대덕이 줄지어 배출된 것이야말로 장소와 정신의 연관을 되새기게 하는 근거란 사실이다. 이건 이 두 절의 넉넉한 부도전을 보며 새삼 느낀 점이다. 해남이 시문학의 고향으로 꼽히는 이유는 윤선도가 뿌린 씨앗 때문이다. 현대에 이르러 이동주, 박성룡, 김남주, 고정희, 황지우 같은 시인이나 시조 시인 윤금초, 이지엽 등을 배출한 땅이 이곳이다.

정철 그리고 박인로와 더불어 조선의 3대 가객으로 꼽히는 윤선도는 명문 호족인 해남 윤씨 가문이다. 해남에 있는 녹우당綠雨堂은 그 종가로, 해남 윤씨의 12대 종손인 윤효정 이래 강진을 떠나 이곳에 터를 잡았다. 그 후 16대 윤선도에 이르기까지 모두 과거에 급제해서 명문가로 발돋움한다. 다시 윤선도의 증손자가 공재 윤두서로 그의 자화상은 국보로 지정돼 있다. 정약용은 윤선도의 외가 쪽 5대손이다.

남인 윤선도는 송시열과 함께 효종과 현종을 가르쳤으나, 예송논쟁 당시 서인과 반목하다가 유배를 떠난다. 이걸 시작으로 그는 생애의 20년을 유배지로 전전한다. 사실 그의 시대는 전란과 당쟁의 한가운데에 속한다. 나이 쉰 살에 이른 윤선도는 아마도 인생행로를 전폭적으로 수정했던 것 같다. 어떤 점에선 스스로 임금처럼 살기로 한 저항감마저 느껴지는 대목이다.

그 중심에 보길도가 있다. 그가 진도 토호의 17세 된 딸과 결혼한 것, 무희들과 어울려 음풍농월을 즐긴 것, 소왕국을 건설하고 유유자적한 것 등이 그 근거다. 그렇다, 윤선도는 이곳 보길도에서 자신의 이상향을 발견했던 것 같다. 유산도 넉넉했으며 부족함도 없었다. 적자봉 아랫녘을 부용동芙蓉洞이라 이름짓고, 낙서재樂書齋를 지었으며 세연정洗然亭과 회수당回水堂 그리고 동천석실同天石室을 꾸몄다. 사실 이곳은 은둔지가 아니라, 호화로운 유원지로도 부족함이 없어 보인다. 그는 이곳 부용동에서 해남 금쇄동金鎖洞을 오가며 〈산중신곡〉, 〈산중속신곡〉, 〈고금영〉 등을 지었으며 1651년, 65세 때 그 유명한 〈어부사시사〉를 남긴다. 이곳 부용동에서의 19년은 부족함이 없는 말년이었을 뿐 아니라, 우리 문학사에 귀중한 업적을 남긴 기간이다. 〈어부사시사〉는 춘하추동 각 10수씩, 총 40수로 이루어진 단가다.

내가 보길도로 향하며 궁금했던 건 감탕나무다. 예송리 앞바다에 있는 예작도에서 300년생 천연기념물을 만나리라 작정했다. 그런데 그렇지가 않았다. 예송해수욕장 주변 상록수림은 물론 어느 집 마당 어귀나 밭둑길에도 온통 감탕나무다. 이건 여행만이 안겨주는 예상을 벗어난 감동이다. 하지만 청별리 해안에서 내 감회는 그렇지 않았다. 여기는 윤선도가 첫발을 들였던 곳이다. 선착장에 이르자 비가 내리기 시작했다. 섬을 떠나려 하자, 윤선도에 대한 생각도 바뀌기 시작했다. 말이 소왕국이지, 이 고독한 섬에서 세상으로부터 절리된다는 게 쉬운 선택이었을까? 얼마나 아팠으면 음풍농월로 소일했을까. 갑자기 그런 생각이 고개를 들었기 때문이다.

배는 포구를 떠나 완도로 향한다. 보길도가 아스라이 멀어지자 울컥, 생각지도 못한 슬픔이 북받친다. 마치 노구의 시인 한 사람만 남겨둔 채, 나 혼자 내빼는 듯한 착각마저 든다. '세상은 멀수록 더욱 좋다'고 노래한 가슴 아픈 역설도 이제 이해가 된다. 다시 보니 비안개에 가려진 보길도가 눈물처럼 젖어있다. 어쩌면 그 옛날 윤선도 역시 그랬던 건 아닐까. 생의 목표를 전폭적으로 뒤집는 일이란 말처럼 쉬운 일이 아니기에 하는 말이다. 그러니까 윤선도는 자신의 생애를 전복하는 어떤 충격과 만났던 게 분명하다. 그걸 당파나 권력의 구도로만 이해해선 안 된다. 짐작건대, 권력보다 더 영원한 것에 대한 자각 같은 것 말이다. 그게 무엇이었을까? 글의 권위다. 보길도 이후 그의 생애가 그걸 입증한다. 윤선도는 자연 앞에 자신을 내려놓았다. 그리고 거기서 문학을 통해 영생을 얻은 셈이다.

해남의 옛 이름, 새금은 '사이구미'라는 뜻이다

문명의 전진기지_
서산

불너머의 한자어, 각후동은
'벌너머'마을이란 뜻이 왜곡된 것이다

서산은 백두대간의 한 지류인 금북정맥이 뻗어 내려 태안반도까지
흘러내린 한가운데 위치한 고을이다. 동쪽으로 차령산맥이 세워놓
은 가야산과 오서산이 병풍처럼 우뚝하고, 그 사이로 바다가 밀고
들어와 내해를 형성했으니, 그곳이 바로 지금 농경지와 철새 도래지
로 바뀐 천수만이다. 그 앞바다에 간월도가 있다.

이곳은 당나라의 문물을 받아들이던 전진기지였다. 백제의 기군基
郡이 신라 경덕왕 때 부성현富城縣으로 바뀌었다가, 1284년(충렬왕 10년)
에 지금의 지명, 서산군瑞山郡이 되었다. 이후로도 지명이 몇 번 바뀐
적이 있었고, 1989년에 태안군이 분리됐다.

893년, 부성태수로 최치원이 임명된 이유도 당나라와의 외교를 염두에 둔 조치였다. 실제로 당나라의 출발지로 당항성(화성)이나 당진보다 이곳 안흥항이 최단 거리였으니, 당 문물의 교두보였던 흔적은 도처에서 발견된다. 당나라에서 문명을 떨친 최치원은 이곳 태수를 마친 894년, 입조사로 당나라에 다녀왔으며, 그해 진성여왕에게 시무 10조를 바친다. 지금 서산시의 중심 도로명이 고운로인 점이나 지곡면에 있는 최치원의 사당, 부성사富城祠는 최치원과 서산의 이런 연관을 알리는 흔적들이다.

조선 초에 인지면에서 태어난 류방택은 여말선초의 대표적인 과학자였다. 그의 〈천상열차분야지도〉는 천문학의 초석으로서 별자리를 새긴 지도다. 현재 그의 생가터에 서산류방택천문기상과학관이 세워졌다. 그 곁에 있는 송곡사松谷祠는 본디 많은 인재를 키워낸 송곡서원이 있던 자리로, 지금은 이곳 출신 성현들 아홉 분의 위패를 모신 사당으로 바뀌었다. 580년이 넘는 수령의 송곡사 향나무는 세종 때 사마시에 급제한 유윤이 단종 폐위에 낙향하여 심은 나무이며 천연기념물이다. 안타까운 점은 이름 그대로 아름드리 적송 숲이었던 이 자리가 태풍 곤파스(2010년) 때 훼손된 사실이다.

거기서 얼마 떨어지지 않은 곳에 있는 인지면 애정리艾井里, 곧 쑥당은 무학대사의 출생지다. 무학의 출생지에 대해 경남 합천과 논쟁이 있으나, 조선시대 때 출산이 한결같이 외가에서 이루어진 점을 주목할 필요가 있다. 무학대사의 모친인 고성 채씨의 고향이 간월도라는 사실은 무학대사의 출생지 또한 이곳이 유력하다는 방증이다. 무학대사는 스승인 나옹화상의 총애를 받았으나, 미천한 출생 신분 때문에 주변의 따돌림을 받았다. 그러나 그는 마침내 조선 태조의 왕사가 되었다. 특히 무학대사가 창건한 간월암看月庵은 가야산의 정기가 한곳으로 모이는 천하 명당으로 꼽힌다. 밀물이 들면 절해고도로 바뀌는 이곳에는 무학대사와 함께 그의 스승들인 지공선사와 나옹화상 그리고 구한말의 만공스님의 영정이 함께 모셔져 있다.

음암면 유계리에 있는 정순왕후 생가에서 역사의 아이러니를 본다. 정순왕후는 경주 김씨로 김정희와도 인척이며, 가문은 노론 벽파에 해당한다. 그녀는 15세에 당시 66세였던 영조의 마지막 계비로 입궁했다. 아름답고 총명했다고 전하나, 사후 역사적 평가는 우호적이지 못하다. 특히 순조 때 3년간 수렴청정을 하며 탕평 정치의 기반을 흔든 게 그렇다. 무엇보다 1801년, 신유박해를 조종해서 천주교를 탄압한 건 역사의 오점이다. 그로 인해 정약용 같은 유능한 관료가 몰락한 사실을 기억할 필요가 있다. 그리고 정순왕후가 죽자 반전이 일어나는데, 우리 역사가 마침내 국권 상실을 향한 수렁으로 빠져든 것이다. 60년간 이어질 안동 김씨의 집권이 그것이다. 그리고 정약용에 이어 이번에는 경주 김씨 김정희의 몰락이 시작된다. 이런 패권주의적 정치의 부침으로 우리는 조선 말기의 두 천재를 한꺼번에 잃었다. 패거리 정치의 부끄러운 민낯이다.

한편 원래 왜구의 침략에 대비해 축성된 해미읍성은 천주교의 성지로서, 천주교 박해 당시 수많은 신자들이 순교한 곳이다. 한국을 방문한 교황도 인근의 솔뫼성지와 함께 이곳을 방문한 적이 있으며, 지금도 성지순례가 그치지 않는다. 정순황후의 생가 곁엔 그의 후손인 김기현의 고택이 있다. 품위 있게 지어진 이 고택의 주련이 김정희의 글씨로 채워진 점도 같은 경주 김씨라는 인연 덕분이다. 이 집은 솟을대문부터 대들보와 살창 그리고 기와와 마루, 심지어 주각과 바닥 돌까지 고태미가 넘치는 예술품 같다.

그리고 음암면 신장리엔 우보 민태원의 생가터가 있으나, 집은 자취를 감추고 표지석만 쓸쓸히 남아있다. 고등학교 교과서에서 가장 강렬한 울림으로 다가왔던 그의 글을 나는 기억한다. 〈청춘예찬〉 말이다.

한편 동문리, 서산시립도서관 앞마당에는 윤곤강의 시비가 그의 대표작 〈나비〉와 함께 서있다. 이 천재 시인은 불행하게도 39세에 요절했다. 그가 문학사의 안팎에서 희미해진 까닭이다. 첫 시집 《대지》부터 《만가》, 《동물시집》, 《빙화》, 《피리》, 《살어리》에 달하는, 저항적 모더니즘으로부터 전통의 새로운 해석에 이르기까지, 그가 다채로운 자기 갱신과 변화의 시편들을 선보인 건 주목할 만하다.

서산이 당나라 문화의 전진기지였다는 사실은 불교 유적을 통해서도 확인된다. 전란의 화마로 소실되었으나, 서해안 최대의 사찰로 추정되는 보현사지普賢寺址는 물론 개심사開心寺, 천장사天藏寺, 부석사,

불너머의 한자어, 각후동은 '벌너머'마을이란 뜻이 왜곡된 것이다

간월암 등 역사적인 고찰들이 즐비한 게 그 근거다. 거기다가 여미리석불입상과 국보로 지정됐으며 '백제의 미소'로 유명한 마애여래삼존상 그리고 이와 똑같은 형태의 마애삼존불입상은 다른 지역에서 볼 수 없는 독특한 석조불상이다. 이 불상들은 한국화된 부처의 모습으로서, 불교의 토착화와 주체화 과정의 산물인 셈이다. 특히 천장사는 구한말의 고승, 경허선사가 후진을 양성한 사찰이다. 그는 이곳에서 송만공, 수월, 혜월 등 당대의 고승들을 배출했다. 천장사의 느낌은 이름처럼 허공에 숨은 암자 그대로다. 깎아지른 숲 절벽을 오르면 홀연히 나타나는 절, 참선 도량으로 이보다 좋은 자리도 없을 듯하다.

많은 이들이 개심사로 오르는 고적한 숲길이나 외나무다리 그리고 심검당에서 느낀 감회를 말하고는 한다. 또 누군가는 절해고도에 떠있는 간월암의 인상을 기억하기도 한다. 간월도는 송나라 절강성에서 망명한 정신보의 터전이다. 만주족 원나라의 통치에 반대해 망명한 그는 1237년, 간월도에 당도해 서령 정씨의 시조가 되었으며 그의 후손들은 줄줄이 국가의 동량이 되었다.《고려사 열전》 107권에까지 오른 정인경은 바로 그의 아들이다. 부친에 이어 성리학을 고려에 전파했으며, 나라에 큰 공을 세워 서산군瑞山君에 봉해졌으니, 오늘날 서산이란 지명은 바로 여기서 나왔다.

서산은 근대화 과정에서 아픔을 간직한 땅이기도 하다. 5·16 군사정변으로 집권한 군사정권은 대한청소년개척단이란 이름으로 청년들을 잡아들였다. 폭력배나 부랑자를 교화한다는 명목이었으나 억울한 경우도 적지 않았다. 이들은 전국 140곳의 간척사업에 동원됐는데, 삽과 곡괭이로 야산을 파서 리어카로 흙을 날라 개펄을 농토로 바꿨다.

양대모월지구에 남아있는 개척단마을 전경

강제수용과 강제노동에 근사했던 이들의 착취 과정은 2018년 작품인 이조훈 감독의 영화, 〈서산 개척단〉(2018년)으로 조명을 받기도 했다. 더구나 대한청소년개척단과 시립부녀보호지도생 사이의 합동 결혼사진은 흑백의 명암이 주는 그늘만큼이나 을씨년스럽다. 1961년부터 1966년까지 5년간이나 지속된 이들의 아픔은 지금, 양대모월지구에 남아있는 개척단마을의 조용한 풍경 속에 잊히고 있다. 아니

불너머의 한자어, 각후동은 '벌너머'마을이란 뜻이 왜곡된 것이다

다. 최근 개척단마을 바로 곁에 서양식 고급주택단지가 들어섰으니, 말 그대로 상전벽해를 실감하기도 한다.

한편 여미헌餘美軒은 조선 후기, 양반 가옥의 전형을 보여주는 고택으로 최근 관광객들의 발길이 끊이지 않는다. 여미는 본디 해미의 옛 이름이다. 지금의 해미읍海美邑은 정해현貞海縣과 여미현餘美縣이 합쳐진 이름이니 말이다. 여미헌은 유기방가옥으로도 불리는데 1919년에 건립된 고택이다. 적송 숲 속에 펼쳐진 수선화 군락지, 할미꽃과 골담초, 모란과 동백, 탱자나무 고목은 물론, 충청남도의 기념물인 300년생 비자나무 고목 역시 사람들의 발길을 붙잡는다.

부석면 강당리와 지산리 사이에는 재미있는 지명이 있다. 지금도 사용되는 '불너머리'란 지명이 그것이다. 《여지도서》에는 각후동角後洞으로 기록돼 있다. 여기서 고유어가 한자어로 바뀌며 겪는 왜곡을 다시 본다. '불너머'를 '뿔너머'로 번역한 오류가 그것이다. '불'은 '벌/들'의 고유어다. 따라서 그 이름은 '벌너머' 혹은 '들너머'마을이란 뜻이다. 나는 지형 답사를 통하여 '불너머리'가 '들녘 뒤쪽에 있는 마을'이란 걸 확인했다.

판소리의 고장_
고창

모량부리라는 이두는 '털라벌'이므로
소벌, 즉 높고 넓은 땅으로 본다

전북 고창 땅으로 접어들 무렵, 무슨 소리를 들은 것 같다. 장마전선
이 벌써 당도한 걸까? 그러나 빗방울은커녕 비구름조차 보이지 않
는다. 고창읍성과 숲쟁이꽃동산을 지날 때까지도 알 수 없는 소리의
울림이 따라온다. 지층을 울리듯 나직하게 들려오는 소리, 아니 소
리의 징후로부터 나는 고창과 만난다.

백제 때 모량부리毛良夫里라는 지명이 신라 경덕왕 때 고창으로 바
뀌었다. '높고 넓은 땅'이란 뜻의 고창高敞은 모량부리라는 이두가 한
자어로 의역된 것으로 추측한다. 그 이두음을 생각해 보면, '부리'는
'불/벌', 곧 '벌판'이란 뜻이다. 모량의 털(毛)과 함께 쓰인 량良은 이두

에서 '라, 아, 애'로 읽혔다는 게 양주동의 견해다.

그렇다면 모량부리는 '털라벌'로 읽힌다. '털'이 구개음화가 되면 '철', 곧 '쇠'다. 이렇게 읽으면 털라벌은 '쇠라벌'이다. 그리고 쇠라벌은 '쇠벌', 곧 '소벌(牛坪)'인 셈이다. 물론 쇠라벌은 서라벌과도 아주 유사한 지명이다. '높고 넓다'는 뜻의 고창으로 한역한 것도 그 때문은 아니었을까, 여겨지는 이유다. 이런 과정을 거쳐, 나는 고창의 옛 이름을 소벌이라고 주장해 본다.

구슬픈 상두가의 선창처럼 희미하게 들려오는 소리, 이명처럼 내 귓속에서 울리던 소리의 정체는 끝내 풀리지 않았다. 다만 이 땅이 본디 소리의 고장이었다는 점, 판소리를 집대성한 동리 신재효와 명창 김소희의 고향이란 걸 이곳에 와서야 알았다. 신재효의 제자이자 연인으로 최초의 여류 명창이 된 진채선, 명창 김여란 그리고 김소희의 동생인 김경희와 허금파, 김이수 역시 이곳 출신이다. 특히 김소희 문하에서 배출된 명창들인 박윤초, 신영희, 안숙선, 이명희, 박소영 등을 떠올려 보면 고창이 왜 소리꾼의 본향인지 짐작이 간다. 그러니까 알 수 없던 그 소리의 울림은 이곳이 판소리의 성지란 걸 내게 알리고 싶었던 이 땅의 비밀스러운 기운이었는지도 모르겠다. 아무튼 신비한 체험이다.

고창읍성 성문 앞, 동리로에 있는 신재효생가는 그 증거물이다. 그는 여기서 판소리를 집대성해 우리 음악사에 불멸의 자취를 남겼다. 더구나 판소리의 보존을 위한 학습장으로 생가를 개방해 판소리의 계승에 큰 업적을 남겼다니 말이다. 언젠가 김소희의 창을 듣고 놀란 적이 있다. 소리가 끊일 듯 끊이지 않고 이어져 폭포수처럼 흐르는 느낌은 경이로웠다. 음악사학자 이혜구가 《한국음악서설》에서 말한 세마치장단이나 반박半拍의 의미를 어렴풋이 알 듯도 싶었다.

부안면 수동리와 선운리는 선운사禪雲寺 입구에 있는 마을이다. 지금은 인촌길과 미당길로 주소가 바뀌었지만, 본디 인촌 김성수는 부안면 수동리, 미당 서정주는 바로 이웃 마을 선운리 출신이다. 두 사람 모두 성장기에 있었던 줄포와의 인연도 비슷하다. 김성수는 호남의 갑부 집안 출신이다. 후사가 없던 백부에게 입양되면서 중학교 과정부터 대학까지 일본에서 유학했으며, 종손의 자격으로 재산을 물려받았다.

김성수가 교육의 중요성을 자각하고 중앙중학교와 보성전문학교를 인수해 1905년, 민족사학 고려대학교를 설립한 공적은 매우 크다. 그러나 항일운동으로 시작된 그의 생애가 일제 말의 훼절로 인해 친일을 한 반민족 행위자로 전락한 점은 안타까운 일이다. 김성수생가는 사랑채와 안채 그리고 별당이 각각 세 쌍의 3중 구조로 이루어진 대저택이다. 따라서 대문도 세 개이며 담장도 세 겹이다. 저택의 모양새만으로도 당시 이 집의 재력을 짐작할 만하다.

김성수생가와 멀지 않은 곳에 서정주생가가 있다. 서정주의 생가 마을은 궁벽한 시골이다. 흙벽으로 복원된 생가 또한 아담한 초가

모량부리라는 이두는 '털라벌'이므로 소벌, 즉 높고 넓은 땅으로 본다

김성수생가(위쪽), 서정주생가(아래쪽)

다. 그야말로 "흙벽으로 바람벽한 호롱불 밑에/손톱이 까만 에미의 아들"이 실감나게 상상되는 집이다. 사실 서정주 시의 주요 모티프가 고향이다. 외가가 있던 줄포 바다나 선운사의 기억뿐만이 아니다. 이미 첫 시집인《화사집》에서 "애비는 종이었다"(〈자화상〉)고 외친 자의식의 분출이야말로 고향 모티프의 중심 화소다. 더구나 〈화사〉는 우리 시의 새로운 지평을 열었다.

그 폭발적 시상의 비약과 높은 함축성, 잠복된 에로티즘과 절제된 울분의 발산은 당시 우리 시의 규범을 벗어난 낯선 포즈였으며, 이 땅에 나타난 새로운 시의 얼굴이었다. 어찌 그뿐인가? 완숙기에 보여준 〈동천〉 말이다. 천지 만물과 인간이 하나로 일체를 이룬 저 절대 교감의 세계는 천의무봉이란 말을 실감나게 구현하고 있다.

특히 1975년 간행된《질마재 신화》는 아예 고향에 바친 레퀴엠이라 할만하다. 선운리의 옛 이름, 질마재에 대한 기억과 이야기들이 개인성을 넘어 보편성으로 확장된 게 이 시집이다. 당시로선 퍽 이질적이었던 산문시, 이야기 시의 새로운 시도 또한 주목할 만하다.

그러나 식민지인으로 태어난 비애마저 안락의 유혹 앞에 흔들릴 때, 그 역시 친일의 주홍글씨를 피해가지 못했다. 이곳 부안면 출신의 두 거목, 김성수와 서정주를 보며 어떻게 살 것인가를 반문해 보는 까닭이다. 물론 서정주의 역사의식에는 문제가 있었다. 거기다가 옛 선비의 고결한 도량 또한 갖추지 못했다. 하지만 그 때문에 그가 천재 시인의 감수성을 타고난 것까지 부정할 수 있는 건 아니다.

생가 곁에 있는 미당시문학관은 폐교된 초등학교 건물에 꾸며졌다. 정문의 아치와 본관을 뒤덮고 있는 담쟁이넝쿨이 문학적이라고 느낀 건 나만의 느낌일까? 지금 생가가 내려다보이는 맞은편 야산 언덕에 이 문제적 인물, 서정주가 잠들어 있다. 대학에 입학해서 당시 전설이던 서정주 교수의 강의를 들은 적 있다. 그의 강의는 체계적이기보다는 우리가 '영감 강의'라 부르던 특이한 형태였다. 느릿느릿 내뱉는 음성에는 전라도 사투리가 강하게 배어있었는데, 음악처럼 고저장단이 있었다. 이번 여행에서야 그의 말투가 바로 이곳 사투리이고, 그 사투리가 그대로 판소리 가락이란 사실을 알았다. 한 번도 강의 시간을 채운 적이 없으니, 시인의 자유로운 영혼이라 여겼다. 그러나 "시인은 꽃게가 알을 가득 품었다가 뱉어내듯이 시상을 쏟아내야 한다"던 당부를 나는 잊지 않고 있다. 강의 중 두어 번

모량부리라는 이두는 '털라벌'이므로 소벌, 즉 높고 넓은 땅으로 본다

의 흡연이 끝나면 "오늘은 꽃도 피고, 그만할까?", "비도 내리는데, 그만할까?" 습관처럼 되풀이하던 그 근사한 투사를 나는 4년 내내 목도하게 된다. 《미당 수상록》을 읽고 선운사에 왔다가, 입구에 서 있는 시비에 새겨진 〈선운사 동구〉라는 시를 보고 감동했던 것도 그 무렵의 일이다.

2018년, 우리나라의 다섯 개 사찰이 유네스코 세계문화유산에 등재되었다. 거기 포함되지는 못했지만 6세기에 창건된 선운사는 천년 고찰이다. 3,000여 그루나 되는 동백 숲은 1,500여 년의 수령을 자랑하는데, 봄마다 사찰 뒤편으로 꽃송이를 매다는 경관은 숨이 멎을 지경이다. 국보급 유물을 많이 간직한 선운사에서도 내가 감동하는 건 만세루萬歲樓다. 만세루는 조선 후기의 목조건물로 대웅전과 마주보는 강당講堂 건물이다. 그런데 만세루의 모양새는 이상하다. 왜냐하면 다른 사찰에서 볼 수 없는 자유분방한 건물의 목조재료들 때문이다. 전면의 두리기둥들은 길이가 맞지 않아 보조목들을 이어 붙였으며, 다듬지 않은 그대로 모서리 기둥들이 서있다. 이곳에서는 나무도 누더기처럼 기울 수 있다는 걸 배우게 되는 셈이다.

더구나 만세루 내부의 천장을 올려다보면 크기가 제각각일 뿐 아니라, 휘어진 대들보들을 보게 된다. 천장을 받치고 있는 나무들의 구불구불한 배열 역시 낯설다. 임진왜란 이후 나무가 품귀 현상을 빚었던 여파라지만, 휘고 굽은 나무들이 빚어내는 파격의 미는 묘한 어울림을 자아낸다. 동냥하듯 목재들을 빌어서 가져와 폐자재들을

누더기 건축 방식으로 국보가 된 만세루의 내부

활용해 만세루를 지을 때, 결핍에 흔들리지 않은 장인의 지혜도 놀
랍거니와, 차라리 예술적 의도에 따라 일부러 파격을 강조한 건 아
닌지 의심이 들 정도다.

　내가 만세루에서 최잔고목摧殘枯木의 교훈을 떠올린 것도 이 때문
이다. 최잔고목이란 '썩고 부러지고 마른나무'란 뜻이다. 20세기 최
고의 선승인 성철스님은 도를 이룰만한 인재의 요건으로 이것을 꼽
았다. 아무짝에도 쓸모없는 사람만이 도를 이룬다니, 얼마나 엉뚱한
역설인가. 그러나 지금 만세루가 그렇지 않은가? 곧고 우뚝한 것만
이 전부는 아니다. 휘고 뒤틀린 것 또한 독보적 아름다움이 되었으

　　　　　모량부리라는 이두는 '털라벌'이므로 소벌, 즉 높고 넓은 땅으로 본다

니 말이다. 좋은 여건에서만 인재가 나오는 건 아니다. 우리는 그 반대의 경우를 얼마든지 볼 수 있다. 당송팔대가 한유의 지적처럼, 역사를 밝힌 이들의 공통점은 불평지명不平之鳴의 피눈물 속에서도 찾아지기 때문이다. 그렇다. 못난 나무가 산을 지키는 법이다. 아무짝에도 쓸모없으니, 오직 한 분야에만 매진해 불멸의 업적을 남긴 이들은 또 얼마나 많은가? 오늘 만세루에서 내가 배운 건 결핍의 아름다움이며 흠결의 놀라운 가치다. 결함이 없는 인간은 없다. 다만 결함을 평생의 짐으로 여기는 자와 그 결함을 오히려 최고의 가치로 역전시키는 자의 차이만 있을 뿐이다.

고창을 떠나며 생각한다. 이 땅을 대표하는 장소의 정신은 무엇일까? 신령한 도솔산과 천년고찰 선운사, 동백숲, 만세루와 도솔암兜率庵, 석상암石床庵 그리고 김성수나 천재 시인 서정주… 그러한 모든 걸 감싸고 있는 이 고을의 정신을 판소리 가락에서 찾는 건 어떨까? 신재효뿐만이 아니다. 이 고장은 특히나 여류 명창의 고을이다. 고창은 소리의 결과 울림이 이 고장 사람들의 감수성을 다독이고 정서적 바탕이 되었다.

영남알프스의 정신_
언양과 양산

살티고개의 살티는 후미진 곳을
뜻하는 '샅티'였을 것이다

경북 청도, 경남 밀양, 울주 그리고 양산 일대를 에두른 산악군을 일컬어 영남알프스라고 부른다. 해발 1,000m 이상, 여덟 개의 고산이 즐비하게 늘어선 이 일대는 산꾼들에겐 그대로 꿈의 무대이자 반드시 거쳐야 할 성지이기도 하다. 고헌산, 운문산, 가지산 줄기가 동에서 서로 뻗고, 능동산에서 다시 간월산, 신불산, 취서산이 'ㅅ' 자형으로 청도, 밀양과 울주, 양산을 나눠놓는다. 거기 800~900m급 줄기까지 헤아리면 산마루는 끝없이 불어난다. 어떻게 고산의 개수와 높이만으로 이 돌올한 지형을 품평할 수 있을까? 산과 골이 빚어낸 지세와 더불어 거기 자리 잡은 고개와 계곡들, 강물과 시내들, 갖가지 수종과 어종, 동식물 군으로 연상의 폭을 넓혀나가면 그 가공할 확장력에 말을 잃게 되는 곳, 그곳이 바로 영남알프스다.

언뜻 지명만 살펴도 산내면, 산외면, 산전, 오봉, 동산, 동곡, 덕현, 우곡, 백곡 등 산과 계곡을 아우른 지명들이 수두룩하다. 이 유장한 산자락, 깊은 계곡은 실제로 인구밀도를 끌어내려 읍이나 도시조차 산의 외곽을 따라 형성될 뿐, 산골 안쪽은 인가마저 드문 오지다. 속세의 접근을 차단하고 보니, 그 빈자리를 채운 건 세속과의 절연을 자처하는 가람들의 차지가 되었다. 이 부근에 역사적 고찰들이 많은 까닭이다. 청도 호거산의 운문사雲門寺, 언양 가지산의 석남사石南寺, 밀양 재약산의 표충사表忠祠, 삼랑진 만어산의 만어사萬魚寺, 김해 신어산의 신어사神魚寺같이 이름만 들어도 익숙한 명산대찰의 숲이 바로 이곳이다.

그중에서도 첫손에 꼽히는 건 역시 취서산 자락의 통도사通度寺다. 취서산을 굳이 불교의 성지, 영축산으로 부르는 점은 한국 사찰의 공통적 특성이지만 말이다. 통도사는 삼보사찰의 첫손인 불보사찰이다. 아니, 우리나라에서 가장 규모가 크고, 건축물의 원형을 잘 보존해 고풍스러운 멋 또한 으뜸인 사찰이 통도사다. 특히 7세기에 자장율사가 부처의 진신사리를 가져와 이곳 금강계단金剛戒壇에 모신 국내 최초의 성지다. 그래서 금강계단은 국보로 지정돼 있다.

영남알프스 계곡의 수많은 지류들은 결국 낙동강에 흘러들어 강폭을 넓혀놓는다. 태백의 황지연못에서 발원한 낙동강은 밀양강과 합수돼 삼랑진에 이르고 원동면 원리를 지나간다. 이곳에 낙동강을 조망하는 명소인 임경대臨景臺가 있다. 임경대에서 바라보는 낙동강은 마치 내해처럼 보인다. 그리고 이 물줄기가 이윽고 물금을 지나 부산 앞바다로 빠진다. 물금나루는 《삼국사기》의 〈탈해이사금〉조에 등장하는 황산진구黃山津口로 문헌에 나타나는 가장 유서 깊은 나루다. 물금나루가 한창 번성할 때는 위아래로 나누어진 세 개의 나루터가 있었다. 물금勿禁이란 지명의 유래에 대해선 두 개의 설이 있다. 첫 번째, 통행과 교류를 금하지 말라는 뜻과 두 번째, 수해 방지를 기원하기 위해 물을 금한다는 뜻의 수금水禁에서 유래한다는 설이 그것이다.

그런데 내 생각은 다르다. 물금은 물꼴, 즉 '물골'의 뜻이 한자어로 변형된 경우란 게 그것이다. 그 단서를 같은 지명의 강원도 정선군 북평면 문곡리門谷里에서도 찾을 수 있다. 문곡리의 옛 이름이 바로 물금으로, 이곳 사람들은 지금도 그곳을 물금이라고 부른다. 물금은 물꼴, 물막이(門幕) 등의 우리 고유어가 서로 유사한 한자어 음으로 바뀐 것에 불과하다. '무넘이'가 각각 서울의 수유리水踰里나 양평의 문호리門戶里로 바뀐 것처럼 말이다. 그러나 지금 물금은 화려하던 물길의 역사를 뒤로한 채, 부산시의 외곽 신도시 건설로 인해 빌딩 숲으로 변해버렸다.

영남알프스에서 내 흥미를 자극한 건 재미있는 지명이다. 우선 경남 양산시 원동면과 경북 울주군 상북면에 접해있는 '배내골'이 그

살티고개의 살티는 후미진 곳을 뜻하는 '살티'였을 것이다

곳이다. 표지판마다 배내골梨川谷이라고 표기하고 있는데, 냇가에 돌배나무가 많아 붙여진 이름이란다. 《양산군지》에도 배내梨川라는 이름이 소개되고 있으니, 그 '이천梨川'이란 이름에 골(谷)이 붙어 이천곡梨川谷이 되었다. 그러나 《양산읍지》에는 '배내천에 큰 물 들 때, 배를 양쪽으로 댔다'는 기록이 보인다. 이번엔 배(梨)가 아니라 배(舟)의 뜻이 강조되고 있다. 《한국지명총람》에도 배내에 대해 자세한 설명이 붙어있다. 첫 번째로 많은 물이 흘러 배들이 드나들었다는 것과 두 번째로 배태고개에서 내려다보면 배처럼 생겼다는 설명이 그것이다. 이에 따르면 배내는 '배가 드나들던 내'의 뜻이다.

왜 이처럼 상이한 해명이 난무하는 걸까? 이는 우리말 지명이 한자어로 바뀌는 과정에서 흔히 보이는 혼란상이다. '배내천'이란 지명에 대해 다각적인 검토가 필요한 까닭이다. 이를 배내(梨川)와 천川의 결합으로 보는 건 냇물(川)이 겹쳐진 데서도 오류임을 알 수 있다. 따라서 배내천은 '뱃속'의 의미인 배내와 냇물이 합쳐진 우리말의 변형으로 보는 게 이곳의 지형적 특징에 더 적합하다고 여겨진다.

배태고개 아래의 계곡이 배내골이다. 문제를 '배태'로부터 접근해야 하는 까닭은 배태와 배내의 연관성을 고려해야 하기 때문이다. 배태란 무엇일까? 우선 같은 이름의 고개부터 살펴보자. 경기도 이천시 마장면 배태고개는 온통 배나무 천지다. 옛 이름 이치梨峙에서 보듯, 이 지명은 '배고개'에서 유래한 게 확실하다. 하지만 경북 영주시 장수면 성곡리의 우리말 이름인 배태는 '배에 두른 띠' 모양에서 왔다고 전한다. 이 산간의 오지 마을은 배나무와 무관하며, 배태는 복腹 또는 태胎의 뜻으로 구절양장 굽이진 산골이란 뜻이다.

배내골 전경. 국도 좌측의 움푹한 골짜기가 배내골이다.

이제 영남알프스 산간의 이곳 이름을 살펴볼 차례다. 《한국지명 총람》에 이치로 소개된 배태고개는 능동산과 간월산의 줄기, 천태산과 토곡산 사이로 뻗어 내린 고개다. 영남알프스 중에서도 단연 최고의 오지로 꼽히는 곳이 배내골이다. 나는 2016년 여름과 2018년 가을에 이곳을 답사하며 지명의 유래를 추적했다. 배태고개를 중심으로 상류는 울주군, 하류는 양산시로 나뉜 이 오지 마을에 발을 딛

살티고개의 살티는 후미진 곳을 뜻하는 '샅티'였을 것이다

는 순간, 나는 그 뜻이 '배냇골'에서 왔다는 걸 직감할 수 있었다. 그 깊이를 짐작할 수 없는 골짜기란 점에서 그렇다.

두 번째는 '살티'란 지명이다. 이 지명 역시 산골에 흔한 이름이다. 내가 아는 것만 해도 전국적으로 다섯 곳이나 된다. 영남알프스의 가지산 석남고개를 막 지나면, 깊고 후미진 고개가 앞을 막아선다. 전후좌우가 녹색 숲에 가려 분간이 가지 않는 곳, 이곳이 살티고개다. 그리고 거기 살티순교성지가 있다. 석남사 아랫마을 덕현이나 행정에서 그 뜻을 수소문해 보니, 기해박해(1839년)를 피해 숨어든 천주교 신자들 때문에 나온 이름이란다. 드디어 '살터'를 찾았다 해서 살터였는데 세월이 흐르며 살티로 변했다고 이구동성으로 설명한다. 그러나 이는 근거가 불충분할 뿐 아니라 억지스러운 해명이다.

덕현德峴이란 지명만 보더라도 이 일대는 큰 재였으며, 행정杏亭은 '살구정', 곧 살구나무가 우거진 산골이었다. 《양산읍지》나 《한국지명총람》에 소개된 살티의 옛 지명은 '시현矢縣'이다. 이번엔 화살(矢)을 만들던 고개로 살티였다는 설명이다. 그 근거로 이웃 마을의 이름인 '삼제' 역시 '삽제揷堤'가 삼제로 바뀌었으니, 시현에서 쏜 화살이 날아와 꽂혔다는 뜻에서 삽제였다는 것이다. 앞의 문헌들은 삽제를 삽리揷里로도 쓰고 있다. 그러나 시현이나 삽제는 우리말이 한자어로 바뀌는 과정에서 생긴 억지스러운 차음이 분명하다. 시현은 '살'을 한자어 화살(矢)로 바꾼 것에 불과하기 때문이다. 그런 경우는 이곳만이 아니라, 고유어 지명이 한자어로 바뀌는 과정에서 반복적으로 발견되는 오류이다.

그렇다면 살티란 지명은 어디서 왔을까? 이토록 깊고 높은 고개에 합당한 우리말은 '고샅'을 뜻하는 '샅'밖에 없다. 인체의 가장 후미진 곳이 '사타구니'가 된 건 그 때문이다. 도피자들에게 살만한 터란 무엇일까? 말뜻 그대로 살만한 터였다면 그만큼 발각되기도 쉬웠을 것이다. 그들에게 살만한 터란 누구도 찾을 수 없는 곳이란 뜻이다.

이런 용례는 많다. 예컨대 용대리 황태덕장에서 '좋은 날씨'란 말은 '날이 춥다'는 뜻이니 말이다. 뜨거운 국물을 마시거나 열탕에 들어갈 때, 자주 쓰는 '시원하다'는 표현도 같은 맥락이다. 우리 언어의 이런 역설을 이해하면, 살티란 지명 역시 세상과 동떨어져 꼭꼭 숨은 자리, 세상으로부터 감추어진 고개란 뜻의 '샅티'가 세월이 흐르는 동안 살티로 전이된 것으로 보아야 한다. 물론 '티'는 고개를 뜻하는 '치峙'의 전음으로, 자연스럽게 고유어로 굳어진 말이다. 살티고개에 이르면 아랫마을이 전혀 보이지 않는다. 그건 마을 밖, 덕현이나 행정에서 살티고개를 바라볼 때도 마찬가지다. 더구나 그곳에 사람이 살고 있다는 사실은 짐작조차 불가능하다. 도피처로서 이보다 알맞은 자리도 찾기 어렵다.

여러 정황을 고려할 때, 이 지명은 고유어 샅티가 살티로 바뀌었으며, 그것이 모두 한자어 시현으로 둔갑했다고 볼 수 있다. 우리 고

살티고개의 살티는 후미진 곳을 뜻하는 '샅티'였을 것이다

유어 지명들은 한자어로 바뀌며 온갖 수난을 당했다. 뜻이나 소리에 따라 일정한 기준이 없이 왜곡됐기 때문이다. 지형적 특징으로 미루어 이곳 살티의 우리 고유어 지명 역시 삳티였을 것으로 추정하는 이유는 이 때문이다.

높이 순례_
정선, 태백

함백산 만항재의
우리말 이름은 '늦은목이'이다

확실히 장소는 장소마다 깃든 영험한 힘이 다르다. 이걸 장소의 정
신이라고 한다. 찻집이나 술집보다는 도서관에서 책을 읽어야 하는
까닭이다. 동굴 수행은 좀 버겁지만, 오지 순례 정도라면 자신을 성
찰하기에 부족하지 않다. 이번 여름, 내가 선택한 건 높은 고개와 깊
은 계곡의 오지 마을이다.

　서울에서 국도를 따라 한계령을 넘어 삼척에서 첫 여정을 시작했
다. 성사진리, 댓재, 번천으로 이르는 28번 국도다. 이 길은 두타산
을 우측으로 끼고 덕항산을 타고 오르는 위험천만한 코스다. 해발
810m에 달하는 댓재 정상까지 향하는 길은 사납게 꺾이고 굽이굽

함백산 만항재의 우리말 이름은 '늦은목이'이다

이 치솟으며 녹색 비경을 쏟아놓는다. 인적을 대신해 오직 푸르름만이 계곡과 봉우리 그리고 깎아지른 절벽을 열어놓는 아슬아슬한 구비길이다.

청옥산이 우람한 육산이라면, 두타산은 상상을 뛰어넘는 기암괴석의 산이다. 특히 2021년에야 개방된 베틀바위 산성길은 압권이다. 베틀바위 전망대에서 바라보는 암릉의 비경은 눈을 의심하게 만든다. 미륵바위를 지나 두타산성에 이르고, 거기서 12폭포 구간을 건너다보거나 거북바위와 백곰바위를 지나는 길이 그렇다. 두타산의 빼어난 아름다움은 암릉이 8부 능선에 감춰져 있어, 정상부에 암릉이 있는 다른 산들과 다르다. 어쩌면 진면목을 일부러 숨기고 있는 은수자에나 비견될 산이라고 할까?

이제 31번 국도에서 414번 지방도로 들어선다. 함백산 만항재를 오르기 위해서다. 해발 1,330m로 휴전선 이남에서 가장 높은 고개다. 높다는 건 사람으로부터 너무 멀리 있다는 뜻이기도 하다. 하긴, 우리나라에서 가장 높은 기차역인 추전역(855m)을 지나왔으니, 연이틀 최고의 오지를 두 곳이나 섭렵하는 셈이다. 만항재 정상에서 예정에 없던 옆길로 빠진 이유는 순전히 운탄길이란 이름 때문이다. 운탄雲灘은 '구름여울'이란 뜻이니 말이다. 높은 산마루에 구름이 걸려 강물처럼 번지는 광경이 아른거린다. 그러나 나는 또 이름에 속고 말았다. 운탄길은 사실 '석탄을 실어 나르던 길'이었다. 구름여울의 뜻이 아니라, 운탄運炭말이다. 이 일대가 석탄을 캐던 탄광으로 번성하던 시절의 이름인 셈이다. 아무튼 인가조차 하나 없는 운탄길 끝에서 노승 혼자서 수도 중인 혜선사惠仙寺와 만난다. 천지사방 길이 막혀 오직 이 사나운 운탄길로만 왕래가 가능하니, 스님은 아예 세상 밖으로 나갈 생각을 접은 모양이다. 부처님 뜻이라고 말했지만, 저 스님에게도 아직 못다 찾은 마음이 남아있는 건 아닐까?

만항재를 내려오니 낮잠처럼 마을 하나가 누워있다. 만항마을이다. 만항晩項의 옛 이름은 '늦은목이'다. 아아, 늦은목이라니! 마을에서 만항재를 올려다보니 마치 녹색 담장 같다. 저 높고 험한 고개를 넘자면 시간만 더딘 건 아닐 것이다. 세상사 온갖 풍문 또한 이곳엔 언제나 한발 늦게 도착할 테니, 여기서는 바장이거나 초조할 필요가 없다. 소리 또한 그렇다. 아무리 누군가의 이름을 불러도 소용없다. 저 녹색 숲과 봉우리들이 장막을 드리워, 공연히 메아리만 되돌려 줄 테니까. 어쩌면 이건 축복이 아닐까? 만항마을, 그 늦은목이에서 나는 가려지고 차단된 불통이 반드시 저주만은 아니란 걸 눈치챘다. 만항마을, 고한 1리의 풍경이 세상과 사뭇 다른 이유는 그 때문인지 모른다. 옹기종기 작은 집들, 좁은 골목마다 꽃 화분이 놓여있다. 벽과 담장에는 예쁜 그림이 가득하다. 거기서 자신이 아니라 타인들을 위한 배려를 읽는다. 주민들 또한 낯선 이방인의 방문을 몹시 반기는 눈치다. 아직도 이런 오지 마을이 남아있다는 안도감! 만항마을에서 먹은 감자옹심이의 감칠맛과 함께 나는 두고두고 이곳을 그리워할 모양이다.

함백산 만항재의 우리말 이름은 '늦은목이'이다

본디 정선은 정선아리랑의 고장이다. 그 애절한 노랫말은 이 지역의 정한을 대변해 주는 것처럼 느껴진다. 태백준령의 고개들은 한결같이 외지고 고요하며, 하늘과 가까운 마을들을 숨겨놓고 있다. 싸리재와 피재 그리고 화방재를 넘고, 해발 1,268m의 두문동재를 넘는다. 오죽하면 이름이 두문동일까? 두문불출杜門不出이란 말이 이보다 더 어울릴 순 없다. 환란의 시기에는 언제나 뜻이 곧은 자만이 그걸 기억했으니, 중국의 죽림 7현이 그러하며, 개성 광덕산으로 숨어

한강의 발원지, 검룡소에서 흘러내리는 급류. 검룡소는 물줄기 바로 위에 있는 작은 웅덩이다.

들었던 두문동 72현이나 정선 거칠현居七賢도 마찬가지다.

 태백에서 한강의 발원지 검룡소를 찾아 금대봉계곡으로 숲길을
더듬어 나갈 때, 초록 잎새들은 푸른 차광막을 드리워 길도 발끝도
흘러내리는 땀방울도 온통 초록빛이다. 검룡소는 푸른 이끼 사이로
염통처럼 물줄기를 뿜어내어, 장차 514km의 긴긴 여정을 여기서
준비하고 있다. 물이 제 시원을 이토록 꼭꼭 감추는 데는 까닭이 있
을 것이다.

 이곳 태백은 장강의 근원을 두 곳이나 지닌 땅이다. 한강의 발원
지 검룡소와 함께, 태백시 황지동에 있는 황지연못은 낙동강의 발원
지다. 황지천 하구의 구문소는 우렁찬 물길이 바위를 꿰뚫어 생긴
비경이다. 그래서 우리말로는 '뚜루내'이며 한자어로 '천천穿川'이다.

 매번 나의 오지 순례는 예상치 못한 결림과 떨림을 몰고 오면서,
새로운 이정표 하나를 내 안에 세워두곤 한다. 왜냐하면 이번 기행
이후, 내 몸 안에는 초록 잎새들이 돋아나기 시작했으니 말이다. 내
안의 이상 징후, 그건 저 초록 순례가 할퀴고 간 자국들 탓이다. 이
공허한 침묵, 높이에서 느끼는 일종의 슬픔… 시란 이런 순간 태어
나기 마련이다.

 우리말 '높다'는 긍정적인 뜻을 지닌 말이다. 지위나 학식은 물론
인품에 이 말이 붙을 때가 그렇다. 산이나 나무, 건물에서도 높다는
언어는 신성하다는 의미까지 보태지곤 한다. 그러나 사람들은 '높다'

함백산 만항재의 우리말 이름은 '늦은목이'이다

가 지니는 내면적 의미를 살피지 않는다. 높다는 건 사실 멀리 있거나 동떨어진다는 숙명성을 지니기 때문이다. 그래서 높다는 건 외로움과 짝이며, 몰이해의 영역이기도 하다.

고한읍을 지나 사북, 민둥산과 쓸쓸한 예미역을 지나고, 구절양장 우구치고개를 다 내려서면 신동읍이다. 초록 사태에서 좀 벗어나는가 싶을 때 이번엔 강물이 앞을 막아선다. 아름다운 동강 옛길이다. 이 길을 지나면 가수리마을이다. 그곳에 그림 같은 가수분교가 있다.

사람의 자취는 여태 희미하고, 장마로 물이 불어난 동강만이 넘실넘실 우리를 따라붙는다. 그런데 범람하는 물길이 가수리 옛길을 삼키고 말았다. 여행이 인생을 닮은 건 이 때문이다. 예기치 않은 돌발 사태와 마주치고는 하는 것! 그게 인생이고 여행길이니 말이다.

정선은 과거지향적인 땅이다. 겨울의 가리왕산을 올라본 사람이라면, 아우라지 물 그늘에 소름이 돋는 걸 본 사람이라면, 옥갑산 산그늘 너머 멀어져 가는 정선을 체험한 사람이라면, 삽당령 긴긴 구비 너머 강릉으로 향하며 정선을 떠난 걸 후회해 본 사람이라면, 정선이 얼마나 과거지향적인 고장인지 알 것이다. 가리왕산만이 아니다. 화암 8경의 풍치는 정선을 잊을 수 없는 곳으로 기억하게 만든다. 화암동굴에서 용마소 그리고 화표주에 이르는 소금강계곡이며 화채봉계곡, 또 강기슭에서 올려다 본 몰운대의 아찔함이 그렇다. 수백 척 깎아지른 암벽 위에 노송 군락이 펼쳐지는데, 특히 암벽 끝

에 서있던 노송 한 그루는 다시 와보니 그 사이 고사목으로 바뀌었다.

내가 정선을 잊지 못하는 이유는 또 있다. 1990년 대 중반의 어느 겨울, 동면 백전리의 외딴집에서 하룻밤을 묵었던 기억 때문이다. 화전민 후예의 집이었다. 잠에 빠진 한밤중, 등판에 뭔가 자꾸 박혀 일어나 보니

1986년, 가리왕산 입구의 독가촌에서 만난 정규봉 옹이 곰 잡이 포즈를 취하고 있다. 그는 젊은 시절 곰잡이 포수였다.

아랫목에 널어놓은 옥수수 알이 굴러온 것이다. 그때 우렁차게 코를 고는 소리가 났다. 우리 일행에게 사랑방을 내어준 반백의 주인이 마루에서 잠을 자는 소리였다. 미안한 마음에 잠을 설쳤다. 다음 날 아침, 나는 난생처음 옥수수밥을 맛보았다.

정선과 태백은 내 안에 항상 과거형으로만 남아있다. 아마도 이 두 고을의 강렬한 첫인상 탓이리라. 80년대까지만 해도 이곳에 오면 어린 날과 만나는 느낌이 들곤 했다. 1986년 겨울, 가리왕산을 오르기 위해 조양강변에서 버스를 내렸다. 한참 무릎까지 빠지는 눈길을 헤치고 너와집을 지나, 독가촌 정규봉 옹의 집에 당도해서야 장갑

함백산 만항재의 우리말 이름은 '늦은목이'이다

을 버스 정류장 의자에 두고 온 걸 알았다. 노인은 한때 곰잡이 포수로 이름을 날렸다고 했다. 곰잡이 창을 들고 포즈까지 취해주었다. 일곱 시간의 산행 끝에, 저물녘에야 출발했던 장소로 돌아왔다. 그런데 장갑이 의자 위에 그대로 있었다. 당시만 해도 귀한 방한용 등산 장갑이었다. 그 한 번의 경험으로 나는 이곳을 무한히 신뢰하게 되었다. 이후로 내가 만난 이쪽 출신 사람들은 한결같이 순박하다는 걸 알고 있다. 나는 그것이 이 마을이 지니고 있는 높이의 정신이란 걸 지금도 믿고 있다.

예술가들의 땅_
통영

통영의 이두 지명, 고자미동국은
'물가의 곳'이란 뜻이다

"통영!" 하고 부르면, 혀끝이 먼저 물방울처럼 동그랗게 말린다. 그 혀끝의 떨림을 따라 온몸은 일순 악기가 된다. 두 개의 이응 음절은 사실 '토'와 '여' 음을 밀어 올려 반동으로 튀게 하는 느낌을 준다. 음가만 그런 게 아니다.

"통영!" 하고 부르면, 모두들 감탄사부터 내놓는다. 그 감탄사는 어느 대상을 소유할 수 없을 때 뱉어내는 탄식처럼 느껴지기도 한다. 통영을 다녀온 이들은 물론, 가보지 못한 사람들조차 그렇다. 이것은 일종의 정서적 감염 때문이다. 통영에 가고 싶다고, 오래전부터 우리 무의식 속에 새겨진 각인 효과 말이다. 어떤 강렬한 울림이 먼저 통영이란 음가를 떠받치며 전신으로 퍼져나간다. 소네트의 경쾌함이나 연가곡의 설렘처럼 그 울림은 우리를 떠밀어 기어코 그곳에 우리를 데려가기도 한다.

한때 통영을 '충무'로 부른 적이 있다. 그 자취가 '충무김밥'이다. 하지만 사람들은 금세 그 단어의 맛이 통영에 미치지 못한다는 걸 눈치채게 되었으니 다행이다. 하지만 그건 역사적 연유 때문이 아니라, 통영이란 음이 전해주는 심리적 차원 때문이라고 나는 믿고 있다. 통영은 우선 아름답다. 눈의 초점을 어느 지점에 맞춰도 통영은 버릴 곳이 없다. 고성반도의 남쪽 끝자락, 겹겹으로 포구를 감싸고 있는 산세며, 올망졸망 한려수도에 박혀있는 섬들의 인상이 그렇다. 주산인 미륵산조차도 위압적인 건 아니지만, 통영은 아무래도 산촌이란 인상이 짙다. 전망도 마찬가지다. 바다 건너 동쪽을 가로막고 서있는 건 병풍 같은 산자락들인데 거제도의 가라산, 계룡산, 노자산, 선자산, 앵산의 산그늘이 앞을 막아서기 때문이다.

그래서 통영은 한려수도의 비경을 내해처럼 품 안에 끼고 있을 뿐 아니라, 삼면을 에둘러 점점이 박혀있는 섬들조차 어쩌면 호도湖島의 이미지에 더 어울린다. 누구나 통영에 안기고 싶은 이유는 이런 포근한 포구의 인상 때문인지 모른다.

그 호도 아닌 호도의 안자락을 더듬어 나가면 멀리 가까이 미륵도, 한산도, 매물도, 추봉도, 사량도, 욕지도, 용초도, 비진도, 연화도, 장사도, 추도 등 어디 내놓아도 손색없는 비경을 섬마다 감추고 있으니, 땅으로서 축복받은 자리가 있다면 그건 단연코 통영이다. 그래서 우리에게 통영이 있다는 건 크나큰 축복이다.

통영의 옛 이름은 《위서》에 고자미동국古資彌凍國 또는 고차국古嵯國으로 기재돼 있으며, 《삼국사기》에는 고자군古自郡 등으로 적혀있다. 그리고 신채호의 《조선사연구초》에 따르면 강화의 옛 이름 갑비고차甲比古次의 '고차古次'나 '고차古嵯', '고시古尸', '고자古資/古自' 등은 모두 '곶串/岬'의 이두식 표기이며, '미/미르/미동' 등은 '물'을 뜻하는 우리 옛말이다. 그러니까 통영은 본디 '물가의 곶'이란 뜻이다. 그 지명이 지금의 통영統營으로 바뀐 시기는 조선 선조 때, 이곳 두룡포에 '삼도수군통제영'이 설치되면서 '통영'이란 글자를 따온 데서 유래한다.

예로부터 통영은 나전칠기의 고장이며 통영반統營盤으로도 유명한 곳이다. 통영반은 나주반, 해주반과 함께 우리나라 3대 소반으로 꼽히는데, 특히 원통형의 네 다리가 곧고 장방형의 네 모서리는 곡선인 게 특징이다. 통영의 그 수려한 산수를 끼니때마다 반상을 마주하며 대신한 건 얼마나 다행스러운 일인가?

통영에 대한 나의 호기심은 유치환 시인으로부터 시작된다. 시인으로 살기로 결심했던 고교 시절, 그의 〈깃발〉이나 〈바위〉 같은 시의 울림도 예사로운 게 아니었지만, 어느 날 국어 선생님의 말 한 마디, "청마의 묘 옆엔 그가 사랑했던 이영도 시인의 묘가 함께 있단다" 는 말에 나는 크게 흔들렸다. 설마, 하는 생각이 들었지만 내 의심은

통영의 이두 지명, 고자미동국은 '물가의 곳'이란 뜻이다

〈행복〉이란 시를 읽고 나자 금세 신뢰로 바뀌고 말았다. 오랜 세월 뒤, 갑자기 나는 그 현장을 확인해야겠다는 충동이 일었다. 그리고 마침내 통영을 샅샅이 뒤지고 나서야, 유치환의 출생지는 통영이 아니라 거제도란 사실을 알았으며, 묘 역시 그곳에 있다는 걸 알았다. 시인의 이력마다 고향이 통영으로 기재된 이유는 유년시절 이래 그가 이곳에서 성장했기 때문일 것이다.

거제도의 초라한 초가삼간, 여기서 유치환은 장남 유치진을 이어, 8남매의 둘째로 태어나 다섯 살 때 통영으로 이사했다고 기록돼 있다. 생가에서 바다가 보이는 야산을 몇 굽이 에돌자, 거기 유치환의 묘가 있었지만 이영도 시인의 묘는 그곳에 없었다. 풍문이 꼬리를 물고 두 사람을 그예 한 곳에 머물도록 만든 모양이다. 풍문의 힘은 이처럼 당돌해서 때론 사실보다 더 사실처럼 느껴지게도 만든다.

통영 하면 먼저 떠오르는 건 유치환과 전혁림, 윤이상, 시조 시인 김상옥, 〈꽃신〉의 작가 김용익, 김춘수, 박경리 등 쟁쟁한 문화예술인들의 이름이다. 가장 연장자인 유치환으로부터 화가 전혁림, 음악가 윤이상 그리고 막내격인 김춘수 시인이 의기투합해 일찍이 통영문화협회를 결성했으며, 시와 그림과 음악이 어우러진 예술촌의 초석을 쌓았으니, 오늘날 통영이 예향으로 꼽히게 된 배경이다.

유치환 형제가 거제도로부터 옮겨와 통영인이 된 것처럼 산청 출신 윤이상 역시 통영인이 되었다. 그리고 박경리는 이곳 산양읍 출신으로 고향을 오랫동안 떠나있었으나, 마지막에는 고향 땅에 묻혔

다. 한 사람의 대가를 배출한다는 것도 쉽지 않은 터, 크지 않은 도
시 통영은 우리 문화의 대들보들을 줄줄이 거느리고 있으니 길지 중
의 길지이다.

옥녀봉의 풍광

한려수도에 대한 잦은 언급에서 그의 정서적 심층을 이해할 몇
가지 단서를 얻을 수 있다. 그는 바로 추상을 끔찍이도 사랑했던 김
춘수다. 그는 스스로 난해에의 취향이 있다는 걸 고백한 적도 있다.
더구나 무의미시로 일컬어지는 그의 후기 시편들은 입체파의 그림

통영의 이두 지명, 고자미동국은 '물가의 곶'이란 뜻이다

이나 초현실주의 화풍을 떠오르게도 한다. 그의 고백처럼 그의 감각적 배후가 한려수도였다는 사실은 의미심장하다. 바다야말로 온갖 추상의 모태이기 때문이다.

달바위에서 가마봉을 등지고 선 필자

내가 통영을 사랑하는 또 하나의 이유는 바로 산 때문이다. 통영을 떠올리면 모두들 바다를 꼽지만 사량도의 지리산, 달바위, 가마봉, 옥녀봉으로 이어지는 그 코스는 육지의 산에서 맛볼 수 없는 감동을 준다. 말하자면 지리산은 사량도라는 섬 하나를 관통하는 등뼈인 셈이다. 시작부터 끝까지 바다를 내려다보며 걷는 운치도 그렇지만, 깎아지른 암봉으로 오르락내리락 이어지는 그 절정의 스릴은 잊을 수가 없다.

10여 년 전 지리산을 처음 오를 때, 안내판에는 '지리망산'이라고 쓰여있었다. 까닭을 물으니 지리산이 보인다 해서 붙은 이름이란다. 그렇다면 나는 즉시 '망지리산望智異山'이 되어야 옳다고 지적했던 기억이 난다. 지금은 모두들 지리산이라 부르고, 지도에도 그렇게 적혀있다. 사량도 지리산은 육지의 지리산이 지닌 장중한 크기가 없는 대신, 그 지리산이 가지지 못한 암봉의 아기자기함은 물론, 사방이 바다로 노출된 비경을 뽐낸다.

미항이란 공통점 때문에 통영은 한국의 나폴리로 불리기도 한다. 하지만 그에 앞서 나는 이 바다야말로 에게해와도 견줄만한 특별한 바다라고 생각한다. 인류 문명의 젖줄인 에게해처럼 이 바다는 우리 문명사가 용솟음친 자리이기 때문이다. 한려수도 안에서 발흥했던 문화와 문학의 자취를 떠올릴 때 그렇다. 그 큰 족적을 가슴에 새기며, 나는 또 기약처럼 통영을 떠난다.

통영의 이두 지명, 고자미동국은 '물가의 곶'이란 뜻이다

소설가들의 길지_
장흥

장흥은 당나라 망명객,
위씨들이 정착한 땅이다

장흥까지 왔다. 아니, 장흥의 서쪽 끝 마량포구까지 내려왔다. 고금도가 코앞이다. 연륙교를 건너면 이내 고금도다. 마량포구는 장흥반도 안에서도 가장 아름다운 항구다. 도암만 건너편으로 두륜산 그리메까지 훤히 건너다보이는 이 미항은 그 풍광만큼이나 음식 맛이 일품이다.

남도 사람들의 그 독특한 손맛은 일종의 유전자가 따로 있는 건 아닐까? 하기야 그 손맛이란 것도 이곳 지형이 선사한 해산물의 은총 때문이지만 말이다. 장흥 삼합뿐일까, 그 귀한 키조개찜이며 끼니때가 되어 무작정 찾아든 길가의 허름한 식당조차 잊을 수 없는 감칠맛을 안겨준다.

　음식 맛을 보니, 나는 지금 장흥에 있는 게 확실하다. 장흥은 강진과 고흥반도를 양쪽에 끼고 도암만과 보성만을 거느리고 있는 반도다. 이 앞바다엔 고금도, 조약도, 신지도, 금당도, 거금도 등 그야말로 섬들의 군락, 다도해 해상이 펼쳐진다.

　북쪽에서 노령산맥의 줄기가 뻗어 내려 장흥읍의 제암산, 안양면의 사자산을 지나 관산읍의 천관산으로 이어지는데, 산꾼들에겐 모두 익숙한 이름의 산들이다. 특히 천관산은 반도의 남쪽에서 갑자기 솟아올라 신비로움을 더해준다. 천관산을 병풍처럼 등에 지고, 반도의 남쪽 끝자락쯤에 회진포구가 있다.

　이곳 회진면 진목리 산저마을은 작가 이청준의 고향이다. 지금도 생가가 남아있는데, 이미 남의 차지가 된 그 집이 어머니가 아들을 꼭 하룻밤 재워 보냈던 〈눈길〉의 바로 그 집이다. 그의 소설, 〈선학동 나그네〉가 임권택 감독의 영화 〈천년학〉(2007년)으로 각색돼 유명세를 탄 뒤, 마을 이름도 아예 선학동으로 바뀌었다. 인근 포구에는 〈천년학〉의 세트장이 있다. 영화에서 주인공 남녀, 눈먼 소리꾼 송화와 북채잡이 사내 최동호의 아픈 추억과 애환이 서린 허름한 주막집 말이다. 회진의 옛 이름은 회령포진이다. 조선 명종 때 만호진을 설치해 왜구를 방어한 수군병영 자리가 이 포구다. 충무공이 백의종군하던 시절, 그는 바로 이 포구에서 전열을 재정비했다.

마을 인근의 포구에 있는 영화〈천년학〉의 세트장

  이청준의 소설인 〈눈길〉, 〈축제〉, 〈서편제〉, 〈선학동 나그네〉의 무
대가 모두 이곳인데, 인근의 남포(지금은 정남진이라고 부름) 소등섬 앞
엔 이곳이 영화 〈축제〉(1996년)의 촬영지였음을 알리는 표지판이 서
있다. 남포마을은 영화 때문에 몹시 낯이 익다. 선학동이 그런 것처
럼 이곳 역시 그냥 평범한 포구이고 한적한 바닷가 마을이다. 하지만
소설에 의해 평범한 이 자리는 아주 특별한 장소로 거듭난 셈이다.
  장흥읍에서 이곳 회진포구까지도 가까운 거리는 아니다. 작가의
유년을 더듬다가, 아까부터 천관산 그림자가 나를 따라오고 있다는
걸 알았다. 먼지가 풀풀 날리는 신작로와 가난한 마을들, 텅 빈 포구
와 갯벌을 바라보다가 문득 이런 생각이 들었다. 이청준 소설이 유

독 상황과 실존의 문제에 집착한 것, 그래서 인생에 대해 자꾸만 질문하는 방식들, 문제의 안팎을 성찰하는 눈빛들, 이런 이청준의 기질은 아마도 지금 내가 마주하고 있는 이곳 회진의 유년 인상들과 긴밀히 맞닿아 있을 거라고 말이다.

이곳 사람들이 그토록 신성시하는 천관산, 예컨대 위백규가 쓴 《지제지》에 '예로부터 영묘하고 기이하기로 이름이 높았다'거나, 정상 부근의 당바위, 복바위 등 암괴군락이 천자의 면류관처럼 보인다 해서 붙여진 이름, 천관산天冠山에 대해서도 작가의 시선은 전혀 다르다. 수종조차 다양하지 못한 산이라고 말이다.

〈비화밀교〉의 중심무대도 그렇다. 'J읍'에 있는 '제왕산帝王山'이 소설의 배경이다. J읍을 장흥으로 보면 제암산帝巖山과 이름이 비슷하지만, 내용을 보면 천관산의 이미지가 더 강하다. 짐작건대, 작가는 창녕 화왕산火旺山의 억새 태우기 축제(2009년 화재사고 이후 중지됨)의 화소를 장흥으로 옮겨와 기억과 상상을 뒤섞어 하나의 산을 빚어낸 게 아닐까?

이청준은 소설의 말미에 붙임의 형식을 빌려 소설을 '사실이 일단 비극으로 완성이 되고 난 다음에는 그것을 다시 만인의 삶으로 함께 완성해 나가는 이야기의 과정이 뒤따르는 형식'이라고 규정한다. 어찌 소설뿐이겠는가? 그게 인생이며 역사란 생각이 든다. 이청준 소설의 매력은 사건을 사유의 차원으로 확장시키는 철학성 속에 있다. 아니, 감정의 절제란 점에서 그의 시선은 시적인 맥락에 더 가깝게도

장흥은 당나라 망명객, 위씨들이 정착한 땅이다

느껴진다. 내가 〈비화밀교〉를 주목하는 까닭도 여기에 있다. 신앙처럼 굳건해 보이던 이념 또한 파멸을 위해 존재하듯, 우리 안에 도사린 이상이나 우상 또한 언젠가 실망스러운 모습으로 소멸하니까. 아름다움이란 소멸의 수순인지도 모르니 말이다. 마치 비화밀교처럼.

안양면 기산리는 〈관서별곡〉을 지은 기봉 백광홍, 삼당시인 옥봉 백광훈의 고향이다. 기양사岐陽祠는 이들 형제를 기리는 사당이다. 이곳 안양면 율산마을에는 한승원 작가의 창작실, 해산토굴海山土窟이 있다. 그의 고향은 여기서 멀지 않은 대덕면 신상리다. 그는 이청준과 동갑이지만, 두 사람의 작품 성향은 판이하다.

한승원은 타고난 이야기꾼으로 소설적 재미가 압권이다. 그의 소설을 고향소설이나 귀향소설이라고 말한 이도 있다. 그만큼 한승원은 고향을 배경으로 소설가소설, 가족사소설을 줄기차게 써온 작가다. 그는 소외된 바닷가 사람들의 이야기를 즐겨 다루었으며, 샤머니즘이나 야사로까지 그 범위를 넓혔다. 그의 소설이 질박하거나 질척거리는 느낌을 주는 이유는 삶의 욕구와 무의식적 욕동을 거침없이 파헤치고 있기 때문인지 모른다. 한승원의 소설이 장흥이란 공간과 핏줄처럼 연결되어 있는 걸 본다. 그의 유별난 입담 또한 이곳 지형이 만들어 준 선물은 아니었을까? 그는 실로 엄청난 양의 작품을 생산했다.

이 글을 교정하는 과정에서 한강 작가가 노벨문학상을 받았다는 소식을 접했다. 감동적인 소식이다. 한강은 한승원의 딸이다. 나는 그의 소설이 장흥의 두 거장, 한승원과 이청준의 장점만을 흡수한 결정체라고 생각한다.

　천관산에서 유래된 지명, 관산읍의 방촌리傍村里는 유서 깊은 마을이다. 방촌마을은 장흥 위씨의 집성촌이다. 당나라 관서 지방의 홍농 사람인 위경은 8학사 중의 한 사람으로 신라에 왔는데, 선덕여왕 치세에 상서시중을 지내고 장흥의 신라 지명인 회주의 군에 봉해져 장흥 위씨의 시조가 되었다. 9세기, 그의 후손인 위홍은 대각간이 되었으며, 향가집인《삼대목》을 편찬한 것으로 유명하다. 방촌리가 고장흥으로 불리던 조선 선조 때, 이 마을 출신의 의병지도자만 스물

존재고택의 전경

　　　　　　　　　　　　　장흥은 당나라 망명객, 위씨들이 정착한 땅이다

여섯 명에 이르렀다. 동학농민운동 최후의 저항지로 장흥이 부상했던 점이나, 일제 치하에 열사와 의사들을 배출했던 점도 천관산의 정기와 무관하지 않을 터다.

방촌마을의 종택은 존재 위백규의 집인데, 그는 시서화 삼절로 꼽혔던 대학자로 90여 권의 저술을 남겼다. 존재고택은 견고하고 아름다운 한옥의 전형을 보여주는 지방문화재다. 사실은 존재고택뿐 아니라 위성룡가옥을 비롯해 이 마을 전체가 한옥마을이다.

작가 이청준, 한승원, 송기숙, 이승우, 시인 위선환, 김영남, 시조시인 김제현… 이들을 더듬어 문학기행을 왔다가 나는 고택에 빠지고 말았다. 아니, 뜻밖의 횡재를 한 기분이다. 갑자기 펼쳐지는 고풍스러운 정경에 넋을 잃은 건 그냥 연조가 깊다는 이유 때문이 아니다. 내가 느낀 놀라움은 고택들이 보여주는 높은 품위에서 비롯된다. 이 예상치 못한 감동은 정신의 어느 경계를 넘어설 때 찾아오는 멀미처럼 아득하다. 이제야 장흥이 왜 문림의향文林義鄕으로 일컬어졌는지, 나는 고개를 끄덕인다.

신라의 정신, 돌의 정신_
경주

서라벌, 사라, 사로는 모두 '새밝',
곧 동녘이 밝다는 뜻이다

경주 감포에 왔다. 감은사지感恩寺址와 문무대왕 수중릉을 보기 위해
서다. 이번에는 100명이 넘는 학생들을 인솔하고 온 길이다. 《삼국
유사》에서 '동해구'라고 명명된 이곳을 찾기까지는 천년 세월이 걸
렸다. 우리나라 고고학의 선구자, 고유섭의 유지를 받들어 학술조
사단이 구성되고, 황수영 박사팀이 이곳에서 대왕암을 찾아낸 게
1967년의 일이니 말이다.

찾고 보니, 석굴암石窟庵 본존불과 이곳 대왕암의 방위각이 일직선
으로 이어지는 게 아닌가? 새삼 선인들의 지혜가 놀라울 뿐이다. 다
만 일제의 석굴암 해체와 복원 공사를 거치며, 지금의 방위각에 오

차가 약간 생겼지만 말이다.

황수영의 《신라의 동해구》라는 책을 학생들에게 소개한다. 그리고 학생들을 감은사지로 안내한다. 대왕암에 수장된 문무왕의 영혼이 용이 되어 이곳 용당龍堂의 밑바닥까지 드나들었다고, 그래서 용당의 기단석 아래가 비어있다고 말한다. 뒤이어 이에 대한 기록은 《삼국유사》(2권, 〈만파식적〉조)에 있으니, 읽어보라고 권유한다.

그 길로 대왕암 앞에 선다. 감포 바다 앞에 돌출한 저 바위섬을 보며, 학생들은 지금 무슨 생각을 할까? 역사란 허황하다고 느끼는 사람도 있을 것이다. 하지만 내 눈앞에는 대왕암 위로 불끈 솟은 두 그루의 대나무가 보인다. 아니다, 저 만파식적의 피리 소리가 들려온다.

이견대利見臺로 향하는 길목에 동해구東海口라고 적힌 비석과 그 아래 대왕암 시비가 서있다. 신라의 동해구야말로 그 시대를 온전히 대변하는 이곳의 옛 이름이다. 두 비문의 서체는 모두 제산 최세화의 글씨다. 바로 내 주례를 서주신 은사님이다. 이런 곳에서 은사를 뵙는 감회는 남다르다.

경주는 우리 역사의 절반을 떠메고 온 고을이다. 서라벌은 도읍으로만 자그마치 대략 1,000년이다. 그 안에 펼쳐진 정치와 문화 그리고 예술의 자취는 너무도 풍성하다. 과장하면 경주는 한반도 안에 존재하는 하나의 단일 문화권이며, 독자적인 역사의 영역이기도 하다. 누가 그걸 파헤칠 수 있을까? 수많은 유적들이 아직도 묻혀있는 것처럼 경주는 건드리기조차 버거운 공간이다.

서라벌徐羅伐, 사라斯羅, 사로斯盧는 모두 '새밝', 곧 '동녘이 밝다'는 뜻
이니 지금의 서울이라는 언어의 뿌리다. 신라의 멸망, 고려의 건국
과 함께 경주慶州로 불리기 시작했는데, 한때는 동경유수東京留守라고
도 불렸다.

서거정이 '산과 물이 빼어나고 기이한 땅'이라고 했듯 경주는 낭
산, 토함산, 남산 등의 산과 형산포, 알천, 서천, 황천, 문천 등의 냇
물과 알영정, 금성정, 추라정 등의 우물과 금성, 월성 같은 성벽을
거느린 채《삼국사기》와《삼국유사》에 등재된 익숙한 이름들을 펼
쳐놓는다. 특히 경주 남산은 금오산金鰲山으로도 불리는데 바로 김시
습이《금오신화》를 쓴 자리다. 이 소설은 우리나라 최초의 한문소설
로 꼽힌다. 기행의 초점이 조금만 빗나가도 경주는 지면을 감당하기
어렵다. 그래서 나는 하나의 지름길로 접어든다.

우리 문학사에 큰 족적을 남긴 두 거장, 동리 김시종과 목월 박영
종이 그 지름길이다. 김동리는 경주시 성건동 284-2번지에서 태어
났는데, 생가는 아직 복원이 되지 않았다. 그의 대표작〈무녀도〉에는
고향의 모습이 생생히 담겨있다. 하지만 나는 그가 쓴〈등신불〉에야
말로 경주의 정신이 가장 잘 스며있다고 생각한다.

이 소설은 경남 사천시 곤명면 용산리에 있는 다솔사多率寺에서 쓰
였다. 소설은 '정원사'란 중국의 사찰 안에서 일어난 실화를 소개하
는 방식이지만, 그 자체가 고도의 허구다. '만적'이란 인물이 자신의

서라벌, 사라, 사로는 모두 '새밝', 곧 동녘이 밝다는 뜻이다

몸을 불쏘시개로 만들어 소신공양을 하고, 거기 금물을 입혀 불상이
되었다는 건 과학적 상식과도 어긋난다. 그러나 독자들은 정말로 그
런 불상이 존재할 것만 같은 착각에 빠진다. 이것이 바로 리얼리티
reality다. 오늘날 상품성 높은 소설들이 리얼리티를 곡해하고 있는 걸
볼 때 김동리의 역량은 새삼 돋보인다. 리얼리티를 현실성 혹은 사
실성이란 문자 뜻으로 오해해, 현실에서 수다하게 벌어지는 일들을
리얼리티라고 우기는 점은 우려할 만하다. 나는 한국소설이 퇴보한
원인을 여기서 찾는다. 진정한 리얼리티란 〈등신불〉처럼 일어날 수
없는 일이 가능한 현실로 보이게 하는 전략이기 때문이다.

따지고 보면 경주의 천년이 실은 꿈과 생시, 허구와 사실이 혼재
된 공간이다. 실로 장대하고 무궁한 이야기로 흘러넘치는 경주의 풍
토가 바로 그런 혼돈의 터전이며, 신화와 전설이 삶과 뒤섞인 리얼
리티의 현장인 셈이다.

박목월의 생가는 경주시 건천읍 모량2리 방내마을이다. 그의 생
가는 현재 복원되었다. 그런데 박목월에 대한 몇 가지 오해는 여전
하다. 그 하나가 청록파 시절에 대한 선입견이다. 사실 그는 청록파
이후 여러 단계의 변화를 보여준다. 자아의 내적 성찰이나 죽음에
대한 응시로 변모해 나간 자취가 그것이다. 따라서 박목월의 후기
시가 보여준 시적 성취야말로 간과해선 안 될 특징이다. 제4시집,
《경상도의 가랑잎》에 있는 〈이별가〉는 그 본보기다.

경주의 정신이란 신라의 정신이며, 그것은 삶과 죽음을 초탈하는

정신이다. 그건 죽음마저 삶의 일부로 수용하는 태도이며, 현실에 대한 안주가 아니라 삶 이후를 기약하는 자세다. 이 정신이야말로 신라가 오랜 세월을 버텨온 근간이었다고 나는 믿는다.

안강에 있는 양동마을은 경주 양반촌의 전형을 보여주는 아름다운 고택 마을이다. 이 마을은 안동의 하회마을과 함께 유네스코 세계문화유산으로 지정되었다. 동방 5현으로 꼽히는 이언적의 생가인 독락당獨樂堂을 중심으로 여주 이씨와 월성 손씨의 집성촌이다. 집성촌 중 가장 오랜 역사를 자랑하는데 청백리로 알려진 우재 손중돈의 관가정觀稼亭, 이언적 형제의 효심이 전해지는 향단香壇 그리고 무첨당無忝堂, 수졸당守拙堂, 서백당書百堂 등 마을 전체가 보물과 문화재다.

여러모로 경주는 특별한 고을이다. 우람한 왕릉군이 보여주는 경관뿐인가? 유적의 보고인 이 땅은 21세기 풍경과는 사뭇 다른 독자성만으로도 독특한 아름다움을 지닌다. 그래서 경주는 오히려 새롭다. 그러나 경주란 도시의 특수성을 이해하기 위해선 당시 동아시아의 역사적인 맥락을 살펴볼 필요가 있다.

당시 동아시아는 당나라 제국의 문화권 안에 있었다. 선진문물을 흡수하기 위해 신라나 왜나라가 기울인 움직임에 주목해 보자. 당나라행의 교두보였던 우리의 당나루, 당진唐津이나 일본 규주의 당진(가라쓰)이란 지명이 그 근거다. 당시 양국의 지식인들이 당나라 유학을 떠난 건 하나의 필수 코스였다. 세계의 절반으로 불리던 당의 세계

서라벌, 사라, 사로는 모두 '새밝' 곧 동녘이 밝다는 뜻이다

도시, 그 제국의 수도가 서안이다. 그 당시 서안은 국제도시이자 계획도시였다. 경주나 일본의 동경은 서안을 벤치마킹해 자국의 특성에 맞게 발전한 도시들이다.

여기서 통일신라의 전성기를 구가한 경덕왕을 눈여겨볼 필요가 있다. 25대 경덕왕은 742년부터 765년까지 23년의 재위 동안, 문화사업을 활발히 펼친 임금이다. 실제로 불국사佛國寺, 석굴암, 석가탑, 다보탑, 안압지雁鴨池 등 오늘날 우리가 문화재로 자랑하는 유적 대부분이 경덕왕 치세 동안의 업적이다. 하지만 나는 경덕왕에 대해 못마땅한 점도 있다. 그가 우리의 고유 지명들을 모두 한자어로 바꾼일 말이다. 이 땅을 소중화小中華하여, 우리 고유의 이두음이나 향찰로 표기되던 옛 지명을 말살한 주범이기 때문이다.

오히려 나는 당시 신라의 건축가(물론 백제의 장인들도 포함)나 석공들에게 말할 수 없는 존경심을 가지고 있다. 그들은 당 문화를 무분별하게 흡수하지 않았다. 오히려 그들만의 독자성을 표출하려는 강렬한 열망이 있었다. 예컨대 석굴암 본존불상 하나만 봐도 그렇다. 앞선 연구에 따르면, 본존불상은 본디 다섯 배 크기의 화강암을 정으로 한 땀 한 땀 두드려, 마치 살아있는 사람의 살갗처럼 조탁한 결정체다. 더구나 본존불의 얼굴을 보면 마치 바위가 아니라 숨 쉬는 사람 같다. 아니, 불가사의다. 미국의 세계적인 조각가, 존 로든의 말이 이 모든 정황을 대변한다. 다음은 윤경렬의《신라의 아름다움》에서 재인용한 존 로든의 말이다.

세계 일주를 하며 많은 불상을 보아왔는데, 나는 불교 신자가 아니기 때문에 큰 불상을 대할 때마다 만드느라 수고했구나 하고 감탄했을 뿐이다. 그런데 이 석굴암 부처님 앞에 서니 어쩐지 모자를 벗고 싶은 생각이 든다. 이 얼굴은 지구상에서 가장 평화로운 얼굴이다.

천년의 도읍지 경주는 지면이 어림없이 부족하다. 첨성대, 안압지, 이언적의 위패를 모신 옥산서원, 김유신과 설총 그리고 최치원의 위패를 모신 서악서원뿐인가? 무수한 탑들과 수많은 장소들의 이야기는 시작도 못했다. 그게 경주이기 때문이다. 그러나 18세기에 건립된 경주 교동의 최부자에 관한 미담은 뺄 수가 없다. 고택의 아름다움을 능가하는 가훈, 육훈六訓의 미담이 그것이다. 예컨대 진사이상의 벼슬을 금하고, 만 석 이상의 재산은 사회에 환원하란 당부, 주변의 100리 안에 아사하는 자가 없게 하라는 베풂의 정신은 많은 걸 생각하도록 해서이다. 역시 천년 도읍지 경주는 부자의 품위도 남다르단 걸 알겠다.

서라벌, 사라, 사로는 모두 '새밝', 곧 동녘이 밝다는 뜻이다

임제를 만나다_
나주

나주는 백제의 발라군,
양주동은 발라를 '밝거리'로 푼다

'산은 속세를 떠나지 않는데, 속인들은 산을 떠나네(山非離俗 俗離山).' 바로 임제의 시구다. 놀라운 점은 세상의 편견을 뒤집은 그의 안목이다. 그 유명한 속리산은 예나 지금이나 '속세를 떠난 산'으로 통한다. 마치 속세간이 싫어 그걸 도피한 비정한 산으로 여겨진다.

그런데 산이 언제 우리 곁을 떠났나? 속리산은 언제나 지금, 그 자리에 서있었을 뿐이다. 산의 억울한 누명을 벗겨준 건 오직 임제다. 홀연, 뜻밖의 해석으로 상대성의 가치를 일깨운 그의 눈빛이야말로 우리가 반드시 배워야 할 덕목이다. 임제는 인간의 타성을 벗어나 산의 마음을 읽었으며, 진실의 척도 하나를 본보기로 세운 사람이다. 속리산은 '속인들이 떠난 산'이라고 말이다.

그는 전남 나주의 회진에서 태어났다. 그의 고향은 보한재 신숙주의 고향, 나주 노안과 이웃이다. 신숙주의 132년 고향 후배인 셈이다. 신동이었던 임제는 천재 시인으로 명성이 높았으나 그는 관직에 나가지 않았다. 자신이 죽은 후 곡을 하지 말 것이며, 무덤을 만들지 말라고 당부할 만큼 그는 시대를 앞서나간 사람이다. 추정컨대, 그가 관직을 기피한 이유는 동향의 신숙주에게 느낀 실망감 탓도 있었을 것이다.

그는 선비로 초야에 묻히길 염원했으나 관직에 진출한 적이 있다. 능력을 아까워한 조정의 거듭된 요청으로 예조정랑을 지내고 뒤이어 평안부 서도병마사에 특채된 게 그것이다. 그러나 임지로 향하던 중, 송도(개성) 인근 모계에 있는 황진이의 묘를 참배하고 시까지 읊은 사건으로 인해 임제는 9일 만에 삭탈관직을 당한다. 그의 나이 서른다섯 살 때다.

다시 생각해 보자. 임제에게 송도란 지명은 황진이라는 콘텐츠를 떠오르게 했던 게 분명하다. 상투적 관료의식이 아니라, 그는 당대를 대변할 송도의 이미지화 혹은 세계화를 꿈꾸었는지 모른다. 오늘날 시각으로 본다면, 송도 그리고 황진이의 이미지는 천재 시인과 미인의 고장이 겹쳐진 아이템이며, 송도가 지역적 특성으로 내세울 만한 최고의 선전 효과와 다르지 않다. 그러니까 그의 비극은 너무

나주는 백제의 발라군, 양주동은 빌라를 '밝거리'로 푼다

앞서 21세기적 패러다임으로 무장했던 안목에서 연유한다.

그러나 역사에는 가정이 없다. 그것이 역사의 아이러니다. 강물의 흐름은 강바닥에 돌출한 바위 하나 때문에 소용돌이를 일으키지만, 강의 아름다움 또한 그 소용돌이에서 시작된다는 걸 알고 나면 이미 늦는 법이다. 모두가 천편일률의 강물이 될 때, 그 사회는 침묵하는 사회가 된다. 임제는 황진이를 흠모했다고 알려져 있다. 누군가는 그걸 임제의 풍류벽과 연관해 과장하기도 한다. 하지만 임제가 그녀를 흠모한 게 꼭 미모 때문이었을까? 오히려 임제는 그녀가 보여준 빼어난 시편들에 감화된 건 아닐까? 그러니까 황진이의 미모는 타고난 시재 때문에 더욱 두드러졌거나 과장되었을 거란 생각이 든다.

물론 임제의 풍류벽은 전설처럼 떠돈다. 하지만 그에게서 단순한 난봉꾼의 모습은 찾을 수 없다. 그는 한 시대를 탐험한 탐험가였다. 《한라산총서》에 따르면, 임제는 한라산 정상에 오른 기록을 남긴 최초의 인물이다. 그 기록은 임제의 〈남명소승〉 안에 있다. 그는 품격을 갖춘 문학으로 닫힌 시대를 조롱했으며, 구태를 뛰어넘는 로맨티스트의 모습을 보였을 뿐이다. 특히 그가 한우라는 기생에게 준 시, 〈한우가〉는 이런 임제의 멋을 생생히 보여준다.

북창이 맑다커늘 우장 없이 길을 나니
산에는 눈이 오고 들에는 찬비로다
오늘은 찬비 맞았으니 얼어잘까 하노라

한우寒雨, 찬비라는 이름에 빗대어 절묘하게 표현한 이 시는 한우의 도도함을 봄눈처럼 녹이는, 깊은 운치를 느끼게 하는 시다. 이 정도 품격이라면 목석인들 흔들리지 않을 수 있을까?

나주는 백제의 발라군發羅郡이었다. 양주동은 발라를 '발거리', 곧 '밝거리'로 풀이했다. 신라 때 금산군錦山郡이었다가 금성錦城으로도 불렸는데 나주의 주산이 금성산이며, 조선시대 객관 이름이 금성관인 점은 여기서 비롯된다는 것이다. 양주동의 추측에 덧붙이자면, 발라가 금산이나 금성으로 바뀐 이유는 '밝다'는 뜻과 '비단'의 연관성에서 고유어가 한자어로 바뀌었으며, 다시 비단을 뜻하는 동의어인 나주羅州로 변한 게 확실해 보인다.

나주는 고려 초에 벌써 전국 12목 중의 하나로 나주목이 되었는데 이곳을 소경小京 즉, 작은 한양으로 부른 이유는 도시 구조가 한양을 본떴고 4대문을 갖고 있었기 때문이다. 실제로 나주는 인재를 배출하는 면에서도 남도의 한양이란 자부심을 지녔던 곳이다.

특히 금안동은 조선시대 남도의 3대 명촌으로 꼽힌다. 쌍계정雙溪亭은 금안동이 인재 배출의 요람이었다는 증거물이다. 이 정자는 고려 충렬왕 때, 세자의 스승을 지낸 정가신과 전주정 그리고 윤보 세 사람이 후학을 양성하기 위해 지은 정자다. '쌍계정'이란 편액의 글씨는 한석봉이 썼다. 쌍계정은 장차 정자가 그대로 인재 양성의 산실이 된 조선시대 정자의 전통을 열었다는 점에서도 주목할 필요가 있다.

쌍계정에서 금안동의 숱한 인재들이 배출되었다. 사진은 한석봉이 쓴 쌍계정의 현판이다.

쌍계정에서 금안저수지 쪽으로 올라가면, 외진 밭 한가운데 월정서원이 서있다. 퇴락해서 금세 허물어질 듯 위태로운 모습이다. 더구나 서원의 위치를 아는 이가 없어 한참을 헤맨 뒤에야 서원을 찾아냈다.

월정서원은 나주의 자랑, 박순이 후진을 양성하던 자리에 있는 그를 기리는 사당이다. 박순은 나주 왕곡면 송죽리 출신이다. 신동으로 꼽혔으며 이황과 조식을 스승으로 섬겼다. 마흔다섯 살에 홍문관 대제학에 제수되자, '나이로나 학문으로나 이황이 적임자'라고 극구 사양해서 사암능양思庵能讓이란 아름다운 고사를 남긴 인품의 소유자다. 그는 대사성과 대제학을 두루 지내고 14년간 우의정과 좌의정을 거쳐 7년간 영의정을 지낸 청백리로도 이름이 높다.

나주 출신(현 광주시 광산구 광곡마을) 기대승은 이황을 존경했던 대학자다. 만 7년간 이황과 주고받은 사칠논변은 조선 유학사에서 담론을 활성화하고 논리를 증진시킨 업적으로 평가된다. 백우산 자락의 너브실마을에는 기대승의 강원이었던 빙월당氷月堂이 있으며, 그를 기리는 월봉서원이 있다.

역사적 인물들의 배출지, 이곳 나주에서 하나의 트라우마를 본다. 복원의 낌새조차 보이지 않고 굳게 닫힌 신숙주생가의 철대문 때문이었으리라. 이 집에서 함께 태어나 관직으로 나갔지만 신숙주와 다른 길을 걸었던 그의 아우, 신말주의 가문은 지금 전북 순창에서 최고의 명문 호족으로 세거지까지 전해지는 것과도 비교가 된다. 백두대간을 중심으로 정간과 정맥을 나누어, 우리나라 지리의 초석을 다진《산경표》가 신말주의 가문에서 나왔다. 바로 그의 10대손인 신경준이 쓴 책이다. 하긴 계유정난 당시, 신말주 역시 고향 나주가 아니라 처가가 있는 순창에 터를 잡은 게 형과 무관하지는 않았을 것이다. 다시 역사의 아이러니를 본다. 역사란 그런 것이다.

나주는 백제의 발라군, 양주동은 발라를 '밝거리'로 푼다

지조 높은 선비촌_
영양

영양의 고은이란 옛 지명은
'숨은 골'이란 뜻이다

경북 영양英陽은 신라 초의 고은古隱이란 옛 지명이 신라 말에 지금의
이름으로 바뀌었다. 영양은 태백산맥의 중심부에 위치한 지형적 특
징 때문에 산 속의 섬으로도 일컬어진다. 고은이란 지명을 보면 이
지역은 옛것을 지키며 숨어 살던 '숨은 골'이었던 모양이다. 지금도
영양은 철도와 고속도로가 비껴가고 있어 교통이 불편한 편이다. 그
때문인지 전국에서 인구밀도가 가장 낮은 곳이기도 하다.

영양을 산속의 섬으로 만든 건 태백산맥 줄기가 힘차게 솟구친
일월산의 위세 탓이지만, 통고산과 백암산까지 거기 가세해서이다.
일월산은 주봉인 일자봉, 서봉인 월자봉의 앞 글자를 따서 붙여진

이름인데, 김장호는 《한국명산기》에서 이를 '해와 땅이 함께 아우른 산'으로 풀이하고 있다.

아기자기함과 거리가 먼 이 우람한 육산陸山은 경북의 산간 오지 중에서도 이 지역의 해발고도를 가장 높여놓았다. 일월산 둥치가 여러 갈래의 단애를 빚어냈으니, 입암면의 선바위(立岩)는 그 절정이다.

바위들은 편마암이나 수성암인데, 높은 고도가 외부와 차단되는 지형을 형성했다. 반변천의 발원지가 일월산인데, 반변천은 장군천과 합류해 낙동강으로 흘러든다. 또한 주왕산에서 발원한 주방천이 고을을 지난다. 이런 고립된 형세는 뜻있는 선비들의 은거지로 제격이었으니 이곳이 한양 조씨, 함양 오씨, 야성 정씨, 재령 이씨 등의 집성촌이 된 까닭이다.

사월종택, 옥천종택, 회곡고택, 만곡정사晩谷精舍, 청계정清溪亭, 삼구정三龜亭, 영양향교, 월록서당, 석천서당… 이 고을은 보이는 게 모두 선비를 길러낸 자취들뿐이다. 크지 않은 이 고을에서 그토록 많은 선비들, 지사들, 열사들, 문인들이 배출된 건 다 까닭이 있다.

이곳 영양읍 감천마을의 출신 인물, 오일도의 생가와 먼저 만난다. 그는 〈창을 남쪽으로〉, 〈누른 포도잎〉, 〈그믐밤〉 등의 시편들과 《세림시집》을 남겼다. 특히 1935년에는 사재를 털어 시 전문 잡지사 《시원》을 창간했는데, 이곳 출신 조지훈 시인도 1936년에 거기서 머물며 시를 습작했다.

일월면 주곡리 주실마을은 한양 조씨의 집성촌이다. 그곳에 있는 호은종택은 지훈 조동탁 시인의 생가다. 규모가 크진 않으나 한껏 멋스럽고도 우아한 고택이다. 조지훈은 이곳 월록서당에서 17세까지 한학을 익혔는데 《대학》까지 뗐다. 그는 동국대학교의 전신인 혜화전문학교에 입학하던 1939년, 정지용 시인의 추천으로 《문장》을 통해 문단에 나온다.

〈승무〉, 〈고풍의상〉, 〈봉황수〉 등 빼어난 시편들마다 이 마을의 정취가 고스란히 배어있다. 시인으로서뿐 아니라, 그는 고려대학교 교수로 재직하며 각종 매체를 통해 사회의 부조리를 통렬하게 비판한 지사였다. 그의 이름 앞에 지사 시인이나 선비 시인이란 호칭이 달라붙는 이유다.

영양의 지사와 열사의 계보는 화려하다. 남이포는 남이 장군이 난을 평정한 곳이며, 일월산은 동학의 경전인 《동경대전》과 《용담유사》가 집필된 자리다. 항일 의병장인 김도현과 엄순봉 의사가 이곳 출신이며 지경마을의 남자현은 독립군의 어머니로 칭송되는 운동가다. 조지훈이 왜 그토록 옛것을 사랑한 호고好古의 멋을 지녔으며 지조 있는 선비 정신을 잃지 않았는지, 나는 이 멋진 옛 마을과 우람한 일월산에서 그 뿌리를 본다.

재령 이씨 집성촌은 두들마을이다. 두들은 '언덕'이란 뜻의 경상도 방언이므로, 언덕배기마을인 셈이다. 종택은 석보면 원리 308번지에 있는 석계고택이다. 17세기 인물, 이시명의 집으로 그가 후학을 양성하던 석천서당과 붙어있다. 이시명의 부인, 장계향은 처음 한글로 쓴 음식 조리서인《음식디미방》을 저술했는데, 지금도 두들 마을에선 그와 관련한 교육관이 운영되고 있다.

작가 이문열의 고향도 이곳이다. 그의 소설 〈그해 겨울〉, 〈그대 다 시는 고향에 가지 못하리〉, 〈우리들의 일그러진 영웅〉은 이곳에서의 경험담이 바탕을 이루고 있다. 이문열의 소설에서 짙게 풍기는 의고 주의자의 풍모는 바로 고향에서 길러진 체질이었다는 걸 깨닫는다. 그는 실로 일월산의 기개에 필적할 문학적 성취를 이루었고, 나는 그중 그의 초기작 〈사람의 아들〉이야말로 이문열 문학을 대변하는 문제작이라고 생각한다.

저 일월산 그림자가, 선돌의 신비로움이 우리 시대와 멀찍이 떨 어져 있는 느낌은 그냥 예사롭게 보이지 않는다. 세속의 오예 속을 살되, 그 먼지로부터 동떨어진 삶이 선비의 자세다. 산속의 섬, 어떤 부족함이나 불리한 여건조차 결핍이기보다는 든든한 자긍심으로 내 눈에 비치는 것도 이 지역 출신들이 보여준 인성 때문일 것이다.

무엇보다도 영양은 일월산처럼 우뚝한 우리 문학의 두 거장, 조지 훈과 이문열을 낳았다. 이 밖에도 개성 있는 시인인 오정국과 오승 강이 이곳 출신이며, 국문학자 조동일 박사는 한국학 연구에 뚜렷한 족적을 남겼다.

또한 영양은 불교의 고장이기도 하다. 특히 이곳엔 모전석탑이 많 은데, 입암면에 있는 봉감모전오층석탑은 국보이며, 영양읍 현2동

영양의 고은이란 옛 지명은 '숨은 골'이란 뜻이다

에 있는 모전오층석탑은 고태미가 물씬 풍기는 아름다운 석탑이다. 이 밖에도 연당리의 서석지瑞石池는 조선시대 정원을 그대로 감상할 수 있는 우리나라 3대 사대부 정원이다. 반변천 지류의 개울물을 집 안으로 끌어들여 조성된 이 정원은 자연과 가옥을 자연스럽게 조화 시킨 지혜를 엿보게 한다.

해발 600~700m의 고산지대인 영양은 아직도 세속의 유행과 동 떨어진 깊은 맛을 풍긴다. 문득 영양이 여행자의 눈에 새롭다는 기 분을 느끼게 하는 이유는 모든 마을이 닮아가는 요즘의 추세에서 단 연 동떨어져 있기 때문일 것이다.

영양의 이 단절감, 다른 곳과 구별되는 차이점이야말로 머지않아 이 고장의 축복이 되리란 걸 의심하지 않는다. 다르다는 것은 새롭 다는 것이기 때문이다.

겨울 편지_
흑산도

주민들은 흑산도 사리를
'모래미'란 예쁜 우리말 지명으로 부른다

겨울 흑산도에서 편지를 쓴다. 망망대해를 헤치고 섬으로 향하는 내 내 나는 1801년, 이 바닷길을 거쳤을 정약전을 생각했다. 신유박해가 빌미가 되어, 기약 없는 유배의 길을 떠나는 그를 떠올린다. 문과에 급제해 병조좌랑까지 지낸 전도유망한 선비가 돌아오지 못할 길을 떠나는 것이다.

꽉 막힌 조선 후기의 지성사에서 서학西學의 등장은 열린 세계로 눈길을 돌린 징검다리였다. 기독교 입문서인 《천주실의》, 유클리드 기하학을 담은 《기하원본》, 실학자 성호 이익이 쓴 《성호사설》 등의 서적은 정약전의 영혼을 관통한 벼락이었으며, 그가 근대화를 내다본 통로였다. 그런데도 그것이 죄목罪目이었다면, 그게 바로 그 시대의 비극이었으며 장차 국권 상실을 향한 슬픈 전조에 지나지 않는다. 진심과 사심의 차이란 눈에 보이지 않으나, 그로 인하여 겪게 되는 역사적 손실이란 그 크기를 가늠하기 어려운 법이다.

목포를 떠나 짐짓 비금도, 도초도를 지나고 하의도와 우이도를 바라보며, 다도해 해상을 얼핏 벗어나자 바다 한가운데 외로운 돌섬 하나가 시야에 들어왔다. 그날 정약전이 저 돌섬에서 자신의 모습을 떠올렸으리란 확신이 들자, 돌섬은 200년 뒤 우리의 현실과 겹쳐 보이기 시작했다. 어쩌면 나는 사리사욕에 눈이 멀어 역사를 그르치는 무리들 앞에서 절망하고 있을 이 시대의 추운 선비들을 생각했는지 모른다.

흑산도는 유배의 섬이었다. 쾌속선이 없던 시절, 목포에서 새벽에 떠나도 한밤중에야 섬에 닿았으니, 정약전의 시대에는 일주일이 넘게 걸렸다고 한다. 다행히 나는 쾌속선을 타고 망망대해를 지난다. 그런데 바다 한가운데 갑자기 흑산도가 나타났다. 섬의 윤곽은 장엄하다고나 할까, 텅 빈 바다를 꽉 채우고 있는 섬의 당당한 풍모는 차라리 도도했다. 그때 정약전도 지금의 나처럼 안도감을 느꼈다면 다행이리라.

예리선착장에 내려 눈을 들자, 짙푸른 산 빛이 눈을 찌르듯 파고들었다. 정약전도 그랬던 걸까? 이곳에 이르러 정약전은 호를 아예 자산茲山으로 바꾸었다. 그는 '자茲는 흑黑과 같다'고 말했다. 지금 내가 바라보고 있는 저 검푸른 빛깔을 그는 그렇게 표현한 것이다. 겨울 산이 저토록 검푸른 이유는 상록수종이 많다는 뜻이다. 흑과 달리 자는 아득하고 은은한 검은 빛의 운치를 지닌 글자다. 흑산도는 최고봉 문암산을 필두로 선유봉, 옥녀봉, 상라산 등 어느 방향을 둘러봐도 온통 산그늘이다. 친절한 토박이 택시 기사의 안내로 섬을 일주하는 여정은 흡사 산간 오지를 탐사하는 기분마저 들 정도였다.

흑산도의 주산인 문암산

내가 섬의 남쪽, 사리마을로 가고 싶다고 말하자 기사는 내 의중을 단번에 알아챘다. 이 머나먼 섬의 궁벽한 남녘에 정약전의 유배지가 있다. 어쩐지 그 마을은 서자처럼 버려진 황량한 풍경일 거라 짐작했다. 그런데 사리沙里의 이곳 이름이 '모래미'라는 말을 들었을

주민들은 흑산도 사리를 '모래미'란 예쁜 우리말 지명으로 부른다

때 귀가 번쩍 뜨였다. 그렇다. 저 예쁜 우리말은 이곳이 '모래마을'이었다는 걸 증명한다.

벼르고 별러 흑산도, 그것도 유배지였던 모래미마을로 들어섰을 때 가장 먼저 내 눈에 띈 건 '사촌서당沙邨書堂'이라고 적힌 현판이었다. 이 아름다운 마을에 동화되어 그는 죄인의 신분도 잊었던 걸까? 역사야말로 자연의 이치에 빚지고 있을 뿐 아니라, 자연의 순리를 거역하는 사욕이야말로 죄악이다. 나의 이런 믿음은 이후 정약전의 흑산도 행적을 살펴보면 더욱 확연해진다. 돌담을 에둘러 세상으로부터 유폐된 위리안치의 처지였으나, 섬에 당도해 맨 먼저 한 일이 복성재復性齋라는 서당을 열어 섬 아이들을 가르친 일이었으니 말이다. 지금의 사촌서당이 바로 그 자리다. 바른 가르침이야말로 선비의 사명이다.

세상이 바뀌었다 해서 진심과 사심이 뒤바뀔 순 없다. 무엇이 옳고 그른 일이며 어떻게 사는 것이 사람답게 사는 것인가? 그 양심의 행로에 대한 열렬한 지지가 바로 선비 정신의 현대적 의의이다. 성삼문은 죽임을 당했으나 영원히 살아 칭송을 받는가 하면, 신숙주는 훼절해 입신양명을 이루었으나 오늘날까지도 '숙주나물'로 썹히는 연유를 잊지 말아야 한다.

선비 정신은 비겁한 승자보다 영광스러운 패자를 자처하는 정신이며, 불의와 타협해 얻은 성취보다 정의로운 실패를 옹호하는 정신이다. 그러나 전자에 비해 후자의 삶을 선택한다는 것은 무척 어렵다. 그러므로 선비들이야말로 진정으로 용기 있는 사람들이며 영원한 승자다. 요즘 세상이 타락했다는 탄식은 정신의 향기가 희미해졌다는 뜻이며, 그건 바로 선비 정신이 사라지고 있다는 개탄과 다르지 않다. 역사의식이 없는 민족은 반드시 멸망하며, 역사의식이 부재하는 집단은 위험하다는 걸 기억해야 한다. 결국 정약전은 저 돌담장 울안에 갇힌 채 끝내 유배에서 풀리지 않고 이곳에서 생을 마감했다.

정약전은 여기서 가르침만 펼친 게 아니라 그 스스로 배움을 찾아 나섰다. 집 앞의 사리포구는 물론 예리포구까지, 그는 지체 낮은 뱃사람들과 허물없이 어울리며 물고기의 생태를 관찰하고 기록했다. 그리고 물고기와 관련한 서적을 탐독하고 물고기의 연원을 밝혀 냈다. 저 수산학의 정전, 《자산어보》 이야기다. 이 책은 어류 155종의 실태를 기술한 불멸의 책이다.

처음 정약전이 《해족도설》이란 이름의 연구 초고를 아우에게 보내자, 정약용은 반색하고 즉시 답장을 보낸다. 다음은 정약용의 《유배지에서 보낸 편지》 일부다.

《해족도설》은 무척 기이한 책으로 이것은 또 하찮게 여길 일이 아닙니다. 도형圖形은 어떻게 하시렵니까? 글로 쓰는 것이 그림을 그려 색칠하는 것보다 나을 것입니다. 학문의 종지宗旨에 대해 먼저 그 대강을 정한 뒤 책을 저술해야 유용할 것입니다.

주민들은 흑산도 사리를 '모래미'란 예쁜 우리말 지명으로 부른다

말하자면 정약용은 방법론적인 몇 가지 견해를 덧붙여 거기 조언과 충고를 마다하지 않는다. 여기서 놀라운 사실이 있는데, 보통 사람들 같으면 터질 듯한 그리움을 토해내거나, 우수 어린 객창감이나 나누었을 형제간의 편지다. 피차 강진과 흑산으로 갈라져 기약 없는 세월을 보내던 처지였으니 말이다. 하지만 이들 형제는 전혀 달랐다. 촌음을 아끼듯 학문에 대해 서로 묻고, 이견을 제시하고, 근거를 함께 찾았다. 이들이 유배지에서 주고받은 편지는 그대로 학문 수양의 연장이자 스스로를 고양했던 생생한 흔적이다. 유배지 강진에서 정약용의 책이 줄기차게 쏟아져 나오자, 정약전은 신이 나서 아우에게 편지를 보낸다. 앞에서 인용한 책의 일부다.

네가 이 같은 경지에 이른 것은 너 스스로도 알지 못할 것이다. 아!
도를 잃은 지 천 년. 백 가지로 가려지고 덮여있었는데, 그걸 헤쳐
내고 분변하여, 그 가린 것을 확 열어 젖혔으니 어찌 너의 힘만으
로 이것이 가능했단 말이냐?

나는 이들의 편지를 보며, 이들이 이미 높은 인격의 상태에 도달한 성인들이었다는 걸 확신한다. 그것은 비극을 감내할 인품의 크기를 보여주는 증거이기 때문이다. 정약전이 육지와 가까운 우이도로 이주를 결심한 이유는 단 하나, 아우 곁으로 가까이 가려던 열망이었다. 더구나 정약용은 제자였던 황상의 편에 귀중한 서책이며 생필

품을 형에게 보내는 처지였으니, 정약전의 이주 계획은 그런 아우와 황상을 위한 배려이기도 했다. 그런데 그때 어떤 일이 벌어졌나? 바로 흑산도 주민들이 들고일어난 것이다. 오늘날로 말하면 민중 봉기와도 흡사한 소요 사태다. 정약전을 '우이도로 보내드릴 수 없다'고, '선생님은 이 섬에 계셔야 한다'고 말이다. 결국 정약전은 흑산을 떠나지 못하고 만다. 이 사태는 정약전이란 유배인의 사람됨을 보여주는 일화다.

그때 1801년, 폐족이 되어 함께 귀양을 가는 길, 나주 율정에 이르러 정약용은 경상도 장기곶으로 그리고 정약전은 흑산으로 헤어지던 삼거리. 그게 두 형제의 마지막 대면이었다. 1816년 여름, 형의

사리전망대에서 바라본 사리포구, 아니 모래미의 아름다운 경관. 정약전이 어부들과 허물없이 어울려 물고기에 대해 연구하던 포구다.

주민들은 흑산도 사리를 '모래미'란 예쁜 우리말 지명으로 부른다

별세 소식을 유배지에서 접한 정약용은 애끓는 편지를 여유당으로 부친다. 정약용이 유배에서 풀리기 불과 2년 전이다.

나 또한 정약전에게 압도되어 흑산도를 잊고 있었다. 토박이 기사가 아까부터 나를 재촉한다. 흑산은 들를 곳이 많다고, 한사코 사리를 떠나려 하지 않는 내 등을 떠민다. 기사의 꼬임에 빠져 사리전망대로 간다. 방금 전 내가 떠나온 위리안치초가, 사촌서당, 사리공소와 초등학교를 건너다본다. 그리고 그제야 포구 쪽으로 눈길을 던진다. 사리포구! 아니, 모래미! 눈부시게 아름다운 포구다. 그건 언젠가 내가 보았던 나폴리항보다 몇 갑절 돋보이는 정경이었다.

홍도의 비경

한편 상라산 열두굽이길은 우리나라에서 가장 아름다운 길로 뽑혔다고 한다. 그 구절양장을 내려다본다. 산길을 힘겹게 올라 〈동백아가씨〉 노래비에 이르는 동안, 나는 흑산의 나무들이 왜 검푸른 빛깔인지 눈치챘다. 무성한 상록수림들, 특히 적송군락과 해송, 동백, 편백 등이 어우러져 있다. 물론 후박나무, 너도밤나무, 팥배나무 등 활엽수림까지 우거진 여름 산은 얼마나 검푸를지 짐작이 간다.

흑산에 오면 홍도를 떼어놓을 수 없다. 거리로나 그 유명세로나 흑산과 홍도는 한 핏줄처럼 연대하고 있다. 홍도에서 동쪽으로 흑산도를 바라보면, 흑산도는 섬이 아니라 하나의 반도처럼 보이기도 한다. 그런데 이 특별한 홍도의 절경을 노래한 시를 읽은 기억이 없다. 이상한 건 나 역시 그토록 감동한 뒤에도 홍도에 관한 시를 아직도 쓰지 못했다는 사실이다.

주민들은 흑산도 사리를 '모래미'란 예쁜 우리말 지명으로 부른다

서울의 예술촌_
성북동

심우장은 소 찾는 집,
수화는 나무와의 대화

서울 성북동은 한양도성의 북쪽 마을이란 뜻이다. 북한산 주능선이 뻗어 내려 한 번 주먹을 쥔 모양이 북악이다. 북악 아래 경복궁이 있다. 북악의 동남쪽은 예로부터 첫손에 꼽힌 승경, 삼청동과 북촌마을이다. 다시 북악은 서쪽으로 인왕산과 이어진다. 반대로 성북동은 북악이 동쪽으로 흘러내린 산골 마을이다.

1930년대까지만 해도 이곳은 온갖 짐승들의 놀이터였으며 계곡물이 차고 넘치는 동네였다. 혜화문 밖에 있는 이 고을은 경기도 고양군 숭인면 성북리란 시골이었다. 빼어난 경관 대신 살기엔 뭔가 부족한 동네, 이곳에 1930년대부터 가난한 예술가들이 하나둘 모여

들어 예술촌을 형성했다.

먼저 상허 이태준이 살던 수연산방壽硯山房을 꼽을 수 있다. 아담한 한옥은 물론 이태준이 추사체를 집자해서 만든 현판도 고태미를 풍긴다. 하긴, 그가 이 집을 떠난 지 벌써 80년이다. 1933년부터 1943년까지 그는 이곳에서 주옥같은 단편인 〈달밤〉, 〈가마귀〉, 〈복덕방〉, 〈밤길〉과 장편인 〈황진이〉 등을 썼다. 지금 이 집은 찻집으로 바뀌었다.

그가 《문장》의 주간으로 있을 때, 표지화를 그렸던 근원 김용준은 《근원수필》의 〈노시산방기〉에서 당시의 성북동 풍경을 생생하게 들려준다. 성북동 상류의 계곡에 있던 노시산방老杮山房은 '교통이 불편해 문전에 구루마 한 채 들어오지 못하는' 집이었다. 집 안에 두세 주의 늙은 감나무가 있어서 그렇게 당호를 지어준 사람은 이군(이태준)이었다고 한다.

사실은 김용준을 성북동으로 끌어들인 이도 이태준이었던 것 같다. 동경에서 유학하던 시절부터 이태준과 김용준은 이미 쌍둥이로 불릴 만큼 가까운 사이였으며, 이태준이 1943년에 일제로부터 벗어나고자 절필을 선언하고 철원의 안협으로 낙향하자, 김용준도 성북동을 떠난 걸 보면 그렇다.

김용준은 1934년부터 이곳에 살다가, 1944년에 김환기에게 이 집을 넘기고, 자신은 의정부의 반야초당半野草堂으로 이사한다. 지금 노시산방이 있던 일대는 외국 주재 대사관 부지가 되었다.

김환기는 노시산방으로 들어온 뒤, 집 이름을 수향산방樹鄕山房으로

심우장은 소 찾는 집, 수화는 나무와의 대화

바꾼다. 자신의 호인 수화와 아내 김향안의 이름에서 한 글자씩 딴 이름이다. 김향안은 이상의 전처였다. 그런데 문제가 생겼던 모양이다. 집값이 상상외로 뛰었기 때문이다. 1948년경, 김환기는 이 집을 거금 4만 원에 판다. 이후 김용준에게 '수화는 가끔 나에게 돈도 쓰라고 집어주고, 그가 사랑하는 골동품도 갖다주고 하는 일'이 벌어진다. 지금 부촌의 대명사가 된 조짐이 그때 벌써 시작된 걸까.

하지만 김용준은 재물이 덧없는 환영이며, 온전한 건 종교와 예술밖에 없다고 단언한다. 김용준은 '수화는 예술에 사는 사람이라고', 그래서 '한 사람의 예술가를 얻은 것이 무엇보다 기쁜 일'이라고 〈육장후기〉에 적고 있다. 사실 문사철을 겸비한 예술가로 꼽혔던 김용준이다. 《근원수필》을 보면 그의 이런 자질이 잘 드러난다. 특히 그가 예술지상주의의 꽃을 피웠던 청나라 양주 지역의 여덟 명의 화가, 양주 8괴를 주목하고 그중 한 사람인 정판교를 소개하는 모습을 보면, 그의 예술관이 고스란히 드러나기도 한다.

구보 박태원은 해방 전 결혼하여 '성북동싸리집'에 살 때, 2남 3녀를 두었다. 여기는 심우장尋牛莊으로 오르는 길, 입구 우측에 있던 초가집이었는데, 유명한 〈천변풍경〉이나 〈소설가 구보씨의 일일〉이 이곳에서 쓰였다. 모더니스트였으며 카프 멤버도 아닌 그가, 더구나 가족을 남겨둔 채 갑자기 월북한 점을 두고도 말이 많다. 그중에서 1950년 전쟁 중 서울에 온 이태준을 따라갔다는 설이 가장 힘을 받는다. 그만큼 가까운 사이였으니 말이다.

그런 그가 월북 이후 종적이 희미한 다른 이들과 달리 행적이 뚜렷하고 더욱이 1986년, 사망을 알리는 부고가 《조선문학》에 게재된 점은 의외다. 말년에는 시력을 상실했으며 〈갑오농민전쟁〉은 그의 아내인 권영희가 구술한 것으로 알려졌는데, 권영희는 월북 전 박태원과 친구 이상의 애인이었다.

시인 김광섭은 1961년, 김중업이 설계한 2층 양옥에 살았는데, 1990년대 말에 다세대 주택지로 사라졌다. 시인의 고백에 따르면 1960년대에 성북동에 살 때 〈성북동 비둘기〉를 구상했는데 아직 미완성 상태였다가, 반신불수로 와병 중 1967년에 미아리로 이사해 이 시를 완성했다고 한다. 그 역시 비둘기처럼 성북동에 번지가 없어진 뒤 시를 마무리한 셈이다.

"성북동 산에 번지가 새로 생기면서/본래 살던 성북동 비둘기만이 번지가 없어졌다"라고 시작되는 〈성북동 비둘기〉는 김광섭을 세상에 알린 유명한 시다. 이웃에 살던 김환기는 그의 시 〈저녁에〉를 〈어디서 무엇이 되어 다시 만나랴〉란 제목으로 바꾸어 비구상으로 그렸는데, 100호의 이 그림은 김환기의 출세작이 되었다. 이 그림은 무수한 점들의 향연이다. 우연과 만남을 그렇게 형상화한 걸까? 그 은유적 전략은 시적 상상력으로 넘친다. 이 시는 유심초의 노래로도 많은 이의 사랑을 받았다.

한편 성북동의 북쪽 숲 속의 남향받이에는 간송미술관이 있다. 간송미술관은 국보급 문화재와 고서화를 만날 수 있는 문화 사랑방이다. 1938년, 울창한 숲속에 건립된 이 미술관은 부지만 대략 4,000평이다. 간송 전형필은 위창 오세창의 감식안을 빌려, 민족문화재를 수집함으로써 독립운동을 했다. 그가 민족문화재의 수호자를 넘어, 문화의 독립운동가로 꼽히는 이유다. 간송미술관에 가면 내가 평소 존경하는 최완수 선생을 뵐 수 있는 것도 큰 기쁨이다.

간송미술관 추사특별전에서 최완수 선생과 담소를 나누다.

남들보다 알려져 있지 않지만, 20년 이상 성북동에 살며, 성북동을 몹시 사랑했던 사람은 시인 조지훈이다. 조지훈의 집은 'ㄷ' 자형 한옥이었는데, 방우산장放牛山莊이란 당호를 썼다. 실제로 조지훈 시인 자신은 성북동에 사는 걸 큰 기쁨으로 여겼던 것 같다. 48세로 요절한 시인은 우리 현대시사에서의 큰 위치뿐 아니라, 지조 있는 선비의 품격을 잃지 않았던 시인으로 지금도 존경받고 있다.

하지만 개인적으로 나는 심우장과의 인연이 첫손이다. 만해 한용운 때문이다. 1984년, 〈님의 침묵의 이미지 분석〉이란 내 석사 논문을 들고 맨 처음 찾은 곳이 심우장이다. 일창 유치웅이 쓴 현판 글씨도 그랬지만, 조선총독부를 등지고 북향으로 지어진 집의 인상은 강렬했다.

사실 내 고향은 한용운의 고향, 충남 홍성군 결성면 성곡리와 지척이다. 지금도 나는 심우장과 가까운 정릉에 살고 있으니 참으로 긴 인연이다. 한용운은 1933년부터 1944년에 별세할 때까지 이 집에 살며 장편소설 〈흑풍〉과 〈박명〉을 집필했다. 성북동의 북쪽 바라기인 이 북정마을은 아직도 서민촌이다. 그래서 길 건너 남향받이 성북동과는 천지차이다.

이 밖에도 염상섭, 전광용, 정한숙 등의 작가와 송욱, 김광균 등의 시인이 성북동에 살았는데, 시인 정한모는 30년을 이곳에 살았다. 오원 장승업이 터를 연 이래, 운보 김기창 화백과 서세옥 화백, 건축가 김중업, 음악가 채동선, 서예가 유치웅 등 숱한 예술가들의 터전이 이곳이었으니, 그건 성북동만이 지닌 신비로운 기운 때문은 아닐까?

성북동에 올 때마다 궁금한 점이 있다. 수려한 경관을 고급주택들이 대신 채우고 성북동의 계곡 또한 복개 공사를 해서 도로로 바뀌

심우장은 소 찾는 집, 수화는 나무와의 대화

는 사이, 그 많던 예술가들은 다 어디로 갔을까? 외국 주재 대사관 건물들, 사장님들 차지가 된 남향받이 길을 다 내려와, 이태준의 증손녀가 운영한다는 수연산방에 들러 차 한잔을 마신다. 이태준이 글을 쓰던 바로 그 사랑채로 이름은 문향루聞香樓다. 향기를 듣겠다니! 역시 이태준다운 서재 이름이다. 문득 다시 궁금해진다. 그때 북으로 간 이태준과 김용준 그리고 박태원은 그쪽에서도 자주 어울렸는지, 성북동을 그리워하며 가끔 술 한잔 나누는 자유는 누렸는지 말이다.

수탈의 땅, 저항 정신_
군산

군산의 우리말 이름은
무리를 이룬 산이란 뜻의 '무르뫼'다

시성 두보가 노래한 〈등악양루〉의 무대, 악양루岳陽樓에서 바다처
럼 광활한 동정호洞庭湖를 보고 놀란 적이 있다. 동정호 안에 있는 유
명한 섬 이름이 바로 군산君山이다. 그때 나는 우리의 군산을 떠올렸
던 기억이 난다. 하지만 이 두 지방은 한자가 다르다.

군산群山의 우리말 이름은 '무르뫼'다. 무리를 이룬 산이란 이 이름
은 고군산열도古群山列島에서 '군산'을 따온 것이다. 고군산열도는 선유
도, 무녀도, 신시도, 관리도, 장자도, 말도 등 열두 개의 유인도와 마
흔일곱 개의 무인도를 거느린 그야말로 섬의 군락이다. 내 고향에서
는 그냥 '열두대섬'이라고도 부르는 이곳은 칠산어장의 주요 무대다.

군산은 금강은 물론 동진강과 만경강의 하류에 위치한 충적평야지 대다. 호남평야의 쌀을 한양으로 이송하던 조세창고, 군산창群山倉이 있던 이곳은 말 그대로 조선시대 조운漕運의 중심지였다.

이 풍요로운 평야는 다시 동진강 유역을 김제평야로 만경강 유역을 만경평야로 나누기도 한다. 흔히 김제만경평야나 만경들로 불리는 이곳이 곡창으로 유명한 호남평야다. 조선 초인 1403년, 군산은 옥구현과 임피현을 합쳐 군산진群山鎭이 되었는데, 군산진은 선유도 수군의 본부 명칭이다. 군산은 일찍부터 금강을 통해 조선 3대 시장이었던 강경江景과도 통래하던 물류의 중심지였다. 마침내 고종 때인 1899년에 정식 항구를 개항하며, 우리나라 유수의 항구로 부상했다.

섬과 바다, 평야와 항구를 두루 갖춘 군산의 완벽한 입지 조건은 그러나 일제강점기, 이곳이 수탈의 본거지가 된 빌미가 되었으니 아이러니가 아닐 수 없다. 일제는 1914년, 호남선을 개통하면서 군산을 미곡 반출의 전진기지로 삼았다. 일제는 이곳에 미곡창과 동양척식주식회사를 두고 각종 산물과 쌀을 일본으로 반출했다. 군산은 수탈의 땅이 되었다. 군산에서 상업에 종사한 일본인의 숫자가 1906년에 벌써 2,000명을 넘어섰으며 그 후로도 계속 증가했다. 지금 군산의 '일제거리'가 관광의 명소가 된 바탕에는 이런 아픈 역사가 숨어있다.

군산 신흥동 일대에는 아직도 일본식 가옥이 즐비하게 남아있다.

특히 포목상이었던 히로쓰가옥은 일본식 2층 목조건물로 관광객들에게 개방하고 있으며, 인근의 동국사東國寺 역시 전형적인 일본식 사찰이다. 특히 군산세관 건물은 1908년에 건축된 붉은 벽돌집인데, 100년이 넘는 역사와 함께 아름다운 외양이 돋보이는 건축물이다. 아울러 1922년에 건립된 조선은행 건물도 마찬가지다.

적산가옥의 전형적인 미를 보여주는 군산세관 건물

군산의 매력은 이렇듯 낡고 오래된 거리 풍경에 있다. 그것은 수탈당한 현장을 고스란히 지켜온 보존 덕택이다. 사실 비극적인 역사도 우리의 역사다. 더구나 수탈의 1번지 군산이라면 더욱 그렇다. 그래서 군산은 이국적 풍경 속으로 우리를 이끌거나, 과거 속으로 되돌아간 듯한 착각을 불러일으키는 도시다. 실제로 이곳은 일제강점기를 배경으로 한 영화의 단골 촬영지가 되었다.

군산의 우리말 이름은 무리를 이룬 산이란 뜻의 '무르뫼'다

군산에 올 때마다 내가 느끼는 점은 이 땅이 지닌 이율배반적인 양면성이다. 농수산물이 풍부할 뿐 아니라 강과 바다 그리고 철도까지 갖춘 지리적 은총과 반대로 수탈의 표적이 되었던 그 특이한 장소의 이력 때문이다. 또 하나는 일제의 수탈과 더불어 이 도시가 번성했던 희한한 역사성이다. 수탈이란 목적성에 군산만큼 맞춤한 장소도 드물었기 때문일까? 일제강점의 비운이 오히려 군산이란 도시에겐 성장의 발판이 되었으니 말이다. 그 때문에 군산은 해방과 함께 쇠락의 길로 들어섰으니, 이보다 더 큰 아이러니도 없다.

이것이 군산이 지닌 특이한 장소의 정신이다. 이 점을 누구보다 절실하게 통찰했던 작가가 백릉 채만식이다. 그의 소설은 바로 군산의 양면성, 그 속내를 파헤친 지점에서 출발한다. 채만식은 이곳 임피면 읍내리 출신이다. 서울에서 중앙중학교에 다니고, 일본 유학길에 오를 만큼 그는 부농의 후예였다. 특이한 건 그의 집안이 일제강점기를 거치며 완전한 빈농으로 전락했다는 사실이다. 그때, 누군가 몰락할 때 또 누군가는 신분 상승을 이루기도 했으니, 역사의 빛과 그늘은 늘 상대적일 뿐 아니라 모순적이다.

나라와 가문을 모두 상실한 채, 극빈층으로 전락한 그는 49세에 폐결핵으로 죽을 때까지 가난과 싸우며 글을 썼다. 말년의 그가 친구에게 보낸 편지는 눈물겹다. 그는 그 편지에서 돈이 아니라, 원고지 스무 권을 부탁하고 있으니 말이다.

유독 그의 소설이 상황과 운명의 양면성이나 주체성을 상실한 자들의 내면을 응시한 이유도 작가 자신의 체험과 맞물린다. 그는 당시 군산이 보여준 그 양면성에 주목했다. 평범한 중산층의 정신적 훼절이나 가문의 몰락에 관한 담론들이 그것이다. 그의 소설들 〈레디메이드 인생〉, 〈명일〉, 〈치숙〉과 장편 〈탁류〉, 〈태평천하〉 등을 관통하는 정신의 일관성은 한결같이 시대에 대한 풍자와 아이러니한 운명에 관한 이야기들이다.

예컨대 〈태평천하〉에서 작가는 뼛속까지 타락한 물질주의자, '윤직원 영감'을 통해 한심한 중산층의 실상을 고발하고 있다. 그가 주목한 인물들은 민족적 양심이나 역사적 전망이 봉쇄된 현실에 안주하는 인물들이다. 현실에 안주하고자 하는 심리는 일제에 기대어 자신의 부와 안위를 추구한 인간 군상의 모습이다. 거기에 당대 군산의 양면적인 지역성이 부각된다. 그 극단적 인물들에 대한 풍자야말로 시대에 대한 엄숙한 고발이며 절망적 외침이다. 그는 타락한 인물들을 들추어내, 사람들이 소설적 재미와 함께 정신적 저항을 즐길 수 있도록 했다.

다시 군산이란 장소의 정신을 생각한다. 그것은 아주 특이한 장소성에 관한 질문이기도 하다. 천혜의 지리적 우월성 탓에 겪었던 수탈의 역사 때문이다.

퇴계에게 배운다_
안동

농암 이현보의 호는 분강가에 있는
'귀먹바위'에서 나왔다

안동을 떠올리면, 맨 먼저 선비의 고장이란 말이 저절로 달라붙는
다. 고래등 같은 기와집들과 수많은 정자들, 서원과 향교를 떠올리
거나 하회마을을 기억해 내기도 한다. 하지만 안동의 대명사는 이황
이다. 하회마을 역시 이황을 빼고는 생각할 수 없다. 하회의 터줏대
감, 유성룡 역시 이황의 사상을 흠뻑 훈습한 문하생인 까닭이다.

그래서 안동은 그대로 이황의 마을이며, 퇴계退溪란 발원지로부터
흘러내린 강물과도 같은 곳이다. 그 우람한 학문의 물줄기는 큰 강
과 작은 지류들을 가르며 흘러간다. 아마도 한 사람의 생애가 이토
록 엄청난 울림으로 사상과 사유의 물줄기를 바꾼 건 역사상 유례를

찾기 어려울 것이다. 그래서 안동은 그 한 사람, 이황을 배출한 땅이란 점에서 칭송받아 마땅하다.

조선시대 대학자들이 문과에 급제한 연령을 조사해 본 적이 있다. 시대순으로 대과에 급제한 나이는 서거정(25세), 김종직(29세), 이언적(24세), 송순(27세), 이황(34세) 정철(27세), 이이(13세 진사시부터 29세 때 문과에 급제까지 아홉 번 장원), 이항복(25세), 이덕형(20세), 허균(29세), 정약용(28세) 등이다.

여기서 눈에 띄는 한 사람을 발견하게 된다. 34세! 이황이 문과에 급제한 나이가 유독 늦기 때문이다. 살아서 이미 최고의 학자로 존경받으며, 쉰 살부터 일흔 살까지는 소위 강학기講學期로 오직 학문에 몰두하고 가르치는 데 심혈을 쏟았으니, 오랜 연구로 학식을 쌓는 온축蘊蓄을 실천한 그다.

사후 공자에 비겨, 이부자李夫子로 존숭되며 동방오현으로 문묘文廟에 배향되었을 뿐만 아니라, 국제적으로는 퇴계학退溪學의 열풍을 불러일으킨 대학자가 이황이다. 이황보다 앞서 홍문관대제학에 제수되자, 적임자는 자신이 아니라 이황이라고 강력하게 상소한 박순은 '우리 동방을 밝힌 사람은 오직 선생 한 사람'이라고 평하였다.

그런데 앞서 간략히 살폈듯, 당대의 문사들이 대과에 급제한 연령은 한결같이 20대다. 이황을 중심으로 그 앞뒤가 모두 비슷하다. 그도 그럴 것이 당시의 평균 수명을 헤아려 보면, 서른 살이 넘으면 과거를 접을 나이다. 심지어 후학 이이는 13세부터 29세까지 아홉 번

농암 이현보의 호는 분강가에 있는 '귀먹바위'에서 나왔다

이나 장원을 해서 구도장원공九度壯元公으로 명성이 자자했고, 42세에 영의정이 된 이덕형이 대과에 급제한 나이는 스무 살이다.

이황은 두 살에 부친을 여의고 다섯 살 손위의 형, 이해와 함께 숙부에게 글을 배웠다. 숙부인 송재 이우는 진성 이씨가 안동에 정착한 이래 최초로 과거에 급제한 사람이었다. 이황의 나이 24세, 진사시에 세 번 거푸 낙방하고, 28세에 생원시에 2등으로 합격했으니, 남들 같으면 대과에 급제했을 나이다. 그때 성균관에 입교해 10년 후배, 김인후 등과 함께 사가독서賜暇讀書를 했으니, 오늘날로 보면 복학생 정도가 아니라 늦깎이 아저씨 대학생이다.

이토록 늦게 출발한 이황이 어떻게 조선시대 최고의 대학자가 되었을까? 우리가 주목할 점이 바로 이것이다. 대개 대과에 급제하면 벼슬길로 나갔지만, 이황은 그보다 학문을 사랑했다. 학문에 관해서는 연령과 학파는 물론 장르를 초월해 진지하게 교류하고 섭렵했으니, 21세기의 새로운 패러다임, 융합과 통섭을 앞질러 실천한 셈이다.

35세 연하, 이이와의 사단칠정론에 관한 논쟁, 26세 아래 기대승과의 7년에 걸친 서신교환을 통해, 진리는 옹호하고 오류는 겸허히 수용한 그다. 학문에 대한 진정성과 학자에 대한 존중은 이황이 편지에 쓴 '변회辯誨'라는 말에서도 엿볼 수 있다. 변회란 후학 기대승의 주장과 질문이 오히려 이황 자신을 가르쳤다는 뜻이니 말이다.

물론 이황에게도 영향을 끼친 선배들이 많다. 우선 친형인 이해를 들 수 있다. 이황 형제는 도산면 온혜리 출신이다. 온혜리를 하계리라고도 부른다. 이해의 '온계'라는 호는 거기서 '온'과 '계'를 취해 나왔다. 따뜻한 냇물이란 이름처럼 이곳에는 지금 도산온천이 있다. 과거에 급제한 뒤 강직함으로 대사헌까지 이르렀던 이해는 이황의 롤 모델이기도 하였다. 그러나 이해는 1550년, 탄핵을 받은 권력자의 모함으로 유배를 가던 중 병사한다.

특히 이황의 학문적 스승 격인 이언적마저 1553년, 유배지 강계에서 별세하자 이황은 일종의 결단을 결행한 것으로 보인다. 그의 나이 쉰다섯 살이 되던 1555년, 대사성과 부제학에 제수되었으나 모두 사임한 게 그 증거다. 1560년, 도산서당을 건립한 뒤로는 그 태도가 더욱 확고해진다. 여러 직책이 끊임없이 주어졌으나 거듭된 사직소로 거절했으며, 1568년에는 예순여덟 살에 홍문관대제학과 좌찬성의 부름을 받았으나 나가지 않았다. 때론 병을, 때론 노쇠함과 아둔함을 내세우며 곡진한 사직소로 일관했다.

이황과 뗄 수 없는 또 한 사람은 동향의 대선배인 이현보이다. 이현보는 충주목사, 호조판서 등을 역임하고 퇴진해 분강변의 태실, 긍구당肯溝堂으로 내려온다. 지금은 안동댐의 수몰로 도산면 분천리에서 이곳 도산면 가송리로 옮겨져 복원된 고택 말이다.

우리 문학사에서 〈어부가〉, 〈농암가〉의 시인이자 강호가도의 선구자로 꼽히는 이현보는 조선 정치사에서 본인의 사직 의사가 수용된 최초의 관료다. 76세의 고령이었다는 점을 감안하더라도 의외의 경우다. 유배를 당하거나 당쟁의 희생양으로 사라지는 게 고작이던

농암 이현보의 호는 분강가에 있는 '귀먹바위'에서 나왔다

시기였으니 말이다. 퇴임식 당일, 중종이 직접 하사품을 내리고 문무백관이 그의 퇴임을 기렸으니, 이현보의 인품을 짐작할 만하다.

이황은 34세 연상인 영천 이씨 이현보, 10세 연상인 여주 이씨 이언적과 어울려 학문과 인생을 즐겨 논했다. 이들 관계는 부자 혹은 형제처럼 가까웠으니, 그들이 거닐던 그 길은 지금 '예던길' 혹은 '성현의 길'로 일컬어진다. 나도 예던길을 따라 걷고 있자니, 시공을 초월해 그 아름다운 무리에 합류한 기분마저 든다.

도산면 토계리 건지산에 있는 이황의 묘소

안동 선비들의 시대를 앞서 나간 전통 중에는 검소한 장례 풍습이 있다. 이해, 이현보 그리고 권벌 등이 한결같이 검소한 장례를 유명으로 남겼다. 이황은 한발 더 나가 간소한 장례 절차를 구체적으로 제시했으니, 이황의 임종 과정을 기록한 〈고종기〉에는 인상적인 장면들이 보인다.

이황은 1570년 11월 9일, 한질寒疾이 발병하고 11월 12일에 손에서 붓을 놓았다. 그리고 12월 3일, 설사를 하자 '매화에게 미안하다'고 곁에 두었던 매화분을 옮기도록 한다. 12월 4일에는 아들에게 유계를 쓰게 하되 예장을 사양할 것, 유밀과를 쓰지 말 것 그리고 조그만 돌에 '퇴도만은 진성이공지묘退陶晚隱 眞城李公之墓'라고만 쓸 것을 지시한다. 이황은 12월 8일, 매화분에 물을 주라 이른 뒤, 자리를 바르게 하라 해서 부축해 일으키자 앉아서 임종한다.

건지산, 이황의 묘소에 이르는 길은 가파르다. 마치 마음이 정갈하지 못한 자는 함부로 오지 말라는 경고처럼 느껴지기도 한다. 과연 비문엔 이름 석 자조차 보이지 않는다. 돌에 새겼던 그 말처럼 만년에야 도산으로 물러나 숨었다니! 진작 물러나지 못한 아쉬움이 그토록 컸던 걸까? 자신의 이름을 남기지 못해 안달이 난 이들에게 이황은 무얼 일깨우려는 걸까? 성현의 묘 앞에서 나도 생각이 많아진다.

건지산을 내려와 육사문학관으로 향한다. 이육사, 육사 이원록은 도산면 원촌리 881번지에서 출생했으며, 이황의 14대손이다. 나는 그의 1956년판 《육사 시집》을 보물처럼 간직하고 있다. 그는 시 외에도 역사에 대한 단상, 문예평론, 수필 등 탁월한 글들을 남겼으나, 해방 1년 전에 북경의 한 감옥에서 순국하는 바람에 양이 많지 않

농암 이현보의 호는 분강가에 있는 '귀먹바위'에서 나왔다

다. 유고 시집, 《육사 시집》의 초판 서문에서 유치환은 "참으로 좋은 시인은 보배로운지고! 어찌 시인이 곤충같이 작품을 다산하여야만 되는가"라고, 한 권의 시집으로 이미 하나의 문학사가 된 이원록을 기리고 있다.

이원록의 다섯 형제 중 원기, 원록, 원유 3형제가 의열단 출신인 점을 보면, 일제에 항거한 지사 정신은 집안의 내력임을 알 수 있다. 육사가 순국한 뒤, 남은 형제들 중 원기는 한학, 원유는 서예, 원조는 문학평론, 원창은 언론인으로 각각 일가를 이루었다.

이원록의 시는 선비 정신의 발로였으며, 그는 불의에 굽히지 않는 선비의 삶을 실천했다. 나를 안내하던 이육사문학관장 조영일 시인의 "이 마을 진성 이씨 가문에서 대쪽 같은 선비들, 문과 급제자가 30여 명, 일제강점기 의사, 열사 또한 그만큼 나왔으니, 육사가 독립운동을 한 건 집안 내력이었지 특별한 게 아니지요"라는 말이 뇌리에서 지워지지 않는다.

사실 인구 16만 명의 안동은 941명의 독립유공자를 배출해, 인구에 비례해 전국 1위를 자랑하는 고을이다. 이 중에서도 진성 이씨 52명, 의성 김씨 47명 등이 독보적이며 이 밖에도 안동 권씨, 풍산 김씨 등의 족적이 돋보인다.

청량산이야말로 안동의 선비 정신이 지닌 뿌리와도 같은 산이다. 수려한 산세는 물론 그 12봉에 빠졌던 사람이 한둘이 아니다. 주세붕은 12봉의 이름을 몽땅 새로 붙이기도 하였다. 유년기의 이황 형제는 이 산에서 학문을 익혔으며, 애초에 이황이 후학을 양성한 곳도 이곳이었다. 후학들이 이황을 기려 산 위에 청량정사를 건립한 것도 그 때문이다.

청량산의 외유내강형 산세가 이황의 사람됨과 닮은 게 꼭 우연만은 아닐 것이다. 처음 산의 외양을 미리 짐작한 사람들은 산의 안자락으로 접어들면 낭패감을 맛보기 일쑤다. 오를수록 사나운 암봉과 깎아지른 암괴와 만나기 때문이다. 산의 안팎이 전혀 다르기 때문일까? 이황은 이 산의 진면목을 세속과 절리된 은둔에서 찾았다. '청량산 육육봉을 아는 이 나와 백구白鷗'뿐이라고 말이다.

농암 이현보의 호는 분강가에 있는 '귀먹바위'에서 나왔다

〈관동별곡〉을 따라서_
담양, 고성, 속초, 양양,
강릉, 동해, 삼척, 울진

신라 때 삼척이 되었으나,
본디 우리말 이름은 '셰치'다

정철의 〈관동별곡〉은 전남 담양군 창평을 떠나는 대목부터 시작된다. 창평의 죽녹정, 곧 송강정에 은거하고 있다가 갑자기 강원도 관찰사로 부름을 받았기 때문이다. 그렇게 나도 〈관동별곡〉의 여정을 따라간다.

강호江湖에 병이 깊어 죽림竹林에 누웠더니, 관동 팔백 리 방면을
맡기시니

정철은 임억령, 김인후, 송순, 기대승 등에게 배웠으며, 25세에 진

작 담양 별뫼(星山)의 풍광을 노래한 가사인 〈성산별곡〉을 썼다. 〈관동별곡〉은 거친 벼슬길에서 물러나 있다가 임지로 떠난 1850년, 그의 나이 45세 때 쓰인다. 그에게 깊은 영향을 끼친 스승은 송순이다. 송순은 담양군 봉산 출신으로 27세에 문과에 급제한 뒤, 이조판서와 대사헌을 지냈으며 77세 때 고향으로 돌아와 담양군 봉산면 제월리에 면앙정을 짓고 유명한 가사, 〈면앙정가〉를 남긴다.

송강정은 면앙정과 들녘을 사이에 두고 멧부리 몇 개 건너 이웃이다. 면앙정을 본떠 지어진 송강정은 본디 죽녹정이다. 지금은 물길이 옅어졌지만, 그 당시엔 죽녹천의 물길도 풍부했다고 전한다.

관동 팔백 리의 정점은 금강산이지만, 내가 정철의 여정을 절반만 따를 수밖에 없는 건 분단의 장벽 탓이다. 고성의 휴전선 이북에 있는 삼일포까지를 생략할 수밖에 없는 이유도 그 때문이다. 나의 여정은 한양, 여주, 원주, 금강산 일대를 건너뛴 다음, 속초시 장사동에 있는 영랑호부터 동해안 여정을 쫓는다.

예 사흘 머문 후의 어디 가 또 머물고, 선유담仙遊潭 영랑호永郎湖
거기나 가 있는가. 청간정 만경대 몇 곳에 앉았던고

고성 삼일포에서 사선의 자취를 쫓아 내려온 정철 그리고 그 신선들이 노닐던 호수가 선유담이며 영랑호다.

신라 때 삼척이 되었으나, 본디 우리말 이름은 '세치'다

영랑호 뒤로 설악산이 보인다. 마침 바위에서 백로가 쉬고 있고, 설악엔 운무가 가득한 찰나를 담았다. 사진에 담지 못한 건 그 순간 내가 받은 감동의 크기다.

　나는 20대를 온통 북한산 자락에 기대어 산 걸 다행으로 여긴다. 간구한 자취생에게 산은 넉넉한 품을 열어 포근히 감싸주었다. 그 무렵 설악산과 만나면서 세상을 보는 눈도 바뀌었다. 설악산은 그 자체로 하나의 충격이었으며, 무엇이 가치 있는 삶인지를 고민하게 해주었다. 지금도 나는 설악산을 오르는 꿈을 꿀 때가 있다.

　일찍이 서산대사는 자신을 '묘향산인'으로 자처하며 주로 거기 머물렀다. 대사를 서산西山이라 부르는 호칭이 거기서 비롯된다. 서산대사는 〈사대명산론〉에서 '금강은 빼어나나 장엄하지 않고(金剛秀而不壯), 지리산은 장엄하나 수려하지 않다(智異壯而不秀). 구월산은 빼어나지도 장엄하지도 않으며(九月不秀不壯), 묘향산은 수려하면서도 장엄하다(妙香亦秀亦壯)'고 품평했다.

그런데 최남선은 《설악기행》에서 서산대사의 평가를 '금강산은 수려하나 장엄하지 않고, 설악산은 수려하면서도 장엄하다'라고 바꾼다. 최남선은 《백두산 근참기》, 《금강예찬》, 《심춘순례》 등을 남긴 대단한 산악인이었다. 실제로 금강산(1,638m)보다 설악산(1,708m)은 높이가 높을 뿐 아니라, 넓이도 백 몇십 평방이나 넓다. 최남선은 금강산의 명성에 가려진 설악산의 진면목을 처음으로 세상에 알린 사람인 셈이다.

지금의 행정구역으로 보면 순서가 바뀌었지만, 다음 여정은 남쪽 고성의 청간정淸澗亭이다. 영랑호와 함께 사선의 놀이터로 지목된 장소다. 정철의 이런 평가는 영랑호와 청간정이 신선에게나 어울린다는 뜻이지만 말이다. 고성에 오면 이곳이 고향인 이성선 시인이 떠오른다. 어느 해인가 속초항에서 초면의 후배 시인에게 오징어회를 사준 시인이다. 고성처럼 눈빛이 선하던 시인은 그새 세상을 뜨고 말았다.

이제 정철은 양양 땅으로 접어든다. 양양엔 낙산사의 의상대義湘臺와 경관이 빼어난 하조대河趙臺가 있다. 하조대는 조선의 개국공신인 하륜과 조준의 전설이 어린 곳이다.

이화梨花는 벌써 지고 접동새 슬피 울 제 낙산 동반東畔으로 의상대
에 올라앉아 일출을 보리라 밤중만 이러하니…

이윽고 강릉에 당도하자 정철은 말이 많아진다. 당시 강릉은 대도호로 규모가 큰 도시였다. 강릉은 정철과 동갑으로 교분이 깊었던 이이의 고향이며, 허균의 고향이기도 하다. 정철은 강릉의 빼어난 풍광은 물론, 특히 훌륭한 풍속에 주목하고 있다.

사양斜陽 현산峴山의 철쭉을 므니밟아 우개지륜이 경포로 내려가니
십 리 빙환氷紈을 다리고 고쳐 다려 장송 울흔 속에 실컷 펴져시니
물결도 자도 잘샤 모래를 헤리로다

동해시의 수호산은 두타산과 청옥산이다. 이 산들은 백두대간의 한 줄기이며 유명한 댓재와 무릉계곡을 품고 있다. 두타산, 청옥산은 바로 윗녘의 설악산이나 아랫녘에 있는 태백산의 명성에 가려 있으나 빼어난 명산이다. 특히 무릉계곡은 두 산의 물줄기가 모여 14km를 내닫는 넓고 깊은 백암白巖이 펼쳐져 장관을 연출한다. 능히 1,000명이 앉을 수 있는 넓이라 했던가? 조선 전기의 명필, 봉래 양사언이 '무릉선원武陵仙源', '중대천석中臺泉石', '두타동천頭陀洞天'이라고 바위에 새긴 음각뿐이 아니다. 숱한 선비들이 다투어 이곳에 족적을 남겼으니, 어지러운 낙서들이 그대로 기념물이 되고 말았다.

인근 쉰움산 아래 천은사天恩寺 용안당容安堂은 대몽항쟁기 때 고려의 문신, 이승휴가 《제왕운기》를 집필한 기념비적인 자리다. 《제왕운기》는 중국과 조선의 역사를 7언 절구와 5언 절구로 노래한 서사시다.

이제 정철은 삼척의 죽서루竹西樓에 당도해 그 감회를 이렇게 노래한다.

진주관 죽서루 오십천 내린 물이 태백산 그림자를 동해로 담아가니, 차라리 한강의 목멱에 다히고져

삼척의 우리 고유어 지명은 '세치'다. 나는 이 이름을 몹시 좋아한다. 사실 삼척은 강원도에서 가장 넓고 인구도 많던 고을이다. 동해시와 태백시에 상당한 구역을 넘기기 전까지는 말이다. 삼한시대 진한의 실직국悉直國이었다가 신라에 합병됐으니, 삼척 김씨의 시조인 실직국 왕릉이 여기에 있다. 《세종실록지리지》에 '삼척군본실직국=陟郡本悉直國'이란 기록이 그것이다.

본디 삼척의 지명은 척주陟州였으며, 17세기 미수 허목이 전서로 쓴 척주동해비가 삼척항의 나지막한 배산인 육향산에 서있다. 그러나 삼척의 대명사는 역시 죽서루다. 오십천변 자연 암반 위에 서있는 죽서루는 정철이 읊은 관동팔경 중에서도 제일 크고 오래된 정자다. 이승휴가 다녀갔다는 기록으로 미루어 13세기 이전에 건립되었을 것으로 추정된다.

드디어 울진까지 왔다. 울진은 〈관동별곡〉의 마지막 여정이다. 정철의 노래도 이곳 망양정望洋亭에서 끝난다.

신라 때 삼척이 되었으나, 본디 우리말 이름은 '세치'다

천근天根을 못내 보아 망양정에 오르니, 바다 밖은 하늘이니 하늘
밖은 무엇인고. 가뜩 노한 고래 뉘라서 놀래관대 불거니 뿜거니
어즈러이 구는지고…

그러나 울진은 광활한 바다만 있는 게 아니다. 태백산맥의 산자락
이 골골이 뻗어 내려, 내륙으로는 끝없는 산간 오지를 펼쳐놓기 때문
이다. 이곳 통고산의 불영계곡은 특히 금강송 군락으로 유명하다. 금
강송은 적송 중에서도 으뜸으로 궁궐을 짓는 재목으로 쓰였다. 이곳
에서 벌목된 금강송이 춘양에 적재되었다가 한양까지 옮겨진 데서
춘양목이란 이름이 붙었다. 사실 일제강점기에 붙여진 금강송이란
이름 대신 황장목이란 본래 이름을 되찾아야 한다는 주장도 있다.
〈관동별곡〉의 여정은 신라 화랑도들이 금강산까지 수련을 다니
던 여정과 겹친다. 흔히 7번 국도로 불리는 이 길은 그만큼 역사가
깊다. 길이 확장돼 접근성이 좋아진 대신, 옛날의 운치는 퍽 감소했
지만 말이다. 정철이 사선을 찾아 금강산에서 남하하는 형식을 빌린
것도 이걸 염두에 둔 구성이었다. 아름다운 산과 바다 그리고 빼어
난 경관! 관동팔경을 품은 이 길목은 언제나 그리고 누구에게나 그
리움으로 기억되는 길이다.

묘지 순례_
고양, 용인, 양평, 남양주

목은은 소 치는 사람, 도은은 질그릇 굽는 사람,
포은은 나물밭 가꾸는 사람

경기도 고양군 대자산에 있는 최영 장군의 묘소를 참배했다. 철원
최씨, 최영의 고향은 충남 홍성군 홍북면 노은리이다. 이곳에 그를
모시는 사당, 기봉사奇峯祠가 있다. 그가 살해되자, 창졸지간 장군의
부친인 최원직의 묘소가 있는 이곳으로 유해가 옮겨졌다. 부자가 한
묘역 안에 있게 된 연유다. 장군의 묘역에 이르는 산길은 깊고 어둡
고, 차라리 무시무시한 기운이 감돌고 있었다. 우리는 여기저기 자
국을 남긴 촛농을 보고서야 하나의 사태를 직감했다. 그러니까 최영
장군의 그 강인한 기개는 진작부터 무속인들에게는 한 명의 신으로
섬겨지고 있다는 소문 말이다. 산불이 날까 봐 몹시 염려됐다.

최영의 묘. 뒤에는 부친인 최원직의 묘가 보인다. 모두 고려시대의 사각 묘 형태를 지니고 있어 특히 인상적이다.

풍수에 까막눈인 내 눈에도 아까부터 달라붙는 알 수 없는 느낌, 모골이 송연한 기운 같은 게 가시지 않았는데, 당신의 묘엔 풀 한 포기 자라지 않을 거라 외친 그 추상같은 외침 때문이었을까? 실제로 풀이 자라지 않아 홍분紅墳으로 불렸던 장군의 묘가 아닌가. 부친의 묘는 기단부가 1단이며 장군의 묘는 기단부가 2단인데, 모두 고려시대의 특징인 사각 묘이다. 축대의 야성적인 돌 모양이며 묘 뒤로 두른 곡장이 멋스럽지만, 상상을 초월할 정도로 아담하고 검소하다. 최영의 부친 최원직은 16세 된 외아들을 두고 임종하기 전에 '황금을 보기를 돌같이 하라(汝當見金如石)'는 유명을 남긴 것으로 유명하다. 그런 영향이었을까? 최영은 70세가 되어서야 부친의 묘비를 세

읐는데 역시 조촐한 비석이다. 고려시대 묘비가 그렇듯 장황하게 추증된 벼슬을 열거한 다음, '동원부원군 최공지묘東原府院君 崔公之墓'라고만 밝혔다. 이 묘비와 최영의 묘비가 최근 문화재로 신청되었다는 소문이다.

최영의 시대는 불길했다. 그는 왕조의 교체기, 그 험난한 시기를 살았다. 우리가 그를 기억하는 건 어떤 상황에서도 옳은 길을 갔던 그의 사람됨 때문이다. 그는 불행한 역사의 희생양이었지만, 티끌만 한 오점도 남기지 않았다. 최영처럼 산다는 건 결코 쉬운 일이 아니다. 더구나 시대는 타락했으며 내우외환으로 신음하던 때라면 더욱 그렇다. 서릿발 같은 외침도 세월 앞에 희미해졌는지 장군의 묘에는 풀이 무성했다. 세월은 이처럼 모든 걸 바꾸어 놓는 걸까? 아니면 원한도 이제 다 녹아 풀을 수용할 만큼 모가 지워진 걸까? 무성하게 자라난 풀에서 용서와 위로를 읽는다.

경기도 용인시 처인구(옛 광주군 모현면)에 있는 정몽주의 묘소에 당도했을 때 가랑비가 뿌리기 시작했다. 그의 고향은 경북 영천이다. 1392년 4월 4일, 개성 선죽교에서 피살된 그의 유해는 처음 풍덕군에 모셔졌다. 손종흠이 쓴《한국의 다리》에 의하면 선죽교는 본디 선지교로, 아주 작은 냇물 위에 놓여 주목받지 못하는 다리였다. 그런데 정몽주가 피살된 이후, 다리 자체보다 역사적 의미로 유명해졌다고 한다.

목은은 소 치는 사람, 도은은 질그릇 굽는 사람, 포은은 나물밭 가꾸는 사람

정몽주는 고려 말 사대부들의 정신적 지주였다. 대학자이자 위대한 정치가였으며, 무엇보다 섬세하고 예민한 감성을 지닌 빼어난 시인이었다. 봄비가 내리면 거의 반사적으로 떠오르는 정몽주의 시가 있다. 바로 오늘 같은 날이다. 〈춘흥〉이란 시는 이렇다.

봄비 가늘어 물방울 듣지 않더니/밤중에 희미한 소리가 있네
눈 녹아 남쪽 시내 불어나면은/풀싹도 어지간히 돋아나겠네

얼마나 빈틈없는 시인가? 이보다 더 사실적일 수는 없으며, 이보다 더 환상적일 수도 없을 것이다. 그래서 좋은 시는 왜 사실과 환상을 함께 공유하는지 알 것만 같다. 오늘 우리도 정몽주의 묘소 앞에서 가랑비를 맞고 서있으니, 봄비가 영혼 속으로 스미는 것만 같다.

경기도 양평군 양서면 목왕리에 있는 이덕형의 묘소도 찾았다. 그가 살던 시절에는 광주 땅이다. 청계산 형제봉 끝 줄기, 선영 안에 그의 묘가 있다. 10여 년 전, 내가 이덕형의 묘에 참배할 땐 묘가 길에서 가까운 곳에 외따로 있었다. 그런데 그 사이 선산으로의 이장이 있었나 보다. 묘를 새로 매만진 흔적이 아직 선명하다.

이덕형은 이항복과 함께 숱한 일화를 남겼다. 같은 해 대과에 급제했으니 이덕형이 스무 살, 이항복의 나이가 스물다섯 살 때다. 그걸 시작으로 이덕형은 31세에 홍문관대제학, 38세에 문형, 42세에는 영의정까지 되면서 연달아 최연소 기록을 수립한다. 아니, 우리

나라에 42세 국무총리가 나오기까지 이 기록은 지금도 진행형이다.

이덕형 역시 불행한 시대를 살았다. 성군의 시대는 아니더라도 하필 광해군 치세를 살았으니 말이다. 앞뒤로 임진왜란과 병자호란 (1636년)이 있던 틈바구니에서, 광해군 때만 전란을 피한 걸 두고 광해군의 외교 감각 덕분이라고 말하는 이들도 있다. 그러나 그건 순전히 이덕형과 이항복이란 뛰어난 관료, 외교관이 있었기에 가능했다. 이 두 사람을 버리고 나서 광해군은 왕위마저 잃지 않았던가?

사실 이덕형은 조정의 존경과 사대부들의 신망을 한 몸에 받았다. 그는 그 지지도 때문에 광해군의 견제에 시달리기도 했다. 임금보다 월등한 지지율이라면 더욱 그렇다. 하지만 이덕형과 이항복은 앞서 거니 뒤서거니 광해군의 실정을 직언하고 반대 상소를 올리곤 했다. 지금 남양주시 조안면 송촌2리에는 관직에서 물러나 은거하던 이덕형의 별서 터가 남아있다. 대아당大雅堂이란 집인데, 묘지로부터 약 4km, 용진으로 불리던 마을이다.

역사는 가정이 없다. 하지만 광해군 시절 떠돌던 풍문이 실현되었다면 얼마나 좋았을까? 전주 이씨에서 광주 이씨로 정권이 바뀌는 시나리오 말이다. 그토록 유능하고 국제적 감각을 지닌 인물, 더구나 인품까지 나무랄 데 없다면 주저할 이유가 무엇인가? 그러나 불행하게도 역사는 우리 편이 아니었다. 광해군이 이덕형을 잃은 건 그 개인의 비극만이 아니라 우리 역사의 비운을 예고하기 때문이다. 이덕형이 가고 나자 조선은 병자호란으로 국토를 유린당하지 않았던가? 그로부터 역사는 또 얼마나 후퇴했던가를 기억할 필요가 있다. 무능한 리더가 역사를 후퇴시키는 건 동서고금이 다르지 않다.

　마지막 일정은 정약용의 생가, 여유당이다. 옛날 광주군 초부면 마현, 오늘날 남양주시 와부면 능내리다. 거리도 가깝거니와 마음이 답답할 때면 이곳을 찾곤 했다. 여유당 앞 한강 물길, 정약용이 열수洌水라 부르곤 했던, 그 맑은 물길을 오래오래 바라보곤 했다. 불행하게도 그는 봉건사회에 어울릴 수 없는 근대인이었다. 그만큼 그의 세계관은 시대를 앞서나갔다. 그가 얼마나 시대를 앞서나갔는지는 정약용의 〈풍수론〉 한 구절만 읽어봐도 알 수 있을 것이다.

　젊은 나이에 옥당의 꽃, 홍문관교리를 지내고 암행어사를 지냈으며, 38세에 동부승지와 형조참의에 오르는 등 정조의 신임을 한 몸에 받은 정약용이다. 나이 마흔에 유배를 떠나 쉰일곱 살에야 여유당으로 돌아왔으니, 그 참담한 세월은 차라리 우리 문화사의 풍요로움을 위한 하늘의 뜻이었나 보다.

속리산 문화권_
괴산, 보은

양주동은 괴산의 옛 이름 잉근내는
'벌내', 곧 들판의 냇물로 풀었다

속리산 문화권 안에 인접한 두 마을, 괴산과 보은은 우리 문학사에서 기념비적인 시인과 작가를 배출한 땅이다. 괴산의 옛 지명은 고구려의 잉근내仍斤內인데, 신라 경덕왕 때 괴양槐壤으로 바뀌었다가, 지금의 이름이 되었다. 잉근내는 '벌내'의 이두음이란 게 양주동의 풀이다.

벌내란 글자는 뜻에서 보듯 '질펀한 들판의 냇물'이란 이름이다. 괴산은 산과 물의 땅이다. 강원도 피재에서 내륙으로 휜 백두대간 줄기가 이곳을 에돌아 동쪽으로 소백산맥의 월악산, 조령산, 희양산, 백악산이 속리산과 이어진다. 거기다가 군자산, 덕가산, 비학산,

보배산 등이 우뚝하고 칠보산, 성불산, 오봉산 등이 고을 안을 채우고 있다. 산이 많다는 건 물길이 넘친다는 뜻이다. 괴강, 달천, 쌍천뿐인가? 선유계곡, 화양계곡 등을 거느린 괴산은 어디나 물길이다.

양주동에 의하면, 잉근내의 속뜻인 '늣내'가 '느티'로 바뀌면서, 본래의 뜻과 아무 관련이 없는 느티나무를 뜻하는 괴산槐山이 되었다는 것이다. 결국 지명에 대한 오해가 어처구니없는 결과를 낳은 셈이다. 일찍이 이황이 노닐던 선유계곡 아랫녘에서 송시열은 화양계곡을 찾아내고는 화양 9곡이라고 이름을 붙인다. 송시열은 그중 제4곡인 금사담의 깎아지른 암벽 위에 집을 짓고 암서재岩書齋라고 불렀다.

화양계곡의 맑은 물줄기가 가장자리로 금모래를 밀어내어 금사담金沙潭이란 이름이다. 평평한 반석들이 신의 반상처럼 놓인 냇물 건너편, 책을 쌓아놓은 것 같은 층층의 암괴 그 꼭대기에 집을 올려놓았다.

송시열처럼 양극단의 평가를 받는 인물도 흔치 않다. 우의정과 좌의정을 잠깐 지냈을 뿐, 이곳에 은둔하면서 제자를 양성해 소위 강문팔학사江門八學士로 이어진 기호학파를 이끈 점은 긍정적으로 평가받는다. 하지만 그는 명나라 황제의 어필을 간직한 환장암煥章庵을 짓고, 명나라의 마지막 황제인 숭정제가 쓴 비례부동非禮不動이란 휘호를 제5곡인 첨성대瞻星臺에 새겨놓았으며, 연호 역시 '숭정'을 사용했다. 또 망한 지 60년이나 지난 명나라 신종과 의종의 위패를 모시고 제사를 지내라고 유지를 남긴 걸 보면, 명분론에 지나치게 집착했다는 평가 또한 받을만하다. 청천면 화양리 금사담 맞은편에 만동묘萬東廟가 건립된 까닭이다.

이래저래 송시열은 문제적 인물임이 분명하다. 그는《조선왕조실록》에 개인으로는 가장 많이 거명된 인물이기도 하다. 그 횟수가 무려 3,000번이 넘는다. 서인 노론의 사상적 지주였던 그는 1689년(숙종 15년) 제주 유배지에서 한양으로 압송되던 중 정읍에서 사약을 받고 별세했으니, 그때가 83세였다.

한편 벽초 홍명희는 괴산이 배출한 대문호다. 그는 한일병합에 항거해 자결한 금산군수, 홍범식의 아들이다. 최남선, 이광수와 함께 조선 삼재三才로 꼽혔는데, 1928년부터 10여 년에 걸쳐《조선일보》에 장편, 〈임꺽정〉을 연재했다. 〈임꺽정〉은 그 방대함은 물론 짜임새와 문장 구사에 이르기까지 한국소설사의 이정표가 되었다. 홍명희는 민주독립당 대표로 1948년에 평양에 간 뒤 돌아오지 않았다. 그는 북한에서 내각부수상을 지낼 만큼 김일성의 신임을 받았으며, 아들 홍기문은 저명한 국어학자이고, 손자 홍석중은 북한을 대표하는 작가다. 홍석중의 소설 〈황진이〉는 남한에서 만해문학상을 받고, 출간되어 큰 호응을 받았다. 길고, 높고, 깊고, 질펀하고, 후미진 이 고을의 정기와 유장한 소설의 맥락은 그 유전적 유대가 강하게 느껴진다. 그게 괴산이다.

보은報恩은 본디 백제의 와산성蛙山城이었으며, 백제 때 3년 동안 성

양주동은 괴산의 옛 이름 잉근내는 '벌내', 곧 들판의 냇물로 풀었다

을 쌓았다 해서 삼년군三年郡으로도 불렸다. 지금의 명칭은 1406년, 태종이 법주사法住寺에서 두 이복동생의 원혼을 달래는 천도재를 올린 후, 부처의 은혜에 보답한다는 뜻으로 내린 이름이다.

보은은 시인의 땅이다. 천재 시인 오장환의 뒤를 이어 김사인 시인이나 개성 있는 시인 송찬호를 배출한 곳이 보은이다. 정지용 시인의 고향인 옥천이 바로 곁인데 옥천 출신의 시인, 김성규가 그를 잇고 있다.

오장환은 보은군 회북면 중앙리(지금은 회인면 회인로5길 12)에서 출생했다. 4남매 중 3남으로 태어난 그는 첩의 아들이었으니, 서자인 셈이다. 서자 출신이란 점과 그의 월북 사이에도 연관이 느껴지는 대목이다. 휘문에서 공부할 때 스승 정지용 시인으로부터 천재란 극찬을 받았는데, 그의 시는 오늘날의 관점에서 읽어도 굉장히 신선하다.

그가 보여준 언어 감각, 대상과 완벽하게 교감을 이루고 자의식을 투사한 절정의 기교는 현대의 시인들이 배울 점이다. 특히 1941년 4월, 《춘추》에 발표한 〈귀촉도〉는 부제가 '정주에게 주는 시(서정주를 가리킴)'라고 붙어있다. 서정주는 이에 응답하듯 같은 잡지에 〈귀촉도〉를 발표한다. 이 시는 1948년 간행된 서정주의 제2시집,《귀촉도》에도 실려있다. 이미지의 유사성으로 볼 때 오장환이 결정적 영감을 준 것으로 보인다. 그러나 시인부락 동인이었던 둘의 관계도 오장환의 월북 이후 완전히 끊기고 만다.

소백산맥의 명산 속리산은 최고봉인 천왕봉을 중심으로 관음봉, 비로봉, 경업대, 입석대 등 1,000m 내외의 준봉들이 장관을 연출한다. 특히 문장대는 속리산에서 가장 유명한 바위다. 1936년, 박세영 시인은 이곳에 올라 〈산제비〉란 시를 읊었는데 이는 일제에 굴하지 않는 조선인의 자유를 노래한 것으로 평가된다. 박세영은 월북 시인으로 북한 애국가의 작사자이며, 1,800여 편의 시를 남긴 계관시인이다. 1987년에 87세로 그가 사망했을 때, 중앙당 차원의 조문이 발표되기도 했다. 북한 작가 리종렬은 이 시를 패러디한 〈산제비〉란 소설을 발표했는데 1989년, 제13차 세계청년학생축전에 참가한 서울 대표 임수경의 입북을 절묘하게 끌어들여, 혈육의 뜨거운 정을 극화하고 있다.

속리산을 대표하는 사찰 법주사는 2018년 유네스코 세계문화유산으로 등재된 대사찰이다. 6세기 의신조사가 창건했으나 임진왜란 때 불타고, 인조 때인 1624년에 중건되었다. 쌍사자석등, 팔상전, 석련지 등 국보를 비롯한 많은 문화재를 보유하고 있다. 특히 우리나라의 유일한 5층 목탑인 팔상전은 법주사를 대표하는 건축물이다. 1968년에 해체해 중수할 때, 상량문과 동판 글씨 등이 발견돼 1626년에 중수된 사실이 밝혀졌다. 이 팔상전 건축물은 개인적으로 내게 가장 큰 감동을 안겨준 건물이기도 하다. 내 시 〈조감도〉의 발상은 새의 둥지와 함께 이 팔상전이 배후인 셈이다.

양주동은 괴산의 옛 이름 잉근내는 '벌내', 곧 들판의 냇물로 풀었다

성리학의 성지_
서천, 보령

백제의 비중현, 신라 때는 비인.
비인은 우리말 '텅 빈'을 음차한 것이다

오랜만에 인사동에 있는 고서점, 통문관通文館에 왔다. 1978년, 청계
천 헌책방거리를 뒤져도 찾지 못한 양주동의 《고가연구》를 구입했
던 곳이다. 회색 천으로 갈무리 된 양장본인데도 비싸지가 않았다.
초로의 주인이 자아내는 인상이 인자했다. 그리고 한참 뒤에야 알았
다. 이분이 바로 산기 이겸로이며, 일제강점기 때 반출될 위기의 우
리 고전들을 온몸으로 막아낸 분이란 걸 말이다.

　이따금 통문관에 들러 책 구경을 하는 사이 세월은 거침없이 흘렀
다. 그는 언제나 단정한 자세로 책을 읽거나 일에 몰두하고 있었다.
1995년 봄, 세 번째 시집을 들고 이겸로 선생을 찾았다. 어느새 그는

86세의 노인이 되어있었다. 건강하시란 인사를 드리고 문을 나설 때 그가 "이봐요, 젊은이!"라고 불렀다. "시인이니 이게 좋겠군. 내 친구 신석초 시집이야"라는 말과 건넨 책은 한눈에 봐도 고급스러운 시집이었다. 이 시집이 신석초의 제2시집, 《바라춤》이다. 표지는 김환기의 그림이며, 속표지는 천경자 화백의 그림이 있는 시집이다.

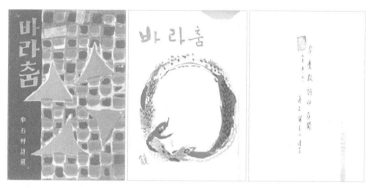

왼쪽부터 김환기 화백이 그린 표지, 천경자 화백이 그린 속표지 그리고 이겸로의 친필 사인

1959년, 통문관에서 간행된 《바라춤》은 그렇게 고서 더미 속에 잠들어 있다가, 35년 후의 어느 날 내게로 왔다. 내가 교환교수로 중국에 있던 2006년, 이겸로는 97세를 일기로 타계했다. 서천을 떠올리면 신석초 시인과 함께 통문관이 등장하는 데는 그런 사연이 숨어 있다.

신석초는 서천 한산면 숭문동 17번지에서 출생해, 서울 수유동에서 별세했다. 〈서라벌단장〉, 〈처용을 말한다〉 등의 작품이 있으며,

백제의 비중현, 신라 때는 비인. 비인은 우리말 '텅 빈'을 음차한 것이다

특히 1941년부터 18년간 집필한《바라춤》은 400행이 넘는 장시 시집이다.

서천은 한산 이씨의 관향이다. 서천의 역사가 예사롭지 않은 첫 번째 이유다. 이곡은 유학파로서, 백이정과 이제현에 뒤이어 원나라 과거에 급제하고, 원나라와 고려 양쪽에 문명을 떨친 학자다. 그의 아들 이색은 고려 말 삼은의 수장으로, 그 문하에서 많은 인재들을 배출했다. 사육신 이개 그리고 구한말의 민족지도자 월남 이상재, 농촌 계몽 및 교육운동가인 청암 이하복 등이 모두 그 후손이다.

사실 이색은 경북 영덕군 영해면 괴시리 외가에서 출생했다. 그는 외조부 김택의 슬하에서 두 살까지 보내고 한산에 있는 본가로 돌아온다. 여덟 살 때 숭정산에 들어가 학문을 익히고, 열 살 때 개성으로 올라가 대학자 이제현의 가르침을 받게 된다.

문헌서원 뒤편, 기린봉 중턱에 있는 이색의 묘비엔 '목은선생 이색지묘牧隱先生 李穡之墓'라고 적혀있다. 이색의 묘 바로 앞에는 그의 세 번째 아들, 이종선의 묘가 있다. 고려조에서 이미 높은 관직에 있던 장남 이종덕과 차남 이종학은 1392년 왕조 교체기, 형장을 맞고 죽었으니 이색 역시 두 아들을 앞세우고 4년을 더 살다 갔다. 그러니까 실질적 장손 역할을 한 이는 셋째 아들인 이종선이었던 셈이다. 이색의 묘 앞에 부친보다 앞서간 두 아들 대신 삼남인 이종선의 묘가 있는 연유다. 이종선 역시 명나라에 사신으로 다녀왔으며, 한성부윤 등을 지낸 인재였다.

'한산은 작은 고을이지만, 우리 부자 원나라에서 장원급제하며 세상에 알려졌다'고 이색은 〈한산팔영〉 머리시에서 노래했다. 문헌서원 안에 있는 이색 묘(위), 이종선의 묘(아래)가 선친의 묘소를 호위하듯 자리하고 있다.

　　서천을 지날 때마다 '비인'이란 지명 앞에 눈길이 머물곤 했다. 그리고 이 지명은 우리나라에서 가장 이국적인 지명이라고 생각하곤 했다. 사실 비인(빈, Wien)은 모차르트와 슈베르트의 나라, 오스트리아의 수도가 아닌가? 다뉴브강이 있는 아름다운 도시 말이다. 어쩌다 그 지명이 여기 있는 걸까? 비인은 본디 백제의 비중현比衆縣이 신라 때 비인比仁으로 바뀌었다. 한자어에서 보듯, 그 뜻은 별 의미가 없어 보인다. 저 이국적인 지명 역시 '비인' 해변의 '텅 빈' 모습에서 나온 건 아닐까? 마치 벽골제碧骨堤가 '벼골'을, 파음도巴音島가 '밤섬' 음차하듯 말이다. 텅 빈 해변의 그 '비인' 이미지야말로 온전히 지형적 특성에 대한 응답이었던 셈이다. 사실 서천舒川 역시 '펼 내'다. 금강의 유장한 흐름을 대변하는 '펼쳐진 내' 말이다. 그것은 합천陜川이

　　백제의 비중현, 신라 때는 비인. 비인은 우리말 '텅 빈'을 음차한 것이다

'좁은 내'에서 온 것과도 비견된다.

서천의 대명사가 '한산'인 것처럼, 문산면 문장리文山面 文章里란 이
름은 마치 소설의 복선처럼 의미심장하다. 하나의 지명 안에 '문산'
과 '문장'이 겹쳐있다는 건 무얼 의미하는 걸까? 나는 그 희미한 실
마리 하나를 서천향교에 있는 안내판에서 발견한다. 서천향교는
756년(경덕왕 15년), 문산면 문장리 향교골에 암자 형식으로 처음 세
워졌다고 한다. 1314년, 고려 충숙왕 때 서부면 동조리로 옮겨지고,
1413년(태종 13년)에 다시 지금의 자리인 서천읍으로 옮겨졌다. 우선
8세기 향교라면, 우리나라 향교의 역사에서도 손꼽히게 오래됐다.
그리고 그 중심에 문산면 문장리가 있었다는 건, 그 지명이 이 향교
의 역사와 궤를 함께한다고도 볼 수 있다.

보령 출신의 작가 이문구는 우리 소설사에 희귀한 스타일리스트
로 족적을 남겼다. 한산 이씨의 후예인 그는 타협하지 않는 작가정
신으로 군사정권의 탄압을 받기도 했다. 고향인 대천면 대천리의 갈
머리로 낙향해서 쓴 〈관촌수필〉은 이문구 소설의 정점이라 할 수 있
다. 이 소설은 1992년부터 1993년까지 SBS 드라마 30부작으로 방
영된 바 있다.

또 보령이 고향인 작가 김성동은 승려 출신의 작가이다. 그는 자
신의 특이한 이력을 드라마틱하게 그려낸 소설, 〈만다라〉로 큰 반향
을 불러일으켰다. 이 소설은 임권택 감독의 동명 영화(1981년)로 더

욱 유명해졌는데, 〈만다라〉는 금기의 영역을 소설화한 문제작으로 강한 개성을 지닌 작품이다.

서해에 인접한 두 고장, 서천과 보령은 기질이 다르지 않다. 다만 서천은 한산 이씨로 상징되는 선비의 고장이다. 이곡과 이색을 뒤이어 이개와 구한말의 이상재, 이하복으로 이어진 선비의 계보는 돋보인다. 그런 흐름은 현재에도 시인 신석초와 서예가 조성주 등이 보여주듯 서천은 시와 서예에 강세를 보인다. 보령은 대학자 백이정과 보령의 남포까지 백이정의 가르침을 받기 위해 찾아왔던 이제현에서 보듯, 이곳이 고려 말에서 조선 초로 이어진 성리학의 성지였다는 걸 기억할 필요가 있다.

당시 신학문이던 성리학은 고려 말 이곳 보령의 남포에서 개성과 한양으로 퍼져나가면서 마침내 조선왕조 500년의 사상적 기틀인 국교로 자리 잡는다. 그것은 소수의 원나라 유학파 학자들, 즉 안향, 백이정, 이곡, 이색 등이 뿌린 씨앗이었다. 그들의 학맥은 특히 보령과 서천, 바로 이웃 고을에서 사제의 관계로 더욱 공고해진다. 그러나 소수의 국제인들이 뿌린 이 사상의 불씨는 마침내 조선 사회로 들불처럼 번져 세상을 바꾸어 놓았다. 《익재집》 2권의 〈익재선생 연보〉에는 '백이정이 원나라에 있다가 성리학(정주학)을 배워 이제현이 이를 제일 먼저 사사해 전수받았다'는 기록이 보인다.

아울러 백이정의 업적이 크게 부각되지 않은 건 무슨 까닭일까?

백제의 비중현, 신라 때는 비인. 비인은 우리말 '텅 빈'을 음차한 것이다

안향을 성리학의 출발로 보는 시각은 문제가 있다. 그는 성리학이 퍼지기 시작한 1313년 이전인 1306년에 별세했기 때문이다. 〈익재 선생 연보〉의 기록은 바로 그 사실을 입증해 주는 기록인 셈이다. 이 렇게 본다면, 이곳 보령과 서천은 소리 없이 세상을 바꾼 사상적 혁 명의 자리인 셈이다. 이 작은 고을에 15세기의 남포향교를 뒤따라 보령향교, 오천향교 등이 잇따라 설립된 점도 눈여겨볼 대목이다. 아니, 벼루의 고장 남포를 다시 생각하게 된다.

이런 장소의 정신이 한국소설사에 돌올하게 솟구쳤던 두 사람의 작가를 탄생시킨 바탕이 아니었을까? 그 두 사람, 이문구와 김성동 에게선 끈끈한 힘을 바탕으로 한 스토리텔링의 저력이 돋보인다. 그 렇다면 그 끈끈함과 보령의 갯벌은 또 무슨 연관이 있는 걸까?

산의 지형학_
우이동, 수유동, 방학동

수유동은 '무넘이',
우이동은 '소귀내'다

북한산은 서울의 주산이다. 백운대, 인수봉, 만경대 희멀건 세 둥치의 화강암 봉우리가 기묘하게 솟구쳐 올라 예로부터, 삼각산三角山으로 불렸다. 남서벽은 깎아지른 염초봉이 천길 단애를 이루고, 백운대와 인수봉 중간의 후사면은 최고의 비경을 자랑하는 숨은 벽 능선이다. 북한산성은 노적봉과 용암봉을 지나 대동문, 대서문, 대남문으로 이어진다. 능선은 남쪽의 보현봉, 남서향의 비봉, 서쪽의 나한봉으로 다시 갈라져 웅장하게 펼쳐진다.

둥치는 북한산에 모자라지만 도봉산의 위용 또한 예사롭지 않다. 산세는 남쪽을 바라보며 길게 뻗어, 마치 병풍처럼 서울을 지키는 모습이다. 서쪽에서 동쪽을 향하여 우이암, 신선대, 선인봉, 만장봉, 자운봉에 이르는 암벽 코스는 빼어난 자태를 뽐낸다. 북한산과 도봉산은 북한산국립공원 구역으로 함께 묶여있다.

삼각산 암봉의 위용. 오른쪽부터 인수봉, 백운대, 만경대. 삼각산이란 이름이 여기서 나왔다.

　북한산 동쪽의 아랫동네가 우이동牛耳洞이다. 우이동이란 이름은 '소귀내'에서 왔는데, 도선사道詵寺 아래 우이천의 상류는 지금도 소귀내로 불린다. 우이동 바로 옆에 수유동水踰洞이 있다. 수유동은 북한산의 물줄기가 흥건하게 흘러넘치던 '무넘이'마을인데, 그걸 한자로 바꾼 이름이다.

　우이동과 수유동은 그 신령스러운 산세만큼이나 역사적·문화적 인물들과 깊은 인연을 맺고 있다. 먼저 도선사 입구에 고풍스러운 붉은 벽돌집이 보인다. 천도교 수련원이다. 수련원에 들어서면 단아한 한옥 한 채가 서있다. 바로 봉황각鳳凰閣이다. 이는 의암 손병희가

1912년에 건립한 전통 한옥이다. 손병희는 봉황각에서 483명의 항일지도자를 양성했는데 1919년, 민족대표 33인 중 15명이 이곳에서 배출되었으니, 봉황각은 3·1 운동의 발상지인 셈이다. 봉황각 오른쪽 산허리에는 손병희의 묘소가 있다.

거기서 내려오면 우이동 버스 길이다. 우이천을 복개한 광장이 보이고, 바로 앞에는 성원아파트가 서있다. 이 자리는 최남선이 말년에 살던 고택, 소원素園이 있던 자리다. 최남선은 1944년부터 이곳에서 칩거하며 학문 연구에 매진해《조선독립운동사》,《조선역사사전》등을 집필했다. 당시 소원에는 17만 권의 장서가 있었다고 한다.

헐리기 전, 1980년대 초에 있던 소원의 모습이 내 사진첩에 남아 있다. 지금은 성원아파트 입구 집터에 소원이란 표지석만 있다.

나는 대학 시절, 이쪽에서 자취를 한 덕분에 철거 전 소원에 자주 드나들었고 소원을 찍어놓은 사진을 가지고 있다. 아담한 한옥인데, 우이천 건너편 비좁은 자취방 대신 소원의 사랑채 마루를 내 서재처럼 사용하기도 했다. 물론 최남선은 이미 떠난 뒤였고, 집은 당시 유 씨柳氏의 소유였다.

나는 최남선이 해방 뒤 이광수와 함께 친일로 인한 반민족 행위자로 기소되어 수감했던 사실을 알고 있다. 하지만 나는 그가 잠든 민족혼을 일깨우기 위해 얼마나 고군분투했는지도 잘 알고 있다. 더구나 최남선의 《조선상식문답》, 《조선역사》, 《불함문화론》이 모두 일제의 검열 속에서 쓰인 걸 감안한다면 더욱 그렇다. 《심춘순례》, 《금강예찬》, 《백두산 근참기》의 미려한 문장을 보면, 그는 오히려 뼛속까지 조선인이었다. 특히 그가 기초한 〈기미독립선언서〉, 그 명문장은 한반도가 무너지지 않는 한 사라지지 않을 것이다.

소원에서 우이천 건너 산등성이를 넘어가는 길은 숲이 우거진 호젓한 산길이다. 고갯마루에 이르기 전 소원이 내려다보이는 산중턱에 〈갯마을〉의 작가, 오영수의 집이 있었다. 그는 1963년부터 1974년까지 이곳에 살며 창작집 《수련》 등을 썼다. 그리고 고개를 넘으면 방학동이다. 내가 즐겨 찾던 1980년대 초까지도 이 마을은 과수원과 농가주택들로 이루어진 시골이었다. 이름처럼 학이 노닐만한 동네였는데 지금은 아파트촌으로 바뀌었다. 그곳에 연산군의 묘가 있다. 임금의 능이라 할 수 없는 그 묘역은 당시 동네 아이들의 놀이터였다.

방학동 498-31번지에는 김수영문학관이 있다. 김수영 시인의 본가가 있던 자리는 도봉동 산 107-2번지지만, 생가터는 자취도 없이 사라졌다. 대학 시절에 은사이셨던 김장호 시인을 따라 그 본가를 몇 번 방문한 적이 있으며, 바로 곁에 있는 김수영 시인의 묘소에 참배한 적도 있다. 지금은 모든 게 바뀌어 도봉산 입구에 시비가 서있다.

우이동에서 시내 쪽으로 내려오면 수유동이다. 4·19 사거리에서

산 쪽으로 오르면 통일교육원과 아카데미하우스가 있다. 그 건너편 산자락은 열사능원이다. 이준 열사의 묘를 비롯해 신익희, 이시영, 김병로 등의 묘와 광복군 합동 묘역이 있는 곳이다. 4月학생혁명기념탑에는 '해마다 4월이 오면 봄을 선구하는 진달래처럼 민족의 꽃들은 사람들의 가슴마다 되살아 피어나리라'라는 신동엽 시인의 시가 새겨져 있다.

탑 맞은편 골목에는 시인 이형기의 생가가 있었다. 그는 경남 사천시 곤양면 서정리에서 출생해 진주시에서 성장했으며, 동국대 교수로 부임한 후반기를 이 집에서 별세할 때까지 살았다. 지금은 다세대 주택지로 사라진 이곳에서 〈절벽〉 등 말년의 시편들이 쓰였다. 북한산 절벽에서 노후의 자신을 본 걸까?

거기서 몇 정거장 거리의 수유초등학교 옆에 북한산 시인, 김장호의 생가가 있다. 부산 출신으로 수유리를 떠나 정릉에도 살았으며 혜화동에서 사망했으나, 그의 문학적 보금자리는 이곳이다. 이 집 역시 흔적 없이 사라졌다. 특히 그는 알피니스트 시인이자 학자로《한국명산기》는 우리 산의 역사적·문화적 연원을 밝혀낸 고전이다. 북한산을 유별나게 사랑했던 시인의 흔적은《나는 아무래도 산으로 가야겠다》,《북한산 벼랑》 등에도 고스란히 남아있다. 가까운 거리의 화계사華溪寺에서 빨래골 쪽 야산엔 공초 오상순 시인의 묘소가 있다.

도봉산 아랫마을 방학동에서 바라보면 도봉산의 도도한 암봉 군락이 손에 잡힐 듯 들어온다. 어찌 그곳뿐인가? 노원구 쪽이나 의정부 방향에서 바라보는 도봉산의 그 서늘한 자태는 보는 이의 가슴을 울렁이게 한다. 박두진 시인의 〈도봉〉은 그런 느낌을 읊는 시다.

실은 도봉산의 암벽들이 풍기는 고혹적인 그 느낌을 유의해야 한다. 고혹蠱惑이란 뜻이 독에 홀린다는 뜻이듯, 도봉산의 자태는 숱한 암벽 등반가들을 죽음으로 몰고 갔으니 말이다. 1998년 여름, 나 역시 도봉산에 당했다. 내가 암벽과 결별한 계기다. 하지만 도봉산은 언제나 미워할 수 없는 맵시로 나를 유혹한다. 마당바위 코스, 우이암 코스, 무수골 코스는 내가 특히 선호하는 코스다. 도봉산 무수골에는 무수無愁골이란 알림판이 서있다. 근심을 잊게 하는 곳이란다. 그러나 전국에 널리 분포된 무수골은 사실 '물살골'이란 게《한국지명신연구》에서 도수희 교수가 밝힌 탁견이다.

북한산과 도봉산의 풍수는 물론 천연 요새로서의 기능 그리고 빼어난 자태는 한양을 도읍으로 삼는 데 결정적 역할을 담당했다. 전국의 명산을 거의 섭렵한 내 눈에도 이 두 산의 위용은 다섯 손가락 안쪽을 차지한다. 도읍지 한양의 주산 역할뿐인가? 오늘날 1,000만 서울 시민에게 이 산은 심리적 방패이며 무의식적 위안의 언덕이다. 나 개인의 입장을 밝힌다면, 북한산과 도봉산은 내 영감의 원천이자 가장 미더운 40년 동지였다. 나는 지금도 북한산 자락에 살며 아침저녁으로 산길을 산책한다. 어찌 나 개인뿐이랴? 북한산과 도봉산이야말로 서울 시민의 축복이 아닐 수 없다.

충절의 고장_
홍성, 예산

예산의 백제 때 이름 오산현은
오산, 즉 '오서산'에서 연유한다

어린 시절 나는 우뚝한 산을 바라보며 자랐는데, 집 앞으로 깊게 밀려들어 온 천수만 바닷가에 살았다. 폭이 좁은 그 바다 건너로 790m 높이의 오서산은 손에 잡힐 듯 가까웠다. 차령산맥 줄기인 금북정맥의 최고봉이 오서산이다. 벌판을 쏘다니거나 바닷가에서 놀다가도 눈을 들면 오서산이 서있었다. 사실 이 산은 너무도 우뚝해 천수만을 오가는 뱃사람들에겐 오랫동안 등대와도 같은 이정표였다.

　지금은 내가 그리워하던 간월도도 육지로 이어지고, 그 바다는 천수만 철새 도래지가 되었다. 고향 집에서 오서산까지도 차로 30분이면 갈 수 있으니 상전벽해란 말을 실감한다. 내 고향, 충남 서산시

부석면 강당리 앞바다에는 간월도가 있다. 무학대사의 모친, 채씨 부인의 고향이다. 지금은 간월도를 거쳐 금세 홍성군 결성 땅에 닿을 수 있다.

그곳 홍성군 결성면 성곡리는 한용운의 고향이다. 그도 오서산을 보며 어린 시절을 보냈을 것이다. 아니, 언제나 우뚝하던 오서산의 정기가 그의 생애를 이끌었는지도 모른다. 오서산은 《삼국사기》에 오서악烏西岳으로, 백제 때는 오산烏山으로도 불렸다는 기록이 전해진다. 그러니까 '까마귀 뫼'다. 정상은 억새밭이며 평범한 육산이지만, 바닷가에 돌출한 높이 때문에 예로부터 이 지역에선 성산으로 여겨져 왔다.

홍성은 충절의 고장이다. 홍성은 고려 말 임제종을 창시한 보우국사의 고향이며 최영 장군, 사육신 성삼문, 생육신 성담수, 구한말의 김좌진 장군이 모두 이곳 출신이다. 성삼문은 최영과 동향, 홍북면 노은리에서 출생했다. 과거에 급제해 집현전 학사가 되었는데 세종의 신임이 두터웠다. 사가독서 후 1447년, 중시에 장원을 했는데 이때 한 살 위 신숙주는 3등으로 합격한다.

수양대군이 계유정난을 일으켜 김종서 등을 살해하고 단종을 폐위할 때, 성삼문은 단종의 복위를 꾀하다가 부친인 성승과 함께 멸문을 당한다. 아녀자들은 모두 관비가 되었는데 이 행간에서 그때 신숙주의 노비가 된 누이동생, 성성금의 후일담이 궁금하다. 이럴 땐 역사의 갈피마다 비린내가 진동하기도 한다.

'충청도 양반'이란 칭호도 여기서 나왔다. 공주 월곡리 출신인 김종서 장군을 제외해도, 홍성 출신 성삼문, 전의 출신 박팽년, 서천 출신 이개 등 사육신의 절반이 충청도 출신이기 때문이다. 특히 홍성은 환란의 시기마다 우국지사를 끊임없이 배출한 땅으로 이름이 높다.

성삼문의 유허지

성삼문의 그 절의는 그대로 한용운으로 이어진다. 일제의 칼날 앞에서도 민족의 자존심을 지켜낸 한용운이다. 〈님의 침묵〉, 〈알 수 없어요〉, 〈나룻배와 행인〉 등 주옥같은 시편들뿐인가? 그는 스님이기 이전에 선비의 절개를 온몸으로 보여준 애국지사이다. 본디 홍성은 순도 높은 시인의 땅이다. 서자의 신분으로 이미 삼당시인三唐時人의 반열에 올랐던 이곳 출신, 이달은 허균의 스승만이 아니라 그런 점에서 시인 한용운의 본보기였다.

한편, 홍북면 중계리 383번지는 고암 이응노 화백의 생가다. 그의 생가터에는 지금 생가기념관이 세워져 있다. 이곳 출신 작가, 서기원은 오상원, 손창섭, 장용학과 함께 소위 전후 작가로 꼽힌다. 그는 〈이 성숙한 밤의 포옹〉, 〈암사지도〉 등을 통해 전후 세대의 정신적 트라우마를 부각한 작가다. 또 시집 《하여지향》과 《시학평전》, 《문학평전》 등의 저작으로 유명한 시인 송욱의 고향도 홍성이다. 더불어 이곳 출신 국악인 김영동은 국악과 현대음악의 결합을 통해 독특한 음악 세계를 열어나가고 있다.

홍성군 홍북면에 있는 용봉산은 기암괴석의 진열장을 닮은 예쁜 바위산이다. 홍성과 예산, 두 고을에서 사이좋게 산을 조망할 수 있는 이유는 산이 베푼 배려 덕분일까? 뒤늦게 등산객들의 입소문으로 유명세를 타고 있다.

예산은 백제 때 오산현烏山縣이 고려 때 지금의 지명으로 바뀌었다. 예산엔 수덕사란 천년 고찰이 있다. 덕숭산 수덕사는 가야산과 오서산을 병풍처럼 끼고 용봉산을 바라보고 서있다. 이 절은 경허선사와 만공선사라고 하는 불세출의 고승들을 배출한 사찰이기도 하다. 수덕사 견성암見聖庵은 비구니 도량으로, 구한말의 시인 김일엽이 입산하여 입적한 암자다.

수덕사 입구에 있는 수덕여관은 이응노의 창작실이었다. 1945년,

동경 유학에서 돌아온 그는 이 여관을 인수해 1959년, 파리로 떠날 때까지 이곳을 창작실로 썼다. 1969년, 동백림 사건으로 옥고를 치른 뒤 여기 머물며 그가 남긴 문자 추상 암각화는 유명하다.

신암면 용궁리 출신 김정희는 예산을 넘어, 이 땅이 배출한 최고의 학자이자 서예가였으며 또 문인화의 극치를 보여준 화가다. 특히 24세 때, 부친을 따라 청나라 연경에 다녀온 건 이 천재에게 근대성의 눈을 뜨게 한 계기가 되었다. 청나라 고증학과 금석학을 학문을 연구하는 데 적극적으로 활용해 시, 서, 화뿐 아니라 학문과 예술의 융합을 시도한 점이 그렇다. 과거에 급제한 뒤 암행어사, 예조참의, 성균관대사성까지 지냈지만 말년에는 정치적 부침을 겪었다. 1844년, 제주도 대정에 유배되었을 때 남긴 〈세한도〉는 국보로 지정됐으며, 독

추사고택의 전경

예산의 백제 때 이름 오산현은 오산, 즉 '오서산'에서 연유한다

자적 경지에 이른 서체는 추사체로 일컬어진다. 김정희의 묘는 생가 바로 곁에 있다.

예산은 특히 명당으로 꼽혀온 땅이다. 덕산면 상가리 가야산 중턱에 있는 남연군묘가 대표적인 예다. 이곳엔 가야사伽倻寺란 사찰이 있었으나, 왕이 나올 명당이라 해서 흥선대원군이 빼앗아 부친의 묘를 이장했다. 1847년, 경기도 광주에 있던 남연군묘가 이곳으로 옮겨진 까닭이다. 묘를 이장할 때 썼던 '남은들 상여'는 현재 중요한 민속 자료로, 덕산면 광천리의 상엿집에 보관 중이다.

홍성은 조선시대 홍주목으로 정치와 경제의 중심이었으며 예산은 충청도의 물산이 집결되는 장소였다. 넓은 평야와 아름다운 산을 품은 이 두 고을은 예로부터 넉넉한 인심과 여유로운 생활 조건을 형성했다. 선비의 법도가 장려되어 학문과 예절을 숭상했으며 많은 인재가 배출되었다. 이 두 고을이 충절의 고장으로 부각된 건 이런 바탕에서 나왔다.

삼가, 불함_
백두산에서

최남선은 백두산의 옛 이름,
불함산을 '밝은 산'이란 뜻으로 풀었다

오래전, 최남선의 《불함문화론》과 《백두산 근참기》를 접하고서, 나는 인터넷 등의 아이디를 불함^{bulham}으로 써오고 있다. 불함산不咸山이란 산 이름이 기록된 최초의 서적은 중국의 고전인 《산해경》이다. 그 불함산이 지금의 백두산이라고 처음 진단한 건 안정복의 《동사강목》이란 책이다. 단군이 하강한 태백산이 바로 이곳이라고 말이다. 그러니까 이 신령스러운 산언저리에서 단군이 신시神市를 베풀었다는 주장이다.

물론 아사달의 위치에 대해서는 많은 견해가 있다. 개인적으로 나는 신채호의 주장을 더 옹호하는 쪽이다. 구월산이 아사달이란 주장에 대해, 그는 구월산九月山이 아사달이 될 수 없는 이유는 '아사'가 아홉(九)이란 뜻과 무관하기 때문이라고 말했다. 따라서 아사달阿斯達은 여러 전고를 바탕으로 할 때 비서갑非西岬, 곧 지금 합이빈(하얼빈)의 완달산完達山이란 것이다. 그는 김부식이나 일연의 모화사상을 비판하면서, 고조선의 위치를 백두산 이북으로 끌어올렸다.

신채호보다 앞서 이미 유득공은《발해고》에서 '발해 땅은 고구려 땅으로, 두만강 도문 이북 땅이다. 요하를 건너 백두산 동북쪽'이라고 위치를 밝히면서 발해의 지도를 제시하고 있다. 나는 연해주(프리모르스크)에서 발해 유적을 답사한 적이 있다. 흥개호(한카호, 싱카이호)에서 우수리스크를 관류하는 강 이름이 수이푼강(솔빈강)인데, 이는 발해의 솔빈부에서 유래한다. 우수리스크 외곽에서 발해 궁터와 발해 산성을 답사하기도 했다.

《토지》의 무대, 심양(봉천)과 용정 일대를 훑은 다음 드디어 백두산으로 향한다. 지린성 안투현을 지나면서, 산마을 특유의 정취가 짙어진다. 이제 이도백하의 끝없는 수목 길을 헤쳐 나가면 백두산이다. 유네스코가 자연보호 구역으로 지정한 숲이다. 녹나무, 이깔나무, 피나무가 뒤엉켜 그 푸른빛의 화살이 눈사태처럼 날아드는 환상을 본다.

우리 금강산에서만 서식한다는 유명한 미인송 숲을 벗어나자 즐비한 가문비 숲 그리고 뒤이어 희끗희끗한 자작나무 군락이 보인다.

7월, 오색 물빛도 영롱한 백두산 천지에서 북한 쪽 정상, 장군봉을 배경으로 한 필자

해발 2,000m를 경계로, 오를수록 활엽이 침엽으로 바뀌는 동안에도 저 자작나무들만은 불함산의 파수꾼처럼 산허리를 에워싸고 서있다.

알겠다. 7월부터 9월까지, 3개월을 빼고 나면 늘 흰 눈에 뒤덮인 이곳 백두산에서, 오직 그 흰빛과 어울릴 수 있는 것도 온몸이 새하얀 자작나무뿐이란 사실을 말이다. 백두산의 정상부는 용암 자락으로 나무가 자라지 못해, 푸릇푸릇한 이끼류뿐이다. 그래서 천지 사방으로 안계가 확 트이면서, 신령스러운 기운과 광활한 느낌도 그만큼 커진다. 웅혼하다 못해 비장하고, 고결하다 못해 쓸쓸한 정상 암부를 더듬어 오른다. 오르며 생각한다. 왜 높은 정신은 항상 고독과 동행하는가를 말이다.

이제 다 올랐다. 그때, 눈 아래 믿을 수 없는 광경이 펼쳐진다. 16봉의 호위를 받고 있는 아, 천지天池다. 어쩌면 신은 이 높은 곳에, 자신의 얼굴을 씻는 세숫대야를 이토록 장엄하게 마련해 둔 걸까?

이로써 지구상에 있는 2,000m 이상의 천지라는 연못 두 개를 모두 답사하는 순간이다. 1996년, 실크로드 선상의 천산 천지에 이른

최남선은 백두산의 옛 이름, 불함산을 '밝은 산'이란 뜻으로 풀었다

후, 10여 년 만의 일이다. 그때 보고다봉의 만년설 아래에서 천산 천지의 광활함에 압도되었다면, 오늘 백두산 천지에서 나는 온몸이 걸리는 신비한 떨림을 경험한다. 마치 무엇에 찔린 것처럼, 천지와 눈을 맞추는 순간, 저릿저릿 몸을 가누기 어려워진 것이다. 내 몸이 이미 그 심연 속에 잠겨있는 듯한… 아니다, 물벼락에라도 감전된 모양이다.

16봉의 제2봉에 서서, 건너편의 제1봉을 본다. 북한 쪽에 있는 장군봉이 손에 잡힐 듯 다가온다. 초소에서 호수까지 이어진 돌계단이 실처럼 하얗다. 북한의 자강도 삼지연군과 중국 길림성 안도현 사이에 위치한 백두산. 이쪽에 서서 저 너머 삼지연이 그리운 게 꼭 나만의 심사일까?

이익이 이 산을 일러, '우리나라 산맥의 조종'이라거나, 최남선이 '불함산은 불함문화의 시원이요, 동방 원리의 권두언'이라고 비유한 건 지당하다. 그토록 별러 오른 천지에서, 최남선이 돌비와 눈보라 탓에 숱한 고생을 했듯, 천지의 날씨는 신의 소관이자, 하늘의 뜻으로 알려져 왔다. 그런데 외람되게도 내겐 은총이다. 청람 하늘엔 뭉게구름, 거기 오색의 물빛마저 이토록 영롱하게 속을 보이다니!

산정의 이 물길은 장백폭포를 통해 속계로 흘러내려 서쪽으로 압록강을 이루고, 이도백하를 지나 송화강의 원류가 된다. 폭포의 물줄기가 두 갈래인 건, 폭포 가운데 우량교란 천연 바위 다리 때문인데, 이곳이 견우와 직녀의 전설을 간직한 자리다. 장백폭포에서 자작나무 숲길을 따라 내려오면 온천수 지대를 지나고, 다시 좌측으로 소천지란 호수에 이르는데, 금강산의 상팔담과 함께 '선녀와 나무꾼' 설화를 낳은 무대이기도 하다.

나는 지금 백두산을 떠나려고 한다. 조선 반도가 백두산 줄기 아닌 곳이 없다면 나는 또 어디로 떠난다는 걸까? 왜 불함의 표정이 이토록 쓸쓸하게만 느껴지는지, 뒤를 돌아보는 내 마음도 아려온다. 이도백하 마을을 떠나며, 거기 눈시울이 젖어있는 불함의 눈빛을 한 번 더 바라본다.

최남선은 백두산의 옛 이름, 불함산을 '밝은 산'이란 뜻으로 풀었다

울음터를 찾아서_
간도

박지원은 요동벌판의 인상을
울음터라고 불렀다

오랑캐로 폄하되었던 청나라 문명은 사실 17~18세기 세계 문명의 절반이었으니, 중국 역사상 그러한 자리를 성취한 왕조는 당나라와 청나라가 가장 오롯하다.

18세기, 북학파로 불리는 한 무리의 조선 선비들이 이곳을 찾아 왔으니 유득공, 이덕무, 박제가 그리고 박지원이다. 나도 사흘간 조선족자치주를 지나온 길이다. 이곳이 바로 간도다. 청나라와 조선 사이에 무주공산으로 남아있던 양국 사이의 '섬'이 간도^{間島}다. 엉성한 우리 조상들은 선조들이 만들어 준 그 섬을 통째로 잃어버렸다. 신채호가 그걸 통렬히 인식하고, 피를 찍어 쓴 《조선상고사》를 남긴 건 차라리 통점처럼 아프다.

윤동주의 모교인 대성중학교(현 용정중학교) 본관 앞 윤동주 시비 앞에서의 필자

그래, 나는 지금 간도에 왔다. 가곡 〈선구자〉의 무대에서, 그 배경을 차례로 찾는다. 길림성, 돈화시, 안도현, 연길시까지 두루 돌았다. 이제 간도의 조선족 마을, 이곳 용정에서 그 이름의 유래가 된 용두레 우물을 본다. 비암산의 일송정은 일제가 고사시킨 소나무를 90년대에 다시 심어 아직 어리다. 해란강의 용문교를 지나 윤동주 시인의 모교, 대성중학교에 들러 시인의 자취를 훑는다. 그의 생가는 용정시 지신향 명동촌明東村에 그대로 남아있다.

도문시에 이르러 두만강에서 뗏목을 탄다. 손에 잡힐 듯 갈 수 없는 땅. 강을 건너면 북한의 함경북도 은성 땅이다. 거기서 다시 단동시까지 내려와 압록강 유람을 하고 위화도를 바라본다. 이성계가 이곳에서 회군을 해 조선을 건국한 역사적 자리다. 강 건너 헐벗은 북녘땅을 바라보며 울적했던 마음은 압록강변에서 호산장성을 보는

박지원은 요동벌판의 인상을 울음터라고 불렀다

순간 경악으로 바뀌었다.

호산장성은 최근 중국의 동북공정 시비에 휘말린 성이다. 만리장성과 똑같은 모습으로 복원해, 산해관이 아니라 이곳이 만리장성의 출발점이라고 주장하고 있기 때문이다. 성문 앞 석비에 보니, 정말 그렇게 적혀있다. 이곳은 사실 고구려의 박작산성이다.

압록강 상류의 모습

이곳 간도는 우리 문학의 소중한 무대다. 박경리의 〈토지〉, 안수길의 〈북간도〉뿐인가? 일제의 수탈과 억압에 못 이겨 얼마나 많은 사람들이 간도로 떠났던가. 최서해의 〈탈출기〉는 그 생생한 기록이다. 그리고 김동환의 〈국경의 밤〉은 이들의 비참한 생활상을 노래한 장편서사시다.

나는 지금 요동벌판을 찾아가는 중이다. 아니, 박지원이 크게 한 번 통곡할 만하다고 한 호곡장好哭場으로 가는 길이다. 단동에서 본계를 거쳐 요양성까지 간다. 이곳에 온 지 일주일이 지났지만, 요동까지 이르는데 50년이 걸린 셈이다. 도중에 세계 최장의 석회암 동굴, 본계수동을 보고 요동벌판에 홀로 우뚝한 봉황산을 본다. 연암이 북한산을 닮았다고 말한 그 산이다. 이제 요녕성까지 이 일대가 요동벌판이다.

약 500km, 일망무제로 탁 트인 요동벌판에서 그 유명한 호곡장이란 표현이 나온다. 인간은 감동할 때 운다. 박지원에게 요동벌판은 '울기 좋은 곳'이란 것이다.

박지원이 살았던 18세기까지도 태어날 때 아기는 왜 우는지, 그 답변이 부재했다. 그런데 박지원은 여기, 아주 시적인 답변 하나를 제시한다. 어머니의 모태가 아무리 아늑해도 아기에겐 비좁고 불편했을 것이다. 그러다가 대명천지, 확 트인 세상으로 나오니 아기는 본능적으로 자유를 느끼고 감동했으리란 진단이다. 얼마나 근사한가? 자신이 요동벌판이란 광활한 벌판에서 울고 싶은 충동을 느낀 것처럼, 아기가 태어나며 첫울음을 터뜨리는 것도 감동 때문이라고 말이다.

박지원의 감동 이론은 그러나 학계의 공인 과정에 문제가 생기고 만다. 20세기의 어느 날, 실패한 의사 지그문트 프로이트가 트라우

박지원은 요동벌판의 인상을 울음터라고 불렀다

마^{Trauma} 이론을 들고 나왔기 때문이다. 산모가 진통을 겪는 것처럼 아기도 함께 아프다는 출생외상^{Birth-trauma} 이론 말이다. 프로이트의 대답은 간단명료하다. 아프니까 운다는 것이다. 그의 진단이 진실에 가깝다 하더라도 이 의사의 답변에 비해, 박지원의 가설은 품위 있고 보다 시적이란 게 내 생각이다. 요동벌판은 더 이상 일망무제가 아니다. 그 사이, 여러 도시와 크고 작은 마을이 생겼고, 옛 평원은 경작지로 바뀌어 옥수수만 무성하다. 그래서 지금 이 벌판에서 당시 박지원이 보았을 정경을 떠올리기란 쉽지 않다.

하지만 눈에 보이는 현상이 아니라, 마음의 눈으로 대상을 부여잡아 본질 안쪽으로 틈입하라고 가르친 게 박지원의 뜻이다. 그때 우리는 비로소 검은 까마귀가 아니라, 붉고 푸른 까마귀를 보게 된다고 말이다.

발해 땅을 밟다_
연해주

수이푼강은 발해의 솔빈강에서
이름이 유래했다

블라디보스토크에 당도했다. 아니, 가까운 거리를 빙빙 돌아 연해주까지 왔다. 우수리스크에서 하산까지 여정이 잡혀있지만, 무엇보다 발해의 자취를 탐사하는 게 여정의 목표다. 연해주 땅에 발을 디딘 순간부터 미묘한 감정의 혼란을 겪는다. 역사의 회색빛 문양들이 지금 이 항구를 감싸고 있는 안개처럼 내 안을 채우고 있기 때문일 것이다.

러시아의 극동연방대학교에서 주제 발표를 의뢰받았을 때, 맨 처음 떠오른 느낌도 지금과 다르지 않았다. 미지의 땅으로 간다는 설렘과 함께 내면을 짓누르는 슬픔의 연원을 나는 짐작했다. 주제 발표는 하루 내내 이어졌다. 러시아 학자들과 한국 학자들의 발표, 나는 〈북방 문학의 토포그래피〉란 논문을 발표했다.

한반도의 머리에 해당하는 북방은 이곳 연해주다. 한국인들은 전통적으로 북쪽에 주산을 둔다. 그래서 한국인들의 무의식 속에서 북방은 신성한 공간이며 가고 싶은 장소다. 그 까닭을 나는 진화심리학에서 말하는 점성粘性이론을 빌려 설명했다. 러시아 학자들의 질문이 쏟아졌다.

나의 〈북방학〉 주제 발표. 오른쪽은 통역을 맡은 유소프 이반 교수이다.

사실은 끝내 발설하지 못한 심중의 언어가 있다. 북방에 대한 향수는 이곳이 우리의 영토이기 때문이라고. 연해주는 발해의 터전이라고! 내 속마음을 파고드는 질문도 있었다. 그걸 나는 철새들의 자유로운 왕래나 한반도와 유사한 이 땅의 수종樹種에 대한 감회로 에둘러 대답했다. 난데없이 이곳을 우리 땅이라고 우길 수도 없는 노릇이 아닌가?

고구려가 망하자 그 유민들이 세운 나라가 발해다. 해동성국海東盛國으로 불린 걸 보면, 전성기의 발해는 고구려에 버금가는 왕조였다.

실학자 영재 유득공은 《발해고》를 저술해서 한국사의 판도를 만주와 연해주까지 확장한 최초의 인물이다.

실학파의 진보적 세계관은 그들이 청나라로 향한 것과 깊은 연관이 있다. 그것은 세계의 변방, 조선의 선비들이 근대국가 청나라와 만난 충격 그리고 각성과 다르지 않다. 실학파 중 맏형 격인 담헌 홍대용이 1765년에 첫길을 연 이래, 그 두 번째 방문자가 유득공이다. 1778년 7월, 유득공이 청나라에 다녀온 뒤 박제가와 이덕무가 뒤를 잇고, 1780년에는 그들의 스승 격인 박지원도 청나라로 향하는 꿈을 이룬다. 유득공은 1790년(정조14년), 박제가와 함께 두 번째 연경을 다녀온다. 그는 특히 장소의 정신에 주목했던 자취를 보여주는데, 이를테면 《사군지》, 《이십일도회고시》, 《경도잡지》 등의 집필을 통해 지워진 역사를 복원하고, 그 속내를 들추어내는 데 골몰했던 게 그 증거다.

유득공은 《구당서》, 《신당서》, 《오대사》, 《속일본기》 등 중국과 일본의 문헌을 두루 섭렵한 뒤 《발해고》를 집필한다. 이 책에는 발해의 특산물 중 '솔빈의 말'을 소개하고 있는데, 솔빈은 발해의 솔빈부로 이곳 연해주 지방을 가리킨다. 지금 중국의 흥개호에서 발원해 우수리스크를 관통하는 수이푼강은 바로 솔빈강에서 유래된 이름이다. 연해주와 크라스키노마을의 중간쯤, 사람도 살지 않는 드넓은 평원, 발해의 궁궐터와 산성을 찾아 산굽이를 에돌아 온 길… 아아,

수이푼강은 발해의 솔빈강에서 이름이 유래했다

거기서 본다. 산성이래야 그 흔적만 보여주는 토성이지만, 그 자리를 쉽게 떠날 수 없다. 그건 궁궐터도 마찬가지다. 드넓은 평원으로 한 줄기 강이 흐르고 흰 구름이 머무는 자리, 그 아래 궁궐터가 펼쳐진다. 발해 5경 중 하나였던 궁궐터다. 넓이로 보아 어마어마한 규모였다는 것만 짐작할 뿐이다.

그렇게 발해의 자취는 지워지고 1863년, 열세 가구가 처음 두만강을 건너 연해주에 정착한다. 비록 살길을 찾아 국경을 넘었지만, 이들이야말로 발해 땅을 다시 찾아 떠난 용기 있는 사람들이다. 조선 말기의 혼탁한 반도의 사정과 그 후 일제의 수탈을 피해 이곳에 온 사람들 숫자는 급격히 불어나, 연해주 외곽의 비노그라드나야에 신한촌이 조성된다. 한민족 공동체가 형성된 것이다.

조선인들이 한민족 공동체를 형성했던 지신허마을의 모습

어느덧 지신허마을까지 다 왔다. 지신허地新墟는 우리 이름으로 '새터'이고 러시아 이름으로는 비노그라드나야다. 이 마을의 산천을 보는 순간, 나는 지금 러시아 땅이 아니라 한반도의 어느 시골에 와있는 착각에 빠진다. 야트막한 뒷산을 배경으로 강이 흐르고, 거기 드넓은 평원이 펼쳐진 풍광이 그렇다. 전형적인 농촌의 모습이다. 이곳에서 조선인들은 논과 밭, 과수원을 일궜다. 마을 이름인 비노그라드나야는 '포도'란 뜻인데, 조선인들이 가꾼 포도밭에서 그 이름이 나왔다.

지금 당장 곡물을 심어도 될 만큼 농경지 형태가 안정적이다. 그 아까운 농경지가 불모의 땅으로 방치되고 있는 이유는 가꿀 사람이 없기 때문이다. 그곳에 1937년, 스탈린으로 인한 강제 이주의 역사가 겹쳐진다. 그들은 애써 개간한 이 땅을 버리고 중앙아시아행 열차

수이푼강과 두만강이 합류하는 한,중,러 3국의 국경 지점. 멀리 함경북도 조산이 보인다.

수이푼강은 발해의 솔빈강에서 이름이 유래했다

에 짐짝처럼 실려 추방당했다. 세월은 흘러, 강제 이주를 당했던 '카레이스키'들이 다시 돌아오고 있다. 지금 17만 명의 고려인이 그들이다. 그들이 차린 우리 밥상을 마주하자 울컥, 눈물이 솟는다.

한반도를 등지고 떠났던 사람들, 갖은 핍박의 역사 속에서도 그들은 살아남았다. 그래서 이 땅이 항일의 교두보였다는 사실은 또 다른 의미로 다가온다. 수이푼강을 따라가다 보면, 크라스키노마을의 외곽으로 세 시간 거리에 있는 단지동맹 기념비를 만난다. 안중근 의사를 비롯한 열두 명의 지사들이 손가락을 끊어 투쟁을 결의한 자리다. 인근의 수이푼강변에는 독립지사 이상설의 유허비가 수풀 속에 쓸쓸히 서있다.

수이푼강이 두만강과 만나 동해로 빠지는 지점에 하산이란 국경마을이 있다. 두만강 건너 북한 땅이 보이는 이곳은 북한과 러시아 그리고 중국까지 세 나라의 국경이 만나는 꼭짓점이다. 그러니까 나는 지금 엉뚱하게도 러시아 땅에서 두만강 건너 한반도를 넘겨다보고 있는 처지다. 멀리 조산의 산마루가 보인다. 우리 국토의 끝자락이다. 살풍경한 국경이 이토록 아름다운 건 무슨 까닭일까?

| 참고문헌 |

• 권상로, 《한국지명연혁고》, 동국문화사, 1961.

• 권오중, 《요동왕국과 동아시아》, 영남대학교출판부, 2012.

• 김광섭, 《겨울날》, 창비, 1980.

• 김광제, 《나의 명당 답사기》, 서울문화사, 1995.

• 김기빈, 《600년 서울 땅이름 이야기》, 살림터, 1994.

• 김용성, 《한국현대문학사탐방》, 현암사, 1984.

• 김용준, 《근원수필》, 범우사, 2003.

• 김우철 역, 《여지도서》, 흐름, 2009.

• 김장호, 《한국명산기》, 평화출판사, 1993.

• 김정희, 최완수 역, 《추사집》, 현암사, 1978.

• 김환기, 《어디서 무엇이 되어 다시 만나랴》, 문예마당, 1995.

• 도수희, 《한국지명신연구》, 제이앤씨, 2011.

• 박경룡, 《서울을 알고 역사를 알고》, 수서원, 2003.

• 박종기, 《5백년 고려사》, 푸른역사, 1999.

• 박지원, 편집부 편, 《열하일기》, 민족문화추진회, 1976.

• 배우리, 《배우리의 땅이름 기행》, 이가서, 2006.

• 서정주, 편집부 편, 《서정주시선》, 정음사, 1956.

• 손경석, 《북한의 명산》, 서문당, 1999.

• 손종흠, 《한국의 다리》, 지식의날개, 2008.

• 송재소, 《다산시 연구》, 창비, 1994.

• 신석초, 《바라춤》, 통문관, 1959.

• 신채호, 박기봉 역, 《조선상고문화사》, 비봉출판사, 2011.

• 신채호, 박기봉 역, 《조선상고사》, 비봉출판사, 2006.

• 신현규, 《고려조문인졸기》, 보고사, 2006.

· 심경호, 《산문기행》, 이가서, 2007.

· 양주동, 《고가연구》, 박문출판사, 1954.

· 오장환, 최두석 편, 《오장환전집》, 창비, 1989.

· 와카바야시 미키오, 정선태 역, 《지도의 상상력》, 산처럼, 2007.

· 유득공, 정진헌 역, 《발해고》, 서해문집, 2011.

· 유형원, 임형택 편, 《반계유고》, 창비, 2017.

· 윤경렬 《신라의 아름다움》, 동국출판사, 1985.

· 윤경렬, 《경주 남산》, 대원사, 1989.

· 윤웅, 《북한의 지리여행》, 문예산책, 1995.

· 이광표, 《북한의 문화유산》, 동아일보사, 1997.

· 이남호·윤석달 편, 《금강기행문선》, 작가정신, 1999.

· 이병주, 《한국한시선》, 탐구당, 1981.

· 이성원, 《천년의 선비를 찾아서》, 푸른역사, 2009.

· 이원록, 《육사시집》, 범조사, 1956.

· 이이, 편집부 편, 《율곡집》, 민족문화추진회, 1976.

· 이익, 편집부 편, 《성호사설》, 민족문화추진회, 1982.

· 이제현, 편집부 편, 《익재집》, 민족문화추진회, 1979.

· 이중환, 이익성 역, 《택리지》, 을유문화사, 1988.

· 이진경, 《한국의 고택기행》, 이가서, 2013.

· 이태준, 《무서록》, 범우사, 1995.

· 이황, 편집부 편, 《퇴계집》, 민족문화추진회, 1976.

· 일연, 《삼국유사》, 최남선 편, 민중서관, 1976.

· 일연, 리상호 역, 《삼국유사》, 까치, 1999.

· 정약용, 박석무 편, 《유배지에서 보낸 편지》, 창비, 1991.

· 정재서 역, 《산해경》, 민음사, 1993.

- 조지훈, 《동문서답》, 범우사, 1977.
- 최남선, 육당전집편찬위원회 편, 《육당 최남선전집》, 현암사, 1973.
- 최덕교·이승우 편, 《한국성씨대관》, 창조사, 1971.
- 충남대학교 마을연구단, 《예산 동서·상중리》, 민속원, 2009.
- 편집부, 《경상도읍지》, 아세아문화사, 1982.
- 편집부, 《국조인물고》, 서울대학교출판부, 1978.
- 편집부, 《목은집》, 대양서적, 1973.
- 편집부, 《성북 백경》, 성북구청문화체육과, 2011.
- 편집부, 《세종실록지리지》, 세종대왕기념사업회, 1981.
- 편집부, 《신증동국여지승람》, 민족문화추진회, 1982.
- 편집부, 《충청도읍지》, 아세아문화사, 1984.
- 편집부, 《한국사상대전집》, 동화출판사, 1977.
- 한국문화유산답사회 편, 《가야산과 덕유산》, 돌베개, 2012.
- 한국문화유산답사회 편, 《경북북부》, 돌베개, 2007.
- 한국문화유산답사회 편, 《경주》, 돌베개, 2012.
- 한국문화유산답사회 편, 《관동》, 돌베개, 1995.
- 한국문화유산답사회 편, 《전북》, 돌베개, 1994.
- 허균, 편집부 편, 《성소부부고》, 민족문화추진회, 1983.
- 홍명희, 《임꺽정》, 사계절, 2008.
- 황수영, 《신라의 동해구》, 열화당, 1994.
- 정민, 〈다산의 걸명乞茗 시문〉, 《문헌과해석》 37호, 2006.
- 지배선, 〈사마르칸트와 고구려 관계에 대하여〉, 《백산학보》 89호, 2011년.
- Lawrence Durrell, *Spirit of place*, Axios press, 1969.
- '숡마노르 블로그', https://blog.naver.com/burkurtar.

지명발견록 우리 땅 이름의 숨겨진 이야기

초판 1쇄 인쇄 2024년 10월 21일
초판 1쇄 발행 2024년 11월 5일

지은이 | 이경교
발행인 | 강봉자, 김은경

펴낸곳 | (주)문학수첩
주소 | 경기도 파주시 회동길 503-1(문발동 633-4) 출판문화단지
전화 | 031-955-9088(마케팅부) 031-955-9530(편집부)
팩스 | 031-955-9066
등록 | 1991년 11월 27일 제16-482호

홈페이지 | www.moonhak.co.kr
블로그 | blog.naver.com/moonhak91
이메일 | moonhak@moonhak.co.kr

ISBN 979-11-93790-78-6 03900